湖北省教育厅哲学社会科学研究重大项目
“城市社区治理现代化基本法律问题研究”（15ZD020）资助成果

城市社区治理现代化基本法律问题研究

陈焱光 著

WUHAN UNIVERSITY PRESS
武汉大学出版社

图书在版编目(CIP)数据

城市社区治理现代化基本法律问题研究/陈焱光著.—武汉：武汉大学出版社,2023.4(2023.11 重印)
ISBN 978-7-307-23636-3

Ⅰ.城…　Ⅱ.陈…　Ⅲ.城市—社区管理—法律—研究—中国
Ⅳ.D922.182.04

中国国家版本馆 CIP 数据核字(2023)第 045848 号

责任编辑:胡　荣　　责任校对:汪欣怡　　版式设计:马　佳

出版发行：**武汉大学出版社**　(430072　武昌　珞珈山)
(电子邮箱：cbs22@ whu.edu.cn　网址：www.wdp. com.cn)
印刷:武汉邮科印务有限公司
开本:720×1000　1/16　印张:12.75　字数:207 千字　插页:1
版次:2023 年 4 月第 1 版　　2023 年 11 月第 2 次印刷
ISBN 978-7-307-23636-3　　定价:58.00 元

序　言

城市是人类发展到一定阶段的产物，是人类文明的产物，也是人类神奇的创造物，自从城市产生以后，人类几乎所有的文明都在这里产生，它集中了主要的物质文明和精神文明，几乎包罗了人类生活的各种内容①，并不断推动文明的进步。正如列宁所说："城市是经济、政治和人民的精神生活的中心，是前进的主要动力。"② 城市的特征和功能表现为，"是以非农业产业和非农业人口集聚形成的较大居民点，是国家或地区的政治、经济、文化、教育、交通、金融、信息的中心，是人类社会前进的动力。城市是各类要素的中心地与汇聚地，城市的本质在于集中，人口的集中，权力的集中，经济要素的集中，文化要素的集中以及各种发展要素的集中，从而推动城市的发展"③。

尽管中国城市的历史非常悠久，但中国古代城市绝大多数以政治功能为主，中国古代城市与欧洲中世纪城市的一个重要区别是城市无自治权和无法律确定的独立地位，欧洲中世纪城市是在封建社会的阶级对抗中成长起来的，许多城市通过武装斗争或赎买等方式，获取了一定程度的独立和自治，不少城市建立了城市议会，通过选举产生城市管理者，市民的权力也得到一定程度的保护，封建主无权直接管理城市，城市居民较为自由。与之相反，中国城市长期处于封建中央集权的牢固控制之下，由封建王朝的各级政府进行逐级管理，城市成为封建统治网络结构中的网点，与封建制度有机地联系在一起。城市中的商人和手工业者始终处于封建统治阶级的牢牢控制之下，没有独立的阶级地位和独立的阶级意识，城

① 何一民：《中国城市史》，武汉大学出版社 2012 年版，第 1 页。

② 《列宁全集》（第 19 卷），人民出版社 1959 年版，第 264 页。

③ 何一民：《中国城市史》，武汉大学出版社 2012 年版，第 4 页。

市的基础设施和公共事业是由士绅和民间团体筹办，但要受官府的制约，这种中国城市是封建制度的有机组成部分，受到严重压制的商人和手工业者不可能转化为城市市民阶层。① “古代中国城市虽然大多数是一个二元结构的城市，即有政治意义上的‘城’和经济意义上的‘市’的两重身份。但若将二者仔细比较，可发现它的二元结构是一个不平衡的倾斜组合，其‘城’的分量不仅大于‘市’的分量，而且‘市’的那部分明显附属于‘城’的那部分，‘市’虽可能曾一度繁荣昌盛，但总体上讲，‘市’是因‘城’而繁荣，因‘城’而兴而辉煌，大多数的工商业活动围绕着官府与统治阶级的奢侈需要而表现出强烈的自给性和自耗性。这是自然经济格局下中国一般城市所固有的封建性品格。”② “从秦汉到唐朝，中国城市内部实行的是封闭的坊市制，即政府将城市空间划分为若干矩形的单位，四周建有围墙，称之为‘坊’，居住区称‘里坊’，市场称‘市坊’，坊设坊门，定时启闭，朝开晚闭，并实行宵禁，每坊都由政府指定专人进行管理，居民受到强制性的隔离与管制，工商业的发展和人们的活动空间、时间受到很大的限制，给城市生活带来种种不便。”③ 宋代以后，中国城市的坊市制虽然被废除，坊墙取消，但城市内部也仍然是长期实行封闭管理，同时城墙一直被保留下来，明代还掀起了城墙的修建高潮，朱元璋实行的就是“高筑墙”政策，这种政策的极致和延续就是万里长城的修复。所以城市仍然是一个在较大的城墙范围内的封闭空间。④ 与西方相比，没有形成单纯的工商业城市，更谈不上自治权和独立的法律地位。城市的发展与农业息息相关，农业既是城市的发展动力也是重要的制约因素，基于防备和便于治理的价值导向和功利目标，城市的封闭性和规划性十分突出，最为显著的特点是城市和经济的发展一直都置于集权政治的监控之下。这一特点对几千年来中国城市的发展产生了巨大的影响，迄今仍有难以磨灭的痕迹。

与中国城市发展路径不同的是西方城市产生基于宗教神圣性、贸易的商业性特征，特别是在中世纪开始逐步取得了法律层面上的独立和自治，随着工业革命

① 何一民：《中国城市史》，武汉大学出版社 2012 年版，第 26 页。
② 张海林：《苏州早期城市现代化》，南京大学出版社 1999 年版，第 79 页。
③ 何一民：《中国城市史》，武汉大学出版社 2012 年版，第 32 页。
④ 何一民：《中国城市史》，武汉大学出版社 2012 年版，第 33 页。

的推进，城市的形态、地位和作用变得越来越重要和令人向往，同时也不断发展着文明和产生血腥，及至现代，城市已经在许多方面背离其原初的价值和功能，城市的异化引起了诸多学者的深度关注。美国著名城市理论家刘易斯·芒福德在《城市发展史》中指出，人类用了5000多年的时间，才对城市的本质和演变过程获得了一个局部的认识，也许要用更长的时间才能完全弄清楚它那些尚未被认识的潜在特性①，“法律和秩序从城市形成之初便开始代替了野蛮的暴力”②。“城市的主要功能是化力为形，化能量为文化，化死的东西为活的艺术形象，化生物的繁衍为社会创造力。必须创立起一种社会组织形式，使之能处理现代人类所掌握的巨大能量：这种创立绝不亚于原先把发展过大的村庄及其堡垒改变为起核心作用的高度组织起来的城市那样大胆，不创立这种新的组织形式，城市不可能行使积极的功能。”③“现在城市必须体现的，不是一个神化了的统治者的意志，而是市民的个人和全体的意志，目的在于能自知自觉，自治自制，自我实现。他们活动的中心将不是工业，而是教育；每一种作用和功能将按照它促进人类发展的程度来加以评价和批准，而城市本身将为日常生活中自发的冲突、挑战和拥抱提供一个生动的舞台。”④“我们必须使城市恢复母亲般的养育生命的功能，独立自主的活动，共生共栖的联合，这些很久以来都被遗忘或被抑止了。因为城市应当是一个爱的器官，而城市最好的经济模式应是关怀人和陶冶人。”⑤“城市最终的任务是促进人们自觉地参加宇宙和历史的进程。城市，通过它自身复杂和持久的结构，城市大大地扩大了人们解释这些进程的能力并积极参加来发展这些进程，以便城市舞台上上演的每台戏剧，都具有最高程度的思想上的光辉，明确的目标和爱的色彩。通过感情上的交流，理性上的传递和技术上的精通熟练，尤其是，

① ［美］刘易斯·芒福德：《城市发展史——起源、演变和前景》，宋俊岭、倪文彦译，中国建筑工业出版社2004年版，第2页。

② ［美］刘易斯·芒福德：《城市发展史——起源、演变和前景》，宋俊岭、倪文彦译，中国建筑工业出版社2004年版，第53页。

③ ［美］刘易斯·芒福德：《城市发展史——起源、演变和前景》，宋俊岭、倪文彦译，中国建筑工业出版社2004年版，第582页。

④ ［美］刘易斯·芒福德：《城市发展史——起源、演变和前景》，宋俊岭、倪文彦译，中国建筑工业出版社2004年版，第584页。

⑤ ［美］刘易斯·芒福德：《城市发展史——起源、演变和前景》，宋俊岭、倪文彦译，中国建筑工业出版社2004年版，第586页。

通过激动人心的表演，从而扩大生活的各个方面的范围，这一直是历史上城市的最高职责。它将成为城市连续存在的主要理由。”① 许多特大城市的发展暴露了社会发展面临的困境的深度。解决之道或许只有把艺术和思想应用到城市的主要的人类利益上去，对包容万物生命的宇宙和生态的进程有新的献身精神。我们必须使城市恢复母亲般的养育生命的功能，独立自主的活动，共生共栖的联合。城市应当是一个爱的器官，其最好的经济模式应是关怀人和陶冶人。美国城市问题研究的权威专家乔尔·科特金在《全球城市史》一书中认为，基本安全感的丧失会不可避免地损毁城市的生活，许多发展中国家的城市环境以及与健康有关的问题的日益增长更令人担忧，而只有在强有力的法律和秩序统治之下，城市才能兴旺发达，同时，也需要一个负责而有能力的政府来监管合约并监督执行基本的商业行为法规。

中华人民共和国成立以来，党和国家就开始进行城市建设，1949 年，新民主主义革命即将胜利，中国共产党面临着管理城市的重任。当年 3 月 5 日中共中央在西柏坡举行中共七届二中全会，毛泽东《在中国共产党第七届中央委员会第二次全体会议上的报告》中指出，“党的工作重心由农村转移到了城市”，“必须用极大的努力去学会管理城市和建设城市”②。随着公安部于 1951 年 7 月 16 日颁布实施《城市户口管理暂行条例》，城市管理的法制化开始启动。在此后几十年的城市建设中，街居制的社区建设伴随中国的城市发展和改革开放历经了从管理到治理的嬗变，由“单位型”社区向“自治型”社区转型。2017 年 10 月党的十九届四中全会通过了《中共中央关于坚持和完善中国特色社会主义制度推进国家治理体系和治理能力现代化若干重大问题的决定》，提出优化行政区划设置，提高中心城市和城市群综合承载和资源优化配置能力，实行扁平化管理，形成高效率组织体系。坚持和完善统筹城乡的民生保障制度，满足人民日益增长的美好生活需要。更加注重城乡基层社会治理、城乡融合发展在国家发展和城市治理方面的功能。构建基层社会治理新格局。完善群众参与基层社会治理的制度化渠

① ［美］刘易斯·芒福德：《城市发展史——起源、演变和前景》，宋俊岭、倪文彦译，中国建筑工业出版社 2004 年版，第 586 页。

② 《毛泽东选集》第 4 卷，人民出版社 1991 年版，第 1427 页。

道。健全党组织领导的自治、法治、德治相结合的城乡基层治理体系，健全社区管理和服务机制，推行网格化管理和服务，发挥群团组织、社会组织作用，发挥行业协会商会自律功能，实现政府治理和社会调节、居民自治良性互动，夯实基层社会治理基础。加快推进市域社会治理现代化。推动社会治理和服务重心向基层下移，把更多资源下沉到基层，更好提供精准化、精细化服务。党的十九届四中全会的决定在社会治理方面提出要构建基层社会治理新格局，健全党组织领导的“三治”结合的治理体系，特别强调了加快推进市域社会治理现代化的目标任务。

2020 年 10 月党的十九届五中全会通过了《中共中央关于制定国民经济和社会发展第十四个五年规划和二〇三五年远景目标的建议》，对市域社会治理和社区治理提出了明确的目标要求。2022 年 10 月党的二十大报告明确提出，完善社会治理体系。健全共建共治共享的社会治理制度，提升社会治理效能。在社会基层坚持和发展新时代“枫桥经验”，完善正确处理新形势下人民内部矛盾机制，加强和改进人民信访工作，畅通和规范群众诉求表达、利益协调、权益保障通道，完善网格化管理、精细化服务、信息化支撑的基层治理平台，健全城乡社区治理体系，及时把矛盾纠纷化解在基层、化解在萌芽状态。加快推进市域社会治理现代化，提高市域社会治理能力。发展壮大群防群治力量，营造见义勇为社会氛围，建设人人有责、人人尽责、人人享有的社会治理共同体。

党中央国务院对社区治理的高度重视和规范性文件为本研究提供了根本指导，为从法学的视角进行研究提供了重要依据。从法规范性角度审视，作为宪法和法律层面的“社区”概念尚未形成，但在法规和规章中已有呈现，从社区与居民委员会二者功能看，实践中通常将“社区”与“居民居委会”并称为“社区居民居委会”，通常简称“社区”，但在一些需要正规表达的场合，多用“居民委员会”，所以，“社区”与宪法法律中“居民委员会”的职责及功能具有同一性，尽管“社区”是一个内涵十分丰富却又无法准确界定的概念。实践中社区建设的概念是在社区服务的基础上提出来的。20 世纪 80 年代以后，城市基层逐渐全面展开了以老年人、残疾人、优抚对象和便民利民为主要内容的社区服务工作。随着社会转型的深入发展，社区服务已经无法包容和涵盖具有综合性内容的社区工作。学术界和政府部门结合国外社区发展的理论和实践，并适应中国的国情，在 1991 年提出了具有中国本土特色的社区建设概念。

本书采用国家民政部的定义，并在此基础上做制度和规范分析。按照民政部规章的解释，“社区”是指聚居在一定地域范围内的人们所组成的社会生活共同体。① 目前城市社区的范围，一般是指经过社区体制改革后作了规模调整的居民委员会辖区。本研究所称的城市社区治理是指城市建成区内，在党组织领导下，由政府主导，以居民自治为基础，居民和社会力量共同参与社区公共事务的过程和机制。

社区治理现代化是国家治理现代化的重要组成部分，社区治理是国家治理的基本单元和关键环节，是社会治理的重要内容，特别是党中央国务院提出社会治理重心下移，资源下沉，形成了城市社区依法治理的良好契机，同时也带来了巨大挑战。如何为不断推进的城市社区治理现代化提供法治保障是法学理论研究和基层法治实践的重要课题。本书运用法学理论和规范，根据党中央国务院及民政部门的相关政策文件精神和规范要求，结合城市社区治理存在的突出问题，从法理维度、民主治理、多元共治、社区养老、社区公德及培育、社会组织发展、社区调解、社区应对突发公共事件以及城市社区居民公共活动空间的规制等基本方面进行了探析，以健全基层党组织领导下的自治、法治和德治相结合的主线展开，对社区治理中的基本法律问题，分析法律供给与保障机制存在的不足，提出了相关法律和政策建议。

城市社区治理的法治化是一个系统工程，本书的研究是近年来作者思考和在进行社区调研基础上形成的成果，感谢湖北省教育厅给予的项目资助，感谢事务部门的专家和社区提供的调研便利，也感谢该领域学者们丰富的研究成果给予的有益启示。由于作者水平有限，存在一些错误在所难免，恳请学界同行和实务部门专家批评指正。

作　者

2022 年 10 月于武昌琴园

① 参见《民政部关于在全国推进城市社区建设的意见》（中办发〔2000〕23 号）。

目　录

○

第一章　城市社区治理现代化的时代要求与法治保障现状

第一节　社 区 治 理

“社区”在如今的中国，尤其是对于生活在城市社区模块下的人们来说是非常熟悉而常见的词语，但是该词语背后的渊源和含义却鲜有被深入普及，人们只是在处理日常事务中不自觉地学到并有效理解该词语而已。

“社区”一词，源于拉丁语，有“共同性”或“社群性”、“联合”或“社会生活”、“地域性”等含义，意思是共同的东西和亲密伙伴关系。德国社会学家 F. 滕尼斯是最早将“社区”一词用于社会学研究的，在其 1887 年出版的《社区与社会》一书中使用“Gemeinschaft”这一概念，指称具有共同价值取向的同质人口组成的、关系密切、出入相友、守望相助、疾病相抚、富有人情味的社会关系和社会团体。美国人将 Gemeinschaft 翻译为 Community，这个词首先用于“社区”，意思是公社、团体、共同体。

滕尼斯提出“社区”与“社会”这两个概念，主要是用它们来表征近代社会的整体变迁趋势。他认为从传统的乡村社会向现代的商业化社会过渡后，人际关系的特征以及社会整合方式发生了很大的变化，因此，他提出“社区”与“社会”这两个概念来分别表征人类共同生活的两种表现形式。“社区”主要存在于传统的乡村社会中，它是人与人之间关系密切、守望相助、富有人情味的社会团体。连接人们的是具有共同利益的血缘、感情和伦理团结纽带，人们基于情感动机形成了亲密无间、相互信任的关系。与社区截然不同的“社会”则是以个人的意志、理性契约和法律为基础形成的缺乏感情交流和关怀照顾的团体。在社会这一共同生活的形式里，契约关系、次级关系是人际交往的主导形式。

自从滕尼斯提出“社区”一词后，随着时间的推移，其含义发生了很大的变化，人们在使用这一概念时赋予其许多含义，因而关于社区的定义也就有多种。1955 年 G. A. 希勒里做了一个统计，共有 94 个不同的社区定义，其中有 69 个定义认为，社区的本质因素有三点，即社会互动、地区和共同约束。① 滕尼斯曾把社区分为 3 种类型：（1）地区社区，亦称地理的或空间的社区。它以共同的居住区及对周围（或附近）财产的共同所有权为基础。邻里、村庄、城镇等都属这种社区。（2）非地区社区，亦称精神社区。这种社区只内含着为了一个共同目标而进行的合作和协调行动，同地理区位没有关系。这种社区包括宗教团体和某种职业群体等。（3）亲属社区，也称血缘社区。即由具有共同血缘关系的成员构成的社区。滕尼斯之后，许多社区研究者对社区下了各自的定义。尽管社区的定义众说纷纭，但归纳起来不外乎两大类：一类是功能主义观点，认为社区是由有共同目标和共同利害关系的人组成的社会团体，即功能社区；另一类是地域主义观点，认为社区是在一个地区内共同生活的有组织的人群，即地域性社区。② 其中，在西方比较有代表性的定义是 B. 菲利浦斯在 20 世纪 70 年代在应用较为广泛的一本教科书中给社区所下定义：“社区是居住在某一特定区域的，共同实现多元目标的人所构成的群体。在社区中，每个成员可以过着完整的社会生活。”③ 20 世纪 30 年代费孝通等一批青年学者，为了区分“Community”和“Society”（都可译为“社会”），基于美国社会学家帕克的人际关系理论，考虑到“Community”强调利害关系，“Society”是指痛痒相关、荣辱与共的道义关系，将“Community”译为“社区”。后来，在中国社会学界这个译名被一直沿用下来，逐步成为社会学的一个专门概念。但社区在我国学术界尚无一个普遍认同的定义。结合中国的实际，一般将“社区”指称为聚集在一定地域范围内的社会群体和社会组织，根据一套规范和制度结合而成的社会实体，是一个地域社会生活

① 周建军：《“社区”概念辨析》，载《住宅科技》1995 年第 10 期。

② 姜振华、胡鸿保：《社区概念发展的历程》，载《中国青年政治学院学报》2002 年第 4 期。

③ 周建军：《“社区”概念辨析》，载《住宅科技》1995 年第 10 期。

共同体。

从规范性和可操作性角度审视，我国社区概念的官方界定迟于社区建设实践，作为宪法和法律层面的“社区”概念仍付之阙如，但在法规和规章中有一定呈现，实践中通常用“社区居民居委会”指代“社区”与宪法法律中“居民委员会”功能的同一性。社区建设的概念是在社区服务的基础上提出来的。20世纪80年代以后，城市基层逐渐全面展开了以老年人、残疾人、优抚对象和便民利民为主要内容的社区服务工作。随着社会转型的深入发展，社区服务已经无法包容和涵盖具有综合性内容的社区工作。学术界和政府部门结合国外社区发展的理论和实践，并适应中国的国情，在1991年提出了具有中国本土特色的社区建设概念。

本书采用国家民政部的定义，并在此基础上做制度和规范分析。按照民政部规章的解释，“社区”是指聚居在一定地域范围内的人们所组成的社会生活共同体。① 目前城市社区的范围，一般是指经过社区体制改革后作了规模调整的居民委员会辖区。本研究所称的城市社区治理是指城市建成区内，在党组织领导下，由政府主导，以居民自治为基础，居民和社会力量共同参与社区公共事务的过程和机制。与之前的社区建设和管理相比较，社区治理表现出不一样的特征，主要是治理的主体多元化、治理的目标过程化、治理的内容清单化、治理的过程协同化、治理手段的法治化、治理能力的现代化。

第二节 城市社区治理现代化的时代要求

一、城市社区的产生与中国城市社区治理变迁

（一）城市社区的产生

从人类历史的发展看，城市社区的兴起是资本主义制度的产生和发展所带来

① 参见《民政部关于在全国推进城市社区建设的意见》（中办发〔2000〕23号）。

的既非个人又非国家的独特空间——市民社会，也即现代所指公民社会。[①] “市民社会”概念最早由德国哲学家黑格尔提出和阐释，他在研究了资本主义社会的基本的社会交往关系之后，认为存在一个共同的生活语境，这就是介于个人与国家之间的独特空间——“市民社会”。市民社会中个人的存在是单子式的，是摆脱了家庭生活而又未被国家约束的“绝对自由”的状态。这由此产生两个后果，一方面个人取得自身独立和权利保障不受侵犯的机制和场所，另一方面是社会国家制度化客观性的普遍伦理和伦常生活习俗彻底瓦解，个人被抛向了陌生的城市，开始无根的“游荡”状态，急需找到新的精神家园，以满足新的身份状态下的权利实现，而一定范围内个体联合形成的“自治”体就应运而生，在实体层面表现为社区，它既有利于培养和集中表达社区全体公民的自治权力的要求，又通过社区的中介合理合法地向国家机构进行意见表达。早期的社区以行业和生活传统因素形成的聚集人群生活区域为基础，国家充当“守夜人”的角色仅提供秩序维护（同时也包括社区自身组织的力量维护秩序）并通过征税作为交换，随着国家政治权力层面的社会力量的参与和社会职能的主动让渡，政府的社会管理模式也面临着巨大的改变，社区“治理”开始兴起。早期的“治理理论”的提出者如“罗西瑙”设想“没有政府的治理”。随后这一理论被不断修正和完善，在国家权力力量与社会自治力量的调解和谐调关系中递进嬗变，并发展为全球共同关注的重要议题和各国的实践。学术上对“治理”概念的界定各种各样，莫衷一是。从国际视角看，全球治理委员会发表的《我们的全球伙伴关系》研究报告中，对“治理”界定具有较强的实践性、权威性、指导性和说服力，报告指出“所谓治理，是各种公共的或私人的个人和机构管理其共同事务的诸多方式的总和”。而政府的职能主要是“控制和指引”，“它是使相互冲突或不同的利益得以调和并且采取联合行动的持续的过程。这既包括有权迫使人民服从的正式制度和规则，也包括各种人们同意或认为符合其利益的非正式的制度安排”。因此，治理包含四个方面的基本特征，“治理不是一套规则，也不是一种活动，而是一个过程；治理过程的基础不是控制，而是协调；治理既涉及公共部门，也包括私人部门；治理不是一种正式的制度，而是持续的互动”。而这一私人部门的基

① 蒋冰冰：《中国城市社区的兴起及法治要求》，载《前沿》2008年第9期。

本构成就是“社区”。① 因此，治理型社区的产生是现代国家治理在基层社会的体现。

（二）中国城市社区治理变迁

我国自20世纪30年代引入社区概念，随后虽然出现一批学者开始倡导和关注对各类社区的调查研究，并取得了令人瞩目的成果，但是战争带来的政治局面混乱和经济水平落后，使得中国社会整体上呈现出以“乡土中国”为特色的典型农业社会样态，农业人口占比重，城市社会发育相对不足，所以，20世纪上半叶的社区研究重点是乡村社区，真正意义上的中国城市社区治理研究和实践始于中华人民共和国成立后。

自中华人民共和国成立以来，党和国家就开始进行城市建设，1949年，新民主主义革命即将胜利，中共面临着管理城市的重任。当年3月5日中共中央在西柏坡举行中共七届二中全会，毛泽东《在中国共产党第七届中央委员会第二次全体会议上的报告》中指出，“党的工作重心由农村转移到了城市”，“必须用极大的努力去学会管理城市和建设城市”②，不仅如此，还将城市生产恢复和建设的重要性上升到巩固人民政权的高度，“只有将城市的生产恢复起来和发展起来了，将消费的城市变成生产的城市了，人民政权才能巩固起来”③。中华人民共和国成立后，人民政府宣布废除保甲制度，转向通过城市基层政权和居民自治组织来实现对基层社会的管理。

为了维护社会治安，公安部于1951年7月16日颁布实施了《城市户口管理暂行条例》。同时，为了给共和国脆弱的工业“输液送氧”，中央政府确定了农业支援工业、农村保障城市的战略。1953年，伴随着国民经济的恢复发展和国家开始大规模经济建设的需要，以及战后农村极度贫困，大批农民涌入城市谋生。由于越来越多的农业剩余劳动力盲目涌入城市，给城市交通、住房、劳动就业和生活供应等各个方面带来日益严重的压力，其中最重要的就是粮食紧张。

① 蒋冰冰：《中国城市社区的兴起及法治要求》，载《前沿》2008年第9期。
② 《毛泽东选集》第4卷，人民出版社1991年版，第1427页。
③ 《毛泽东选集》第4卷，人民出版社1991年版，第1428页。

1953年4月，政务院发布了《关于劝止农民盲目流入城市的指示》，此后，国务院在20世纪50年代数次发文，要求各地劝阻和制止农民盲目进城，但收效甚微。1958年1月9日，《中华人民共和国户口登记条例》经第一届全国人大常委会第91次会议审议通过，以“共和国主席令”颁布施行。该条例第十条第二款对农民进入城镇作出了约束性限制：“公民由农村迁往城市，必须持有城市劳动部门的录用证明、学校的录取证明，或者城市户口登记机关的准予迁入的证明，向常住地户口登记机关申请办理迁出手续。”由此，形成了城市户口和农村户口的“二元结构”的户籍模式，① 与此同时，结合街道的管理规范的发布，新中国开启了城市依法治理的历程。第一届全国人大常委会第四次会议于1954年通过的《中华人民共和国城市街道办事处组织条例》，对街道办事处的地位、设立条件及程序、工作任务、人员组成、行政经费来源等作出了规定。1979年制定的《中华人民共和国地方各级人民代表大会和地方各级人民政府组织法》（以下简称《组织法》）第六十八条也对街道办事处的性质作出了规定：“市辖区、不设区的市的人民政府，经上一级人民政府的批准，可以设立若干街道办事处，作为它的派出机关。”

城市治理通过户口管理和城市管理法规变迁过程折射出社区治理的变迁，改革开放后的落户政策的经济条件主导和逐步放开，户口与社区的联系更加紧密，社区治理的问题也随着大量的外来人口落户，改变了原来社区的人员关系和职业结构相对单纯的状况，大量的社会问题集聚在社区，使社区治理更加复杂，矛盾纠纷多种多样，并且集中多发，客观上要求社会治理重心必须下移。基于快速城市化而带来城市问题的牵引所决定的解决路径，形塑了我国城市社区治理法治化进程鲜明的“以问题为导向”的特点，既要保持城市社会稳定、又要加快城市发展、提高社区治理水平，因而必须推行渐进式的制度变革。新中国70多年的城市社区发展历程表明，从社区管理到社区服务和社区建设再到社区治理这样一个不断深化的过程就充分体现了这一特征。在社区建设和治理过程中，中央政府负责出台宏观政策和指导性意见，允许各地根据具体情况进行探索与实验，鼓励各种模式之间相互竞争并选择更优模式作为典型加以推广，渐进式的社区治理法治

① 张庆五：《当时为何要实行严格的户籍制?》，载《中国经济周刊》2019年第18期。

化过程有效地降低了制度变革的风险和成本。尤其是随着改革开放的全面推进，城市社区治理的变革始终是城市治理和发展的最重要内容之一。

1978 年国务院召开第三次全国城市工作会议，中共中央发布的《关于加强城市建设工作的意见》（中发〔1978〕13 号），明确规定“城市政府的主要职责是把城市规划好、建设好、管理好”，其中包括“认真抓好城市规划工作”“狠抓现有设施的维修养护和旧城区改造”“加速住宅及市政公用设施的建设”“加强城建队伍建设”“加强城市管理”等内容。这为在社区治理中扮演重要角色的街道办事处的工作展开提供了法律依据，也为社区建设和治理现代化提供了重要契机和转机。1982 年 12 月 11 日，原城乡建设环境保护部发布《城市市容环境卫生管理条例（试行）》，它是第一部关于城市市容环境卫生管理的部门规章，也是国务院颁布《城市市容和环境卫生管理条例》（国务院第 101 号令）的前身。1984 年 10 月 20 日，党的十二届三中全会出台《中共中央关于经济体制改革的决定》，明确要求“城市政府应该集中力量搞好城市规划、建设和管理，加强各种公用设施的建设，进行环境的综合整治。市长的工作重点也应逐步转移到城市建设管理的轨道上来”。其后，全国各地相继建立了城市管理的临时机构，从整顿市容环境卫生，治理脏、乱、差入手，城市管理的范围逐步扩大，城建监察队伍逐步形成规模。1992 年 6 月 3 日，原建设部颁布《城建监察规定》（建设部第 20 号令），明确规定了全国的城建监察执法主体及其职责范围等项内容，实现了全国城建监察执法队伍名称、执法主体、执法内容、执法体制、服装标志、归口管理的“六统一”。

与城市规划、建设和管理转型同步的是 20 世纪 70 年代末中国全面开启了改革开放的进程，逐步由计划经济向市场经济转轨并引发了社会结构一系列变化。首先，随着所有制结构的变动，体制外的社会成员逐渐增多，国家无法再通过单位体制控制那些体制外的社会成员。其次，市场经济推动了国有企事业单位的改革，越来越多的单位在市场压力和效率原则的驱动下，开始改变单位办社会的状况，将其承担的社会福利、管理和服务职能剥离出来并推向社会。再次，旧的城乡二元治理结构逐渐被打破，大量农村剩余劳动力涌入城市，这些流动人口大多数散居在城市社区中，其计划生育、子女教育以及日常生活服务等多方面的需求和管理问题需要解决。这些变化使以单位制为基础的基层社会管理体制难以发挥作用，必须代之以新的基层社会管理体制。①

为了解决单位制解体后引发的基层社会管理难题，政府开始恢复街居制。1980 年全国人大常委会重新公布了《城市街道办事处条例》和《居民委员会组织条例》，街道办事处和居民委员会得以重建。恢复后的街居制承担了基层社会管理的重任，成为后单位时期社会整合的基础平台。然而随着经济改革的深入和社会的持续转型，城市基层管理中出现了许多新情况，导致了基层社会管理与服务的负担越来越重。街居制面临着职能超载、职权有限和角色尴尬的现实困境，社区制开始逐渐浮出水面。

作为一种新的基层社会管理机制，社区制在我国经历了一个逐步探索与发展的过程。1986 年，民政部正式提出在城市开展社区服务的构想并在全国推广，社区概念第一次进入中国政府基层社会管理实践。随着社区服务的普及和深入，社区服务承担的项目越来越广泛，远远超出了社区服务所涵盖的内容。在借鉴国外社区发展先进经验的基础上，民政部于 1991 年提出了社区建设的概念。2000 年 11 月，作为我国社区建设纲领性文件的《民政部关于在全国推进社区建设的意见》出台。此后在中央推动下各地掀起了社区建设的热潮，涌现出了多种带有实验性质的社区建设模式，如青岛模式、上海模式、沈阳模式、江汉模式、鲁谷模式和盐田模式等，其中代表性的有上海模式、沈阳模式和江汉模式 。

与城市基层社会管理并进的是城市管理的现代化和法制化。1996 年“城市管理”概念出现在正式文件《中华人民共和国行政处罚法》中，随后，1997 年 3 月，国务院法制办给北京市人民政府办公厅《关于在北京市宣武区开展城市管理综合执法试点工作的复函》（国法函〔1997〕12 号）中，首次提出了城市管理领域的概念，包含规划、市政、园林、环卫、工商、公安交通、环保 7 个方面，强调了城市管理的行政处罚环节相对集中。2008 年国务院机构改革，住房和城乡建设部“三定”方案中首次明确城市管理的范围，包括市政公用事业、绿化、供水、节水、排水、污水处理、城市客运、市政设施、园林、市容、环卫和建设档案等 12 个方面，城市管理职责全部交由地方城市人民政府负责。2002 年推广相对集中行政处罚权，对不设上级主管部门提出要求，2008 年将城市管理的具体

① 梁迎修：《我国城市社区治理法治化探析》，载《郑州大学学报》2014 年第 2 期。

职责和体制安排交由城市人民政府决定，从而形成城市管理与执法模式的多样性。2008 年，北京市在举办第 29 届奥运会时推出了城市运行管理概念，为中国乃至世界创造了综合管理保障重大活动正常举办的成功经验，形成行业管理与综合管理相结合的城市管理格局。2010 年，上海以适应世博会的管理要求为目标，建立统一、科学的城市管理体制，确立“以人为本”“法治至上”“诚信守法”的城市管理理念。2009 年，结合我国城市管理工作进展实情的真正意义上的城市综合管理理论研究开始出现。住房和城乡建设部政策研究中心开展了《中国城市管理体制及其运行机制研究》，提出了城市综合管理的设想。党的十八大以来，全面深化改革等四个全面的战略布局推动了城市管理改革和创新。2013 年 3 月 1 日，我国内地首部城市综合管理地方性法规《武汉市城市综合管理条例》颁布实施。该条例明确城市综合管理的范围涉及城管、规划、建设、交通、水务、房管、工商、环保、公安、园林、民政、质监、食品药品监督等 20 多个城市综合管理相关部门和供水、供电、供气、供热、邮政、通信、公共交通、物业服务等社会服务单位。武汉市在城市综合管理的法治化进程上走在全国前列。①

2015 年 12 月 20 日至 21 日，时隔 37 年，中国再次召开中央城市工作会议。会议聚焦转变城市发展方式，完善城市治理体系，提高城市治理能力，解决城市病等突出问题。会议提出，城市工作要树立系统思维，从构成城市诸多要素、结构、功能等方面入手，对事关城市发展的重大问题进行深入研究和周密部署，重点完善城市管理和服务，系统推进城市各方面工作，彻底改变粗放型管理方式。会议强调，当前和今后一个时期，贯彻创新、协调、绿色、开放、共享的发展理念，坚持以人为本、科学发展、改革创新、依法治市，转变城市发展方式，完善城市治理体系，提高城市治理能力，着力解决城市病等突出问题，不断提升城市环境质量、人民生活质量、城市竞争力，建设和谐宜居、富有活力、各具特色的现代化城市，提高新型城镇化水平，走出一条中国特色城市发展道路。

会议指出，城市工作是一个系统工程。做好城市工作，要顺应城市工作新形势、改革发展新要求、人民群众新期待，坚持以人民为中心的发展思想，坚持人民城市为人民。这是我们做好城市工作的出发点和落脚点。要抓好统筹规划、建

① 翟宝辉：《新中国 70 年城市管理的巨变》，载《城市管理与科技》2019 年第 6 期。

设、管理三大环节，提高城市工作的系统性。要加强对城市的空间立体性、平面协调性、风貌整体性、文脉延续性等方面的规划和管控，留住城市特有的地域环境、文化特色、建筑风格等“基因”。抓城市工作，一定要抓住城市管理和服务这个重点，不断完善城市管理和服务，彻底改变粗放型管理方式，让人民群众在城市生活得更方便、更舒心、更美好。要把安全放在第一位，把住安全关、质量关，并把安全工作落实到城市工作和城市发展各个环节各个领域。要深化城市管理体制改革，确定管理范围、权力清单、责任主体。统筹生产、生活、生态三大布局，提高城市发展的宜居性。城市发展要把握好生产空间、生活空间、生态空间的内在联系，实现生产空间集约高效、生活空间宜居适度、生态空间山清水秀。统筹政府、社会、市民三大主体，提高各方推动城市发展的积极性。尽最大可能推动政府、社会、市民同心同向行动，使政府有形之手、市场无形之手、市民勤劳之手同向发力。政府要创新城市治理方式，特别是要注意加强城市精细化管理。其中强调：(1) 对市民权利的保障。要提高市民文明素质，尊重市民对城市发展决策的知情权、参与权、监督权，鼓励企业和市民通过各种方式参与城市建设、管理，真正实现城市共治共管、共建共享。(2) 对决策程序的保障。要健全依法决策的体制机制，把公众参与、专家论证、风险评估等确定为城市重大决策的法定程序。(3) 对治理效能的保障。要有效化解各种“城市病”。要提升管理水平，着力打造智慧城市，以实施居住证制度为抓手推动城镇常住人口基本公共服务均等化，加强城市公共管理，全面提升市民素质。推进改革创新，为城市发展提供有力的体制机制保障。

2015 年的中央城市会议对新时代城市的功能作用、面临的挑战及对策进行了深入论述和安排，也明确了城市治理现代化的目标和任务，为如何在基层落实提供了基本遵循。同年，中共中央国务院发布《关于深入推进城市执法体制改革改进城市管理工作的指导意见》（中发〔2015〕37 号），将城市管理的主要职责确定为市政管理、环境管理、交通管理、应急管理和城市规划实施管理等，从管理理念上实现了管理型思维向服务型思维的转换。

随着“放管服”的深入推进，城市治理现代化的步伐不断提速，2017 年 6 月中办国办发布《中共中央国务院关于加强和完善城乡社区治理的意见》（以下简称《意见》），是系统阐释党和国家关于城乡社区治理的纲领性文件，强调社区治理在国家治理体系中的重要地位。《意见》指出，城乡社区是社会治理的基本单元。城乡社区治理事关党和国家大政方针贯彻落实，事关居民群众切身利益，事关城乡基层和谐稳定。《意见》明确了指导思想，确立了坚持党的领导、固本强基，坚持以人为本、服务居民，坚持改革创新、依法治理，坚持城乡统筹、协调发展，坚持因地制宜、突出特色等基本原则。对如何健全完善城乡社区治理体系、治理水平，补齐城乡社区治理短板，强化组织保障等做了具体规定，对今后社区建设重点、要求及目标进行了较为全面阐释，具有很强的指导性。

2017 年 10 月，党的十九届四中全会通过了《中共中央关于坚持和完善中国特色社会主义制度推进国家治理体系和治理能力现代化若干重大问题的决定》，提出优化行政区划设置，提高中心城市和城市群综合承载和资源优化配置能力，实行扁平化管理，形成高效率组织体系。坚持和完善统筹城乡的民生保障制度，满足人民日益增长的美好生活需要。更加注重城乡基层社会治理、城乡融合发展在国家发展和城市治理方面的功能。构建基层社会治理新格局。完善群众参与基层社会治理的制度化渠道。健全党组织领导的自治、法治、德治相结合的城乡基层治理体系，健全社区管理和服务机制，推行网格化管理和服务，发挥群团组织、社会组织作用，发挥行业协会商会自律功能，实现政府治理和社会调节、居民自治良性互动，夯实基层社会治理基础。加快推进市域社会治理现代化，推动社会治理和服务重心向基层下移，把更多资源下沉到基层，更好提供精准化、精细化服务。党的十九届四中全会的决定在社会治理方面提出要构建基层社会治理新格局，健全党组织领导的“三治”结合的治理体系，特别强调了加快推进市域社会治理现代化的目标任务。

2020 年 10 月，党的十九届五中全会通过了《中共中央关于制定国民经济和社会发展第十四个五年规划和二〇三五年远景目标的建议》，一方面对市域社会治理和社区治理提出了明确的目标要求，强调社会治理特别是基层治理水平明显提高；另一方面要求不可不顾实际情况和客观规律，强行推进，而要尽力而为、量力而行，健全基本公共服务体系，完善共建共治共享的社会治理制度。在具体实施路径和具体目标上，该意见既重申了之前党的重要会议和文件的精神，如完善社会治理体系，健全党组织领导的自治、法治、德治相结合的城乡基层治理体系，完善基层民主协商制度，实现政府治理同社会调节、居民自治良性互动，建设人人有责、人人尽责、人人享有的社会治理共同体等内容，同时也提出了新的内容要求，如发挥群团组织和社会组织在社会治理中的作用，畅通和规范市场主体、新社会阶层、社会工作者和志愿者等参与社会治理的途径。推动社会治理重心向基层下移，向基层放权赋能，加强城乡社区治理和服务体系建设，减轻基层特别是村级组织负担，加强基层社会治理队伍建设，构建网格化管理、精细化服务、信息化支撑、开放共享的基层管理服务平台。加强和创新市域社会治理，推进市域社会治理现代化。维护社会稳定和安全。正确处理新形势下人民内部矛盾，坚持和发展新时代“枫桥经验”，畅通和规范群众诉求表达、利益协调、权益保障通道，完善信访制度，完善各类调解联动工作体系，构建源头防控、排查梳理、纠纷化解、应急处置的社会矛盾综合治理机制。健全基层群众自治制度，增强群众自我管理、自我服务、自我教育、自我监督实效。这些要求和建议实际上既包含对“十四五”时期社会治理的目标定位，也是对2035年这一远景目标的总体勾画，指明了社区治理未来较长时期内的基本任务和奋斗目标。

2021年4月，中办国办出台《中共中央国务院关于加强基层治理体系和治理能力现代化建设的意见》，在一定意义上可以说是对第十四个五年规划和二〇三五年远景目标具体落实和实施的指导文件。该意见强调“基层治理是国家治理的基石，统筹推进乡镇（街道）和城乡社区治理，是实现国家治理体系和治理能力现代化的基础工程”。这一定位将极大推进基层社会治理的制度完善、机制创新、资源供给和法治保障。在指导思想上，明确以习近平新时代中国特色社会主义思想为指导，坚持和加强党的全面领导，坚持以人民为中心，以增进人民福祉为出发点和落脚点，以加强基层党组织建设、增强基层党组织政治功能和组织力为关键，以加强基层政权建设和健全基层群众自治制度为重点，以改革创新和制度建设、能力建设为抓手，建立健全基层治理体制机制，推动政府治理同社会调节、居民自治良性互动，提高基层治理社会化、法治化、智能化、专业化水平。要坚持全周期管理理念，强化系统治理、依法治理、综合治理、源头治理。坚持因地制宜，分类指导、分层推进、分步实施，向基层放权赋能，减轻基层负担。坚持共建共治共享，建设人人有责、人人尽责、人人享有的基层治理共同体等工作原则。培育扶持基层公益性、服务性、互助性社会组织。支持党组织健全、管理规范的社会组织优先承接政府转移职能和服务项目。有些内容尽管在此前的文件中也多次提及，但角度有所不同，这里更加强调落到实处，既作为工作原则，也需要形成具体制度和机制，并提出了全周期管理的理念。

近年来的基层自治实践不断推进，以完善村（居）民自治机制为核心，健全党组织领导下的村（居）民自治机制。从自治组织的产生到治理的所有过程都要贯彻基层民主，实施全过程的监督。强化党组织领导把关作用，规范村（居）民委员会换届选举，全面落实村（社区）“两委”班子成员资格联审机制，坚决防止政治上的两面人，受过刑事处罚、存在“村霸”和涉黑涉恶及涉及宗族恶势力等问题人员，非法宗教与邪教的组织者、实施者、参与者等进入村（社区）“两委”班子。在基层公共事务和公益事业中广泛实行群众自我管理、自我服务、自我教育、自我监督，拓宽群众反映意见和建议的渠道。聚焦群众关心的民生实事和重要事项，定期开展民主协商。完善党务、村（居）务、财务公开制度，及时公开权力事项，接受群众监督。强化基层纪检监察组织与村（居）务监督委员会的沟通协作、有效衔接，形成监督合力。建立基层群众性自治组织法人备案制度，加强集体资产管理等机制体制。

以发挥基层党组织领导作用，以健全基层自治活力为目标的社区治理创新构成了改革开放以来城市社区治理的主线。各地大力创新社区治理模式，比较典型的有四种模式：政府主导模式、市场主导模式、社会自治模式和专家参与模式。其中政府主导模式是主流模式，其制度优势明显，但不足在于社会被动、居民参与不足、社区缺少活力；市场主导模式的资源配置能力强，发展潜力较大，但也存在着市场失灵等问题；社会自治模式最符合居民自治原理，但缺少资源支持、操作最难、遇到的困难也最多；专家参与模式由于有专家的外力支持，在制度设计、顶层设计等方面有优势，但是，容易产生外部依赖性，需要探索专家撤出后也能自我运营的模式。因此，统筹多种社会资源、激发多元社会活力、创新居民参与机制是社区治理创新的关键环节，政府需要进一步发挥主导作用，通过发挥多元力量的作用，完善相应制度设计和政策约束，进一步形成多元共治、共建共享的社区治理新格局。① 自党的十九大以来创新治理模式的实践更加深入，如清

① 葛天任、李强：《我国城市社区治理创新的四种模式》，载《西北师大学报》2016年第6期。

单式治理，根据法律和国家政策的规定，明确责任主体，将城市社区清单式治理的清单分为城市政府治理清单和社区自治清单两大类。其中，城市政府治理清单包括城市基层政府的权责清单和规范社区市场领域和社会领域治理的负面清单，明确城市政府介入城市社区治理的依据。社区自治清单包括社区事务准入清单、社区履行职责清单和社区公共服务清单，为城市社区自治机构开展活动、履行职责、提供公共服务提供明确依据。

通过对上述社区治理历程的梳理，不难发现我国城市社区治理的与时俱进和基本规律。中华人民共和国成立后的 70 多年以来，随着改革开放和国家经济体制改革的深入推进，城市的数量和人口显著增加，社区已经成为人们的基本生活场所，也成为政府管理和居民自治的重要领域，城市社区治理更是成为社会治理乃至国家治理的基础单元，对维持社会秩序稳定和人民生活安定具有重要意义。新中国的社区治理首先是基于新中国建设城市的需要而创造性融合中国传统基层治理智慧、公有制的属性和社会主义工业化的实际，单位型社区构成了改革开放前的社区发展的特色。改革开放后，西方社区理论的引入和实践的启示，结合中国推进的城市化、现代化的进程，社区在国家治理体系中的基础性地位越来越清晰，在国家强调资源下沉的过程中，各种政府事务和基层治理事务不断落实到社区，造成社区负担的超负荷和承接政府各部门事务的无序化，城市社区治理改革随着政府职责的清单式治理和互联网技术的助力，走进了上（国家）下（社区）合力推进的新时代，初步形成了在党统一领导、民政部门具体分管、其他职能部门各负其责、社区社会组织承接和负责、社会力量积极参与、法治提供保障的城市社区治理新格局。回顾改革开放 40 多年来的城市法制和建设历程，突出表现出三大特点：一是城市逐步从工业生产的从属地位转变为经济社会发展的中心地域，城市建设开始与工业建设同步发展。① 二是城市管理越来越受到重视，政策和法规不断完善，初步形成了与社区治理有关的从宪法、法律到部门规章和政府规章的一批法律规范，为依法进行社区治理奠定了一定的法律基础。三是社区治理越来越受到重视，一些大型或超大型城市决策者在治理重心下移过程中，积极探索现代城市的治理模式，其中基层治理的探索呈现出互相借鉴又各具特色的竞

① 翟宝辉：《新中国 70 年城市管理的巨变》，载《城市管理与科技》2019 年第 6 期。

相推动的态势。

二、城市社区治理现代化的时代要求

我国城市社区治理的兴起源于中国特色的社会主义的建设过程中应对城市基层出现的新问题，是现代化社会转型时期的社会历史任务在基层治理中的显现。现代化是中国人百年来努力的目标，是现代现象所表现出的现代化、现代性和现代主义等不同意涵和指涉。“现代现象是人类有‘史’以来在社会的政治-经济制度、知识理念体系和个体-群体心性结构及其相应的文化制度方面发生的全方位秩序转型。”相对于“政治经济制度的转型”可以被称为“现代化”；相对于“个体-群体心性结构及其文化制度之质态和形态变化”可以被称为“现代性”；而相对于“知识和感受之理念体系的变调和重构”可以被称为“现代主义”。①

自觉的十八大以来，社区治理现代化作为国家治理体系和治理能力现代化的重要组成部分和基础性工程越来越受到各级政府和社会大众的重视。我国的城市社区治理又是与城市化、都市化联系在一起的，城市化的突出特点是城市人口急剧增长，城市化同工业化不协调，且城市人口过于集中在少数大城市，乡村和都市之间的对立与二元社会结构的形成等状况，都要求社区承担更多的社会职能和“都市病”的解决。20 世纪 80 年代全面展开的改革开放带来政治经济社会的转型，在城市表现为个人由“单位人”向“社会人”的转变，社区构成了个人工作之外的最重要活动场所和最稳定的安身立命的栖居地，由此引发工作之外的所有基本公共服务需要在社区这个场域中完成，政府也逐步实现社会管理向社会治理的转型，并将社会治理的重心转向基层社区。这种随着政治经济文化等变迁导致的社会治理模式的转变，以及社会服务职能的让渡和城市中散播的“都市病”，意味着社区在法治社会的建设中、城市化进程中、市民的情感归属上等方面，有着更多更大的承载。在现代社会治理模式下，政府不是“全能型政府”，只能是“效能型政府”，政府的管理模式要从国家高度集中全面控制的模式转变为在履行必要的公共职能过程中最大限度地满足社会和市场需求的模式。② 社区是政府转

① 刘小枫：《现代性社会理论绪论》，三联书店 1998 年版，第 3 页。

② 蒋冰冰：《中国城市社区的兴起及法治要求》，载《前沿》2008 年第 9 期。

变职能之后，最重要也是最适合的社会服务职能的“让渡者”，但随着城市治理的任务和复杂性的增强，各级政府职能、职责和压力的增加，政府及职能部门负担外溢流向社区，将本来是自治的社区变成政府事务落实的兜底性承接者，“上面千条线，下面一根针”形象而精准地概括了社区面临的繁多事务和繁忙状态，政府公共服务事项和社区自治事项的交汇，常常让社区工作者疲于应付，无所适从，由此引发社区治理变革的社会共识。如何在法治的轨道上推进社区治理现代化，给社区以准确定位，厘清社区的职责，界定社区与各级政府特别是政府相关部门之间的关系，让社区做好自己的分内事，协助相关部门做好辅助性事务，通过政府购买服务的形式鼓励、规范社会组织参与社区治理，提供专业化高质量和便民服务者，夯实社会治理的基础等成为城市社区治理现代化、法治化的重要课题。

第三节　城市社区治理现代化的法治保障现状

一、城市社区治理现代化的内涵

党的十八届三中全会首次提出“国家治理体系和治理能力现代化”，正式开启国家和社会由“管理”向“治理”转型，社会治理现代化是国家治理体系和治理能力现代化的必然要求、组成部分和重要基础。社区治理是基层社会治理的重要组成部分，其治理现代化程度将从根本上影响社会治理现代化的程度，也为国家治理体系和治理能力现代化奠定坚实基础。2017 年发布的《中共中央国务院关于加强和完善城乡社区治理的意见》为城市社区治理现代化进行了准确定位，即全面提升城乡社区治理法治化、科学化、精细化水平和组织化程度，促进城乡社区治理体系和治理能力现代化，并从总体要求、治理体系、智力水平、补齐短板、组织保障等方面进行了全面、明确的指引。党的十九大提出了“打造共建共治共享的社会治理格局，推动社会治理重心向基层下移”的改革任务；党的十九届四中全会强调了社区治理是基层治理的重要组成部分，提出构建基层社会治理新格局的战略目标；习近平于 2020 年在吉林考察时再次强调“推进国家治理体系和治理能力现代化，社区治理只能加强、不能削弱”。党的十九届五中全会更是将“社会治理特别是基层治理水平明显提高”列入“十四五”时期经济社会发展主要目标，要完善共建共治共享的社会治理制度。

推进城市社区治理现代化，首先要明确城市社区治理现代化的内涵。城市社区治理现代化的基本内涵从不同视角观察，有不同解读，有论者认为主要包括内容要素、基本属性、地位功能、目标导向等方面。① 从内容要素来看，包括城市社区治理体系和城市社区治理能力两个维度。从基本属性来看，是社区共同体建设与社区治理结构重塑，通过社区成员之间的相互交往，构建生活共同体，建立国家与个体的联结，实现共建共治共享。从地位功能来看，是国家治理和社会治理现代化在基层的生动实践，是推进城市建设的重要抓手。从目标导向来看，旨在提升城市社区的治理效能和更好回应城市居民不断增长的美好生活需要，更为注重治理科学性、程序合法性和结果有效性。也有论者认为，城市社区治理现代化的内涵体现为：在党的领导下，构建多元协同共治机制，实现治理目标人本化、治理体系科学化、治理方式法治化、治理手段智能化、治理绩效高能化。② 也有论者从城市社区管理历史进程的角度来理解社区治理现代化的内涵，说明社区治理现代化是一个连续的生动的变化的动态过程，其内容应当涵盖“城市社区治理理念的现代化、城市社区治理主体的现代化、城市社区治理模式的现代化、城市社区治理体制的现代化”等。③ 这些研究无疑为揭示城市社区治理现代化内涵和特征提供了好的基础。事实上，城市社区治理现代化的主要特征体现为：首先它是一个比较性的概念，是相较于传统的治理模式和方式而言的；其次它是一种持续追求社区治理体系和社区治理能力现代性的过程；再次，它是国家治理体系的重要组成部分，服务于国家良法善治的总体要求和发展路径，但又要有自身面向基层社会的特殊属性，因而，是融贯纵向和横向比较的概念，是治理目标价值追求与民主法治保障的统一体。第一，城市社区治理主体更加多元、理性。城

① 周波：《城市社区治理现代化：内涵、困境与行动策略》，载《中共石家庄市委党校学报》2021 年第 7 期。

② 李良进：《城市社区治理现代化四维透视：逻辑、内涵、路径及保障》，载《湖北经济学院学报》2019 年第 2 期。

③ 公圆圆：《中国城市社区治理现代化的发展、内涵及趋势》，载《商》2016 年第 30 期。

市社区治理现代化意味着一系列来自政府，但又不限于政府的社会公共机构和行为者进入社区治理主体之列，具有丰富多样的主体形态。第二，城市社区治理结构更加开放、科学。现代化的城市社区治理结构的核心在于能否实现由单一控制型向开放包容型的治理模式转变。尽管基层党组织和基层政府依旧发挥更为直接、更具决定性的治理影响，但它们不是万能的，还应当通过相互竞争性的关系来凸显治理主体间的自尊与协作、自律与他律、自治与法治、德治的统一。通过多样性的契约来展示治理主体的相互承认与尊重；通过合作性的平台来促进治理主体的宽和与宽容，运用权威性的机制来解决治理主体之间的冲突与矛盾；通过社区利益共同体的维护实现自律与他律；通过法律法规、自治公约和传统文化、社会主义核心价值观的共同发力实现自治与法治、德治相结合。在判断社区治理现代化水平时，应把互动、协商、合作的开放性作为重要维度，把权责对应的治理关系作为重要标尺。第三，治理方式更加民主、法治。城市社区治理和制度安排都必须保障居民自治或居民对社区事务的当家作主，社区事务公共政策要从根本上体现社区居民的意志和主体地位，运用法治思维，体现法治信仰，遵循法治程序等。因此，应把是否运用民主、法治方式治理社区作为分辨传统社区管理与现代化治理的重要分水岭。①

城市社区治理现代化既是一个理论命题，更是一个实然的命题，按照党中央国务院关于国家治理现代化和城乡社区治理的总体部署和规范性文件阐释，我国城市社区治理现代化的基本内涵应当包括但不限于以下方面：

一是城市社区治理现代化内容包括治理体系和治理能力的现代化。具体言之，在治理体系上要求充分发挥基层党组织领导核心作用，有效发挥基层政府主导作用，注重发挥基层群众性自治组织的基础作用，统筹发挥社会力量协同作用，形成党委领导、政府负责、民主协商、社会协同、公众参与、法治保障、科技支撑的社会治理体系；在治理能力上，要增强社区社会组织特别是社区居民委员会的治理能力、社区居民参与能力，提高社区服务供给能力，强化社区文化引领能力，增强社区依法办事能力，提升社区矛盾预防化解能力，增强社区信息化

① 郑安兴：《中国城市社区治理现代化：逻辑分析与路径选择——以珠海等城市的实验性探索为例》，吉林大学2018年博士学位论文，第59~60页。

应用能力等。

二是在治理主体上，区别于传统的城市社区管理模式，社区治理现代化要求实现治理主体的多元化，发挥各类主体的智慧和积极性，体现民主治理的精神，实现人人有责、人人尽责和人人享有的理想治理状态。这些主体主要有基层党组织、基层政府、社区居民委员会、社会组织、居民等多主体协同治理。

三是在治理方式上，坚持党组织领导下的自治、法治、德治相结合，实现政府治理和社会调节、居民自治良性互动。相信群众的智慧，发挥基层群众性自治的民主选举、民主协商、民主决策、民主管理、民主监督和自我管理、自我教育、自我服务、自我监督的优势，在合法性前提下因地制宜制定社区公约，实现"三治"结合。坚持和发展新时代"枫桥经验"，畅通和规范群众诉求表达、利益协调、权益保障通道，完善社会矛盾纠纷多元预防调处化解综合机制，努力将矛盾化解在基层。

四是社区治理是一个多元主体和多元规范共存的场域。社区治理规范至少包括国家法、党内法规、公共政策、习惯和各类协议等，而且每一种类型的规范内部又存在相应的差别。城市社区治理现代化是国家法治现代化在基层的体现，前提是符合国家法治现代化的基本理念、原则和规范。在社区治理中，需要处理好国家法内外部协调问题，其中内部协调主要是指法律体系内部以宪法为基础并遵循法制统一原则，避免或减少法律内部冲突，而外部协调则多是指法律与社会发展需要之间的适应程度问题。通过规范合作为社区治理提供更加体系化、协调化和有效衔接的规范体系，重点是社区治理中党内法规与国家法律、公共政策、软法和习惯等规范形式之间的协调与衔接。①

社区治理现代化是针对我们国家城市建设遇到的突出问题而必须面对和应对的治理方略和必然选择。现实中依然存在的不足主要表现为，基层党组织领导核心功能受限，基层党组织在城市社区治理中领导力不足；治理格局发育迟滞，城市社区治理中政府、社会、居民互动性不强；治理创新发展不足，城市社区治理

① 陈光：《党内法规在社区治理中的作用研究》，载《中共浙江省委党校学报》2017 年第 3 期。

中缺乏科技创新；治理效果未达预期，治理精细化服务水平有待提升等，① 这种治理效能和格局难以适应快速城市化所带来的城市基层治理的多重压力和挑战。

二、城市社区依法治理的支撑体系初步形成

从中华人民共和国成立伊始，中国共产党就开始用法律方式管理城市，制定了一系列基础性的法律法规，21 世纪以来特别是党的十八大以来，强调并推进城市由管理向治理转型的现代化建设步伐明显加快，由此带来理论上的认识深化以及实践上的制度建构和地方探索。

"治理"是一个有着丰富含义却远未在学术上达成共识的概念。广义的治理是通过人为干预恢复自然秩序，是实事求是地求善。"治"，按《说文解字》解释，即"治，水出东莱曲城阳丘山，南入海。从水、台声"，其本指与水有关的地名，引申为治水、整治、修治、管理、统治等含义。"理"按《说文解字》解释，本义为在作坊治玉，即把玉从璞石里剖分出来，顺着内在的纹路剖析雕琢，引申有纹理之意。进一步将之引申为"条理""纹理""道理""理顺""理清"等含义。"治"和"理"的共同意涵是指按客观事物规律进行处理，从而形成一定秩序。治理，先正确认识"理"，后依照"理"适当干预。狭义的治理是社会政治治理，即治国、治世、治官、治民，是求善政，善政是公平、正义、长久的秩序。② 在社会领域，由于是国家权力仅存在必要的适度干预的权力与由公民自治所主导的生活空间，想要达至善治目标，必须多元参与、共同治理，才能形成国家共同体维护、国家认同与公民自我决定、自我管理、自我实现的统一。从经济学的视角看，实现国家和公民的利益最大化、成本最小化的双赢结局。法国思想家福柯认为，治理是人和事的复合体。按照这一分析视角，我国基层治理是以人为核心的治理，压实基层政府和组织等主体责任，调动基层群众积极性，解决居民的急、愁、盼等问题。当然，基层治理经历了一个从总体性到专项性、区分轻重到系统治理的演变过程。如何推进和完善城市社区治理？学术上有不同的切

---

① 师林、孔德永：《新时代城市社区治理现代化探究》，载《黑龙江省社会主义学院学报》2020 年第 2 期。

② 李连江、张静、应星、刘首英：《中国基层治理的脉络与逻辑》，载《中国社会科学评价》2018 年第 3 期。

入点和理论观点，由此勾画出不同的治理面向与模式解说。有学者归纳比较有代表性的四种模式：一是政治学视角下的民主理论和社区居民自治模式。该模式重点关注社区协商机制建设，强调通过社区居民民主参与意识和协商共治意识的提升，增强社区自治能力，以适应城市快速变迁而产生的基层治理不适性问题，试图构建市场、政府、社会三方新型关系模式。二是社会学视角下的共同体理论和社区共同体模式。该模式强调从社会资本、社会网络和社区文化等方面实现从空间上的共同体向精神和文化上的共同体建设。三是管理学视角下的治理理论与社区服务体系建设模式。该模式侧重将社区作为社会治理和公共服务供给的基本单元，社区治理是多元主体共同参与下，调和不同主体的利益冲突，形成社区事务合作的过程。四是经济学视角下的社区发展理论与社区服务专业化模式。该模式认为社区作为市场的组成部分，受到市场供需和市场竞争逻辑的影响。社区治理本质上是社区力量和社区资源配置效率最大化的过程，通过效益成本计算、委托代理分析和供需平衡分析等策略，来实现社区服务质量的优质化和专业化，要利用市场逻辑来优化社区治理中的资源配置和服务质量。① 这些理论上的成果，既是对 40 多年来的社区治理实践的归纳总结，也是对不同实践模式的评估和展望。每种模式都从不同层面和侧面分析了中国城市社区治理的基本进路、主要特点和运行规律，但在城市社区治理的法治保障方面存在缺失，在构建系统思维和整体性、系统性治理上还不够，但为源头治理、系统治理、多元共治和良法善治提供了有价值的理论参考。

从实践上讲，城市社区治理基础和资源禀赋各有千秋，差别显著，不同区域的城市，由于文化特色、民族特色、经济基础、人口规模等不一样，带来因城施策的实验性、探索性与模仿性、求异性的地方制度特色和示范性、求新性的治理形式不断出现，发挥“村看村，户看户”的比邻示范带动效应，实事求是，减少远距离复制可能存在的水土不服等排异反应，增加可复制性，降低不适感，激发大多数社区的活力。

我国城市社区建设和治理改革是基于中国社会发展需求，在借鉴西方社区发

① 参见韦仁忠、张作程：《新时代城市社区治理的现实境遇和实践向度——基于协同共治的视角》，载《领导科学论坛》2022 年第 1 期。

展经验的基础上由政府推进的制度变革，法律在这场变革中扮演了重要角色。政府通过颁布大量相关立法来保障社区建设和治理改革的顺利进行，依靠法律的力量初步建立起较为系统的基层社会管理体制并鼓励地方积极探索基层社会治理的法治化。总体而言，我国城市社区依法治理不断在探索中进步，呈现出如下特点：

第一，政府通过颁布大量相关立法为社区治理法治化提供了法律前提。自20世纪80年代改革开放以来，国家加强民主与法制建设，从社会基层治理以群众性自治制度为核心，逐步推进社区从管理走向治理，以法治保障治理，推进治理现代化。在过去的四十多年里，中央和地方立法机构因应中国社会治理的不断变迁，陆续出台了许多推动社区建设与治理改革的立法或具有法律功能的规范性文件。在1982年《宪法》对基层群众自治进行原则性规定①、明确《宪法》地位后，具体实施性法律和相关法规、规章及其他规范性文件落实《宪法》要求，通过不断完善以回应人民期待，推动社会基层治理向更高水准迈进。其中，中央层面的立法有《城市居民委员会组织法》（1989）、《关于加快发展社区服务业的意见》（1993）、《全国社区服务示范城区标准》（1995）、《民政部关于在全国推进城市社区建设的意见》（2000）、《国务院关于加强和改进社区服务工作的意见》（2006）、《全国和谐社区建设示范单位指导标准（试行）》（2008）、《民政部关于进一步推进和谐社区建设工作的意见》（2009）、《关于加强城乡社区协商的意见》（2015）、《中共中央国务院关于加强和完善城乡社区治理的意见》（2017）、《民政部 中央组织部 中央政法委 中央文明办 司法部 农业农村部 全国妇联关于做好村规民约和居民公约工作的指导意见》（2018）、《中共中央国务院关于加强基层治理体系和治理能力现代化建设的意见》（2021）等。与此相应，地方立法机构也随后出台了具体实施性的相关地方立法和规范性文件。在城市社

① 《中华人民共和国宪法》第一百一十一条规定："城市和农村按居民居住地区设立的居民委员会或者村民委员会是基层群众性自治组织。居民委员会、村民委员会的主任、副主任和委员由居民选举。居民委员会、村民委员会同基层政权的相互关系由法律规定。居民委员会、村民委员会设人民调解、治安保卫、公共卫生等委员会，办理本居住地区的公共事务和公益事业，调解民间纠纷，协助维护社会治安，并且向人民政府反映群众的意见、要求和提出建议。"

区治理中，除了立法机构和相关职能部门出台的法律文件之外，由社区自治组织创制的社区自治章程之类的民间法也发挥着重要作用。在各地颇具特色的社区治理探索与实验中，借助于法律改革，推动了政府职能的转变，完善了社区自治体系，提升了社区自治能力，初步理顺了政府、社区与市场三者之间的关系，形成了社区多中心治理的局面。由社区行政体系、社区自治体系、社区参与体系、社区服务体系、社区支撑体系等共同构成的社区治理机制得以初步确立。

第二，渐进式的社区治理法治化。从上述法律制度演进和完善的历程及城市社区治理的实践可以看出，我国城市社区治理法治化进程带有明显的“以问题为导向”的特点，是一种渐进式的制度变革。从单位制社区到社会性社区，从社区服务到社区建设再到社区治理这样一个不断深化的过程就充分体现了这一特征。在社区建设和治理过程中，中央政府基于全国社区总体情况和治理目标，出台宏观政策和指导性意见，允许各地根据具体情况进行探索与创新具体机制，鼓励各种模式之间相互竞争并选择更优模式作为典型加以推广，渐进式的社区治理法治化过程有效地降低了急剧制度变革的风险和成本。

第三，倚重软法的城市社区治理法治化。我国现有的大部分社区治理立法并非硬法而是软法。硬法与软法是法学上的一种法律分类标准。硬法是指那些需要依赖国家强制力保障实施的法律规范，如《刑法》《行政处罚法》等法律。而软法则指那些效力结构未必完整、缺乏国家强制力但能够产生实效的法律规范。软法可以由国家机关制定和认可，也可以由社会自治组织独立创制。在我国社会治理实践中，那些经常冠以纲要、建议、指南、意见、倡议、规程、章程、公约、岗位职责、基本要求、标准、纪要等多种称谓的规范都属于软法的范畴，如《全国社区服务示范城区标准》《民政部关于在全国推进城市社区建设的意见》等就属于典型的软法。软法之所以在社区治理过程得到广泛应用，原因在于软法在制定和实施过程中公众参与程度较高，具有更高的民主协商性，更多地体现了被管理对象的利益诉求和意志，能够以更加温和的方式得到实施，能够更大程度地释放基层政府和社区的创造力，有助于减少治理过程中出现对抗和冲突的可能性，降低法治和社会发展的成本。

第四，政府推进型的社区治理法治化。在我国城市社区治理过程中，政府以法律作为治理工具并利用所掌控的资源来推动建立新的社区治理体制，表现出了鲜明的政府推进的色彩。为推动社区建设的开展，民政部选择了 26 个国家级社区建设实验区作为试点，并出台了《民政部关于在全国推进社区建设的意见》《民政部关于进一步推进和谐社区建设工作的意见》等一系列法律文件。正是在政府部门的大力推动下，社区建设和治理才得以蓬勃开展。

三、我国城市社区治理现代化法治保障存在的主要问题

社区治理涉及基层民主建设、社会服务供给和社区共同体营造等方面，属于综合性和专业性研究的交叉领域。① 尽管我国城市社区治理法治化取得了重要成就，但仍然存在着一些较为突出的问题。目前我国城市社区建设和治理中存在着社区治理机制行政化、社区自治浅层化、社区参与初级化、支撑体系薄弱化、发展水平非均衡化、工作队伍低度专业化等不足之处，这在很大程度上与社区治理法治化存在的问题有直接关联。② 具体而言，我国城市社区治理现代化的法治保障中存在的问题主要表现在以下方面：

（一）规范社区治理的专门性法律法规尚付之阙如

近年来，党中央国务院和民政部门大力推进社区治理改革，通过政策和规范性文件为社区适应城市化快速发展提供政策法规支撑。但值得注意的是，现有的宪法法律依据存在定位清晰但实际运作中与法律规定却不一致。比如《宪法》第一百一十一条明确规定“城市和农村按居民居住地区设立的居民委员会或者村民委员会是基层群众性自治组织”，但实践中城市社区治理行政化色彩过于浓厚，与之对比的居民自治氛围不浓，自治权的行使受到不少掣肘，行政权介入过多，自治程度明显不足。社区在很大程度上成为政府机关的基层机构，需要依法依规厘定社区公共服务职能和承接政府公共事务具体事项，多维度推进社区自治水平提高。

① 韦仁忠、张作程：《新时代城市社区治理的现实境遇和实践向度——基于协同共治的视角》，载《领导科学论坛》2022 年第 1 期。

② 吴群刚、孙志祥：《中国式社区治理——基层社会服务管理创新的探索与实践》，中国社会出版社 2011 年版，第 76~108 页。

（二）既有规范的内容存在冲突

一是随着社区治理的发展，社区居民自治出现了社区成员代表大会、社区协商议事会、社区管理委员会等其他社区居民自治组织下的次一级议事协商形式，但宪法和法律对这些新型组织形式并未明确其法律地位，存在次一级组织的议决代替居民委员会或居民大会的议决或者操纵居民自治组织的情形。立法的滞后，使得实践中的许多做法面临合法性困境。二是现有立法中部分制度设计的科学性有所欠缺。例如，《城市居民委员会组织法》第三条第六款规定，社区居委会向人民政府或它的派出机关反映居民的意见、建议和要求。第十条规定，居民委员会向居民会议负责并报告工作。这些规定表明社区居委会作为居民自治组织，应该代表和维护居民利益并及时向政府反映居民需求。但该法第二条又规定，居民委员会要协助不设区的市、市辖区的人民政府或者它的派出机关开展工作。因此如何处理自治与协助的关系，需要法律的细化。三是现有的社区治理立法普遍存在重实体轻程序的问题。许多社区治理立法中的程序性规定过于简单甚至没有予以规定，导致不同治理主体之间出现矛盾和争议时，不能及时地通过协商或法律途径予以化解。

（三）治理所依据的法律法规中软法偏多

现有的社区治理立法中软法的比例过高。软法由于缺乏国家强制力保证实施，导致社区治理效能更多依赖上级党和政府部门的重视程度、社区工作者的主观能动性、“能耐”和责任心等不确定性因素。当然，软法与硬法相比，在基层治理中有柔性、灵活性、互动性、共识性、亲和性和经济性等优势，有助于强化法律的正当性和提高法律实效，也有助于降低法治与社会发展的成本，但由于软法不具有国家强制力，没有明确的法律位阶，导致其灵活性有余而稳定性和权威性不足。我国目前社区治理立法中大多数为软法，由于软法的权威性不足导致许多实践中积累的成功做法无法被快速推广。现有社区治理立法的体系性和完备性存在缺失，突出表现在我国现有的社区治理法律体系中，尚欠缺一部统率性和纲领性的主干立法。

（四）社会协同机制尚不健全

城市社区治理离不开社会协同，离不开社会力量有序广泛参与。良好的协同依赖于良好的机制支撑。当前，面临一些机制上的短板：一是协同动力机制较弱，社区治理是政府主导，协同的程度和成效主要取决于政府施策的针对性、可行性及有效性。政府相关部门履行社区治理职责不明确不具体，考核比较软化；二是社会组织得到一定的发展，但就目前发展形势而言，普遍存在注册困难、资金不足以及缺乏相关法律制度保障等问题，不能有效应对当前社区协同治理发展的要求；三是企业和居民等治理主体对参与社区治理具有较强的功利倾向，多采取选择性参与以维护或获取自身利益，对社区公共事务也缺乏积极性。① 尽管近年来培育和发展城市社区社会组织已成为一种热潮，实际上问题也接踵而来。一些新成立的社会组织为了生存，在实践中逐步沦为“旧的社会组织”，过度依赖公权力。还有一些社会组织在政府大规模购买公共服务过程中，存在违反法律法规和规定，损害了正常的政府与社会互动秩序，也使得社会组织协同的力量与氛围遭到破坏。

（五）社区自治聚焦主业不够

社区依法自治是社区治理的关键、基石和保障。现阶段，影响社区自治不足的原因是复杂的，其中最为重要的有三大因素。一是政社边界不清晰。社区承担公共事务与社区本身的自治事项常常混同和交错。政府将社区作为权力系统的自然延伸，作为社会管理的末端，承担政府及其职能部门需要落实到基层的大多数管理任务，形成“上面千条线，底下一根针”的疲于应付、偏离自治主业的倾向，不仅如此，由于政出多门，文山表海使社会工作者压力山大，重复性劳动太多，耗费大量精力，边际效益不断递减，如，几乎相同的数据，变化着少数格式反复上报不同部门，职责不清导致事事要负责，事事要考核，事事要担责，但缺

---

① 洪晴、倪永贵：《城市社区多元协同治理：困境与对策——以阜阳市为例》，载《长春理工大学学报》2021 年第 5 期。

乏相应的责、权、利的合理配置。二是社区公民意识不强，社区居民仍习惯被动接受居委会意见或决定，参与意识、参与水平与社区自治要求不相协调，尤其以涉及社区公共事务方面表现为甚。三是社区居委会成员工作能力有待提高、工作方式有待创新、工作积极性有待强化，社区干部对于依法自治的认同度和执行力还不能充分满足社区依法自治要求。①

（六）公众参与渠道不畅

一方面是社区居民参与积极性不够，另一方面是居民参与渠道较窄。依法保障社区居民知情权、参与权、表达权及监督权是实现社区治理法治化的重要表征。公众参与是推动社区治理法治化的最基本条件和重要保证。居民有效行使参与权，必须以有知情权和表达权为前提，但只有知情权和表达权但不能充分参与，也会导致权利的休眠和浪费，所以，只有参与的渠道畅通了，才能发挥社区众智的作用。改革开放以来，随着我国城市化进程的不断推进，有关社区治理的法律法规规章逐步增多，城市社区治理中公众参与发生了巨大变化，居民参与意识、参与愿望、参与能力等有了较大提高，参与渠道和参与保障也有了大大拓宽与加强。从党的十八届四中全会所要求的“公民有序参与立法途径、把公众参与确定为决策法定程序”目标来看，城市社区公众参与仍存在机制不畅通、互动不顺畅、运行不流畅等现实问题。政府对公众参与的回应度较低，基层自治组织的回应往往精神慰藉、共情理解多，解决问题相对较少，一定程度上损伤了公众参与的积极性主动性以及创造性，影响了现代化城市社区治理效果的顺利实现，因此，如何激发居民参与积极性，提高参与效率和效能是社区治理要解决的重要课题。

以上是对社区治理现代化法治保障现状的总体阐述，由于城市社区治理又有其一定的特殊性，由于城市生活和生产的几乎所有要素都可能在社区交汇，因此从最广泛意义上讲，是所有部门法都能调整、所有主体都能参与、对象和范围极其广泛的法律调整领域。但从国家对社会治理、市域治理、基层治理的战略定位

① 马姝：《社区治理中的相关法律问题研究》，载《河南社会科学》2005 年第 4 期。

和基本要求看，要着重解决的是社区治理中最基本、最迫切的问题，是在既有的民法、行政法和刑法等调整的一般性规范之外，强调社区治理的特殊型和突出问题而进行的法律规范及机制建构。本书正是从这一视角出发，分析社区治理现代化面临的基本法律问题。

第二章　城市社区治理现代化法治保障的法理维度

第一节　城市社区治理本质是公法、私法与社会法构筑的法律治理

在全面依法治国建设社会主义法治国家的总体框架下，法治国家、法治政府和法治社会一体建设，基层社区作为法治社会的最基本、最基础领域，既要与法治政府、法治国家建设融为一个整体，形成法治一盘棋，也要结合法治社会的建设的理论逻辑和实践逻辑，在适用既有的涉及社区事务的法律法规的同时，更需要形成和完善具有社区治理现代化属性的法律法规体系和实施体系。城市社区是一个以物理空间划分为边界，以居民居住权益为基础、以公法、私法与社会法综合适用为路径、以社区治理法治化为依归的市民生活共同体。同样，公法和私法的划分也是建立在政治社会和市民社会相区分的基础之上的，现代福利国家的普遍兴起，在公法和私法这一传统划分基础上，将社会法引入，拓展法律的社会保障功能和推进福利国家建设的价值和功用。公法是以公共利益为本，而私法是以市民社会为基础的。政治社会可以理解为以政府权力为核心的社会，而市民社会恰恰是由民事主体主宰的社会，是以私权为本位的社会。①

进入 20 世纪以来，随着社会关系的发展，法律部门及其之间的关系也日益复杂。这种复杂化一方面表现为法律部门越分越细，各个基本法律部门中都出现

① 高富平：《中国社会转型的困境和问题》，http：//www. privatelaw. com. cn/Web_P/N_Show/？News_CPI = 24&PID = 7224，最后访问时间：2021 年 2 月 10 日。

了进一步分化的趋势；另一方面出现了许多新的领域，国家利益、社会利益与私人利益相互渗透，公权力与私权利相互影响，诉讼法与实体法相互作用，以致国际法与国内法相互转化，出现了大量的兼有不同法律部门特点的新领域，兼有几个基本法律部门特点的混合法律部门出现了，最典型的就是经济法、环境法和社会法。① 当然，除了部门法学之外，领域法学成为法学研究和法律实践的重要方面，如财税法学、土地法学、教育法学、人权法学等。社区作为社会治理的基本单元和居民生活的最重要领域，尽管国家颁行的一切法律都会作用于斯，但在绝大多数情形下，主要依靠的还是公法、私法和社会法，当然不是所有的公法、私法和社会法法律都均等地适用于社区，而是依据具体情形有所侧重。同时，由社区管理向社区治理唤醒过程中，也会出现私法公法化和公法私法化的情形。

总体上讲，中国私法公法化包括两种情况，一种是在从计划经济向市场经济过渡的情况下，私法性质的规范刚刚产生，还很不发达，调整市场关系、商品关系还带有许多国家干预的色彩，私权主体平等的原则还经常受到挑战，所谓私法公法化只不过表明向市场化的过渡不彻底，还带有许多计划经济的痕迹，公私不分，本来应该由市场决定、由私主体自治的问题却由政府大包大揽，直接表现为直接干预；另一种情况是中国市场化的改革在一些领域出现了“市场失灵”，再加上腐败、寻租，“看不见的手”需要用“看得见的手”加以辅佐，需要通过国家干预加以纠正。这些构成了中国社会主义市场经济的改革一方面建立市场经济，另一方面加强宏观调控。对这两种情况需要用不同的手段治理，对前者需要进一步推进市场化的改革，国家减少行政干预；对后一种情况则需要通过国家干预，防治私权自治带来的危害国家、社会和他人利益的后果。这两种情况都是事实，否定哪一方面都是片面的。② 在社区治理中，居民自治权、业主自治权等都不是绝对的自治，需要受到公法的制约，有些方面还需公法规则提供调整。如居民自治中的居民委员会选举需要适用我国《选举法》和公权力制定的保证公正选举的其他规则。小区和物业的治理需要引入行政法来处理自治手段无法解决的问

① 朱景文：《中国特色社会主义法律体系：结构、特色和趋势》，载《中国社会科学》2011 年第 3 期。

② 朱景文：《中国特色社会主义法律体系：结构、特色和趋势》，载《中国社会科学》2011 年第 3 期。

题，如高空抛物主体不明时公安机关负有证据收集的权力和责任等。

中国的公法私法化也是改革开放后出现的必然现象。改革开放前中国虽然已经建立了庞大的行政管理系统，但是专业化、职业化、技术化水平并不高，专业化的进程是在改革开放后加快的。在这种意义上，所谓公法私法化可能表明公与私之间还处在相互交融的状态，在职业化、专业化的过程中市民社会与政治国家的分离还不发达，职业化的进程还不完全。但是，随着职业化的进程不断推进，出现了脱离群众和干部以权谋私等不良现象。针对前者，需要进一步加快职业化进程，增强行政管理的科学化水平，增强行政效率；针对后者则需要促进行政管理的民主化、亲民化，防治官僚化和精英政治的弊端。① 在社区治理中，原来由政府管理或负责的有些方面委托给社区或社会组织，如养老、基本的便民公共服务项目等。

城市社区治理作为社区治理制度运转中的一个高级工具，是在一个社区的辖区规模内依托某种权威维护公共秩序，并在多元主体互相协调下满足社区业主各方面需要的过程，它包含政治权威的规范基础、政府处理公共事务的方式和对公共资源的统筹管理，尤其格外关注在一个被限制的区域内，维持社会公共秩序时所需要的政治权威的作用和对行政权力的行使。它不是行政性的自上而下的命令，而是扁平的网络化的对话、协商、互动。② 基层政府与社区以公开讨论、平等协商、沟通谈判、事项委托、警民联动等多样化的方式形成一种良好的协同互动关系，反映公共利益诉求，实现公共利益的分配，私法公法化和公法私法化实践在社区获得了协调性运作。

当下，社区治理的核心和重心是要激发公民治理的热情，赋予公民（居民）积极的治理角色。它是公民治理理论在社区的运用。公民治理理论是 20 世纪 90 年代由美国的学者博克斯提出。他认为，21 世纪将是以公民治理为中心和主导的时代。③ 公民治理理论主张公民、代议者、公共服务职业者的角色应该重新定

① 朱景文：《中国特色社会主义法律体系：结构、特色和趋势》，载《中国社会科学》2011 年第 3 期。

② 张洪武：《多中心秩序与社区治理模式选择》，载《河北学刊》2005 年第 4 期。

③ ［美］理查德·C. 博克斯：《公民治理——引领 21 世纪的美国社区》，孙柏瑛译，中国人民大学出版社 2013 年版，第 2 页。

位，在坚持遵循规模原则、民主原则、责任原则、理性原则的基础下，注重三项基本价值：地方控制、小而富有回应性的政府、作为顾问而不是控制者的公共服务职业者。具体言之，就是放权地方，让地方政府能有充分的自主权决定自己的行动，以满足地方自主需要；建立瘦型而有效能的政府组织，以积极回应公民的要求；将科学管理的原则注入公共组织中，使用经过专业训练的职业人员而不是政治任命官员来执掌公共服务的事务。① 要有好的治理，必有适格的公民为前提。为此，他提出公民资格的观点。在他看来，每个居民都会是三种基本的公民资格角色中之一种，即搭便车者、看门人和积极参与者。搭便车者对社区的事务了解的极其少，也不想要参与社区管理事务，而是让别人作为他或她的代理人代为执行其作为公民应有的权利和义务，因而只是一个纯粹的公共服务消费者；看门人虽然对于社区的事情非常关注，但只有当他们自身的权利受到侵犯，或者一些其他事情影响到他们的生活时，他们才会亲自去管理；而积极参与者则致力于主动参与公共生活，他们会选择主动参加社区理事会或委员会，出席社区的相关会议，在社区的政策制定和执行中扮演重要角色。② “搭便车者”和“看门人”在对现有的社区所提供的公共服务感到不满意时，他们并不会努力设法去改变这种现状，而是逃避或者迁居到其他能满足自身需求的社区。公民治理理论旨在确立积极的公民资格模式，即民众投身于思考、设计，影响公共部门的决策制定，至少在一定程度上，满腔热情地考虑公共利益。③ “积极参与者”关心且重视社区的成长与发展，希望自己能在社区事务中起到积极和持续的影响。因此，公民资格意味着创造公民参与的结构，激发自主治理的激情。公民具有积极、能动的公民资格，他们已经不仅仅是“纳税人”和公共服务的消费者，更是社区公共事务管理的直接参与者，是社区的“治理者”。④

---

① ［美］理查德·C. 博克斯：《公民治理——引领 21 世纪的美国社区》，孙柏瑛译，中国人民大学出版社 2013 年版，第 7 页。

② ［美］理查德·C. 博克斯：《公民治理——引领 21 世纪的美国社区》，孙柏瑛译，中国人民大学出版社 2013 年版，第 30 页。

③ ［美］理查德·C. 博克斯：《公民治理——引领 21 世纪的美国社区》，孙柏瑛译，中国人民大学出版社 2013 年版，第 45 页。

④ 李艳霞：《转型期中国公民治理的主体性制约要素分析》，载《东南学术》2007 年第 3 期。

公民治理理论无法为我国城市社区治理提供答案，但其有重要启示意义。我国基层社会治理的自治制度设计含有较多的下沉社会管理权的意味，主要通过居民自治，但居民作用的三种角色形态及参与方式，需要借助公法、私法和社会法的具体作用让不同角色的居民为了社区共同的价值和秩序为或不为一定行为，从而达致社区治理的目标。

社区居民自治和政府的支持指导应建立相互的信任和彼此支持，基于公法规范形成目标一致基础上建设性互动关系，共享社会治理的各种信息以及由此产生的价值，防止政府滥用权力将本应由政府履行的职责、提供的公共服务转换成社区应为的义务，防止政府以各种形式侵入居民自治的领域，特别是以“父爱主义”形式进行的不当干预。

首先是社区物业管理对自治意识和能力的挑战与训练。在城市化率超过60%的我国，法治社会建设的重要基础和重心是城市社区建设，因此，市民社会自治的基础也就是社区的自治。在计划经济背景下，由于是一个政治社会，国家和政府管理几乎涵盖国家和社会所有方面，形成了一元化的行政管理，从层次上贯穿从中央到基层，在城市，小区一般是以某个单位或传统街居为基本的划分依据。在一个单位工作的人往往住在一起，在某种程度上就是一个熟人社会，在这种情况下单位还具有某种管理小区的职能。也就是说过去社区的治理是建立在单位和居委会的管理基础之上，是有组织的。这样稳定的社区管理，随着改革的推进渐渐消失。工作选择市场化，住宅商品化，市民住居的地点完全由自己决定，原来单位的居住环境不复存在，特别是企业改制之后，住房货币化，剥离了单位承担的社会服务职能。再加上自由的就业、人口流动，以及某些地方户籍制度的取消，导致我国现在的居住区真正的社会化了，原来的组织管理体系已经被打破了。为了解决这种新的社区管理的问题，催生了物业管理制度，实质是业主的自己管理，通过选聘物业公司或自组织机构实现业主自治。现在的物业小区不是以建筑为划分依据的，而是以土地为基本依据，是居住区的一个概念。理论上，业主可以积极地管理自己小区的事务；但是在实际中，业主却对小区事务的管理缺乏积极性，但对于小区的公共服务要求不低，产生较为明显的“公共池塘”或“搭便车”现象，这也是当前物业管理所有问题的根源，是社区推进自治的主要障碍。造成这一现状的原因众多，从思想意识上看，社会转型对于小区业主如何进行事项自治存在模糊或不正确认识；从法律意识上看，普遍缺乏契约精神，部分业主的任性和物业的不诚实履行合同义务的主观动机产生了大量本不该产生的冲突，恶化了资质环境；从治理规则和程序上看，物业管理的法律位阶较低、现有行政法规比较粗糙、纠纷解决的严格程序和规则严重缺乏；从内外资源互补和交流看，政府对社区安全治理介入较多，而公共服务、法制教育、纠纷解决的支撑条件供给等投入较少，针对社区治理的法律法规的可操作性不强，如许多地方规定社区居民在电梯等密闭空间出现不给犬只戴嘴套等违规违法养犬行为的，由公安机关负责责令改正或对多次违规违法的采取更多措施，这种规定从政府职能部门职权上看，是没有问题的，但有那么多警力吗？证据提供主体是谁？物业能将拍摄图片上传公安机关吗？公民如何举报、投诉才有效和不侵权？如此这些操作层面的问题并没有好的解决方案。可以说，制度的供给与产生现实的规制效用之间，并没有联通管道，法条及效力多停留在纸面上。社区内部治理资源比较匮乏，社区工作者的自治能力、权威和可用手段极为欠缺。小区的共同利益的因素并不明显，尽管在理论上存在共同的所有权、居住环境权和生活安宁权等，但在现实中这个因素是非常弱化的。不仅如此，政府转嫁了很多义务给业主，更加剧了资源供给的紧张局面。比如，绿地由谁来管理，小区内的文化设施应该由谁来提供？这些是公共服务，应该由政府承担或提供，并且应该是均等化的。甚至在有些地方，社区内市政道路的保养、路灯的维修这样的事情，都要由业主来承担。社区（小区）建设让私权利过度地承担了政府的公共职能，换句话说这是政府给私人自治的权利，但却是替政府履行管理职责（义务）的权利，给业主最基础自治的活动造成了不利影响。所以在某种意义上说，推进小区自治的问题，是公权力和私权利协同的问题，是公法、私法和社会法共同作用，通过社区建设、社区服务、社区管理、监督保障等具体方面实现公法、私法和社会法的协同治理。如以公法的实施保障社区治安和防范化解居民之间和居民和物业之间涉及行政法等公法领域的冲突；以私法规范处理居民之间、居民与物业之间的纯民事纠纷；以社会法规范为指导推进社区承担政府若干公共服务职能，如社区服务、社区教育、社区体育、社区文化以及社会福利、社会救济等社区公共事务等。

还有社区的公共利益的保障。何谓“公共利益”？迄今尚无一致公认的定义，但其核心内涵是指能够满足一定范围内所有人需要的资源或条件，具体地讲，是指能够满足一定范围内所有人生存、享受和发展的、具有公共效用的资源和条件。现实中公共利益的界定比较复杂和困难，主要原因有二：其一是公有制。公有制在法律上体现为集体利益高于个人利益，同时公和私的划分，凡是公有制的主体就代表了公共利益。但从法理上讲，一个物只有用于公共用途时才能够代表着公共的利益，无论物的主体是公还是私。另外，值得注意的是，实践中公共利益常被误解和混同于国家利益。国家和社会是不同的概念，而只有在社会的范畴下才能够讨论公共利益，因为公共利益是针对社会上不特定人的利益，而不是国家的利益。

社区是私人利益和公共利益紧密连接、水乳交融的场域。利益是指能够满足人的需要的对象，是人们为了生存、享受和发展所需要的资源和条件。从法律上讲，保护和调整利益是所有法律的目的，正如利益法学派代表耶林指出的："法律的目的是平衡个人利益和社会利益，实现利己主义和利他主义的结合从而建立起个人和社会的伙伴关系。"① 人们基于共同的生活便利、目标或传统而聚居在社区中，利益是最核心的因素，尽管利益体现为多个方面，一切的社区生活和事务从本质上讲都是围绕每个居民利益最大化而展开的。中华人民共和国成立以来，社区尽管经过了多次伴随国家管理和治理体制的变迁而不断变化的历程，但"天下熙熙，皆为利来；天下攘攘，皆为利往"的底层逻辑依然是社区存在和发展的根源和核心动力，人们从五湖四海、四面八方聚居在一个社区中，一定是该社区满足了其最核心的利益。但要实现和持久保障这种利益，就需要法律的强制性作为保障，现代国家和社会治理既注重硬法也注重软法，但主要还是依靠占主导地位、有强制执行效力的硬法。因为，如果法律没有强制性，那么这种法律就是"一把不燃烧的火，一缕不发亮的光"②。所以，尽管社区治理强调软法的作用，但关键的还是硬法的支撑。当然，从最一般意义上讲，法律是"在每个法律

① 转引自张文显：《二十世纪西方法哲学思潮研究》，法律出版社 1996 年版，第 129 页。

② 转引自张宏生、谷春德主编：《西方法律思想史》，北京大学出版社 1992 年版，第 350 页。

社会中各种相互冲突的物质、民族、宗教和伦理方面竞相争取被承认的结果”。①也就是利益平衡的结果，在具体规范上表现为以权利和义务展现的规则体系，城市社区治理的关键和核心是在不同诉求和利益追求的个体之间通过法治化手段达至的利益平衡。

公共利益是一定社会条件下或特定范围内不特定多数主体利益相一致的方面，它不同于国家利益和集团（体）利益，也不同于社会利益和共同利益，具有主体数量的不确定性、实体上的共享性等特征，如何识别公共利益是司法和行政实践中的重要问题。

社区公共利益是社会公共利益在社区的具体体现。社会公共利益，是指社会上大多数成员的利益，而不是哪一个单位、部门、群体或者集团的利益，更不是某个个人的利益。社会公共利益具有广泛性和群众性，该利益的维护将有利于公众的生活、生产和学习。社会公共利益是指关系到全体社会成员的利益，它与国家利益不完全相同，国家利益主要是国家作为主体而享有的利益，而社会公共利益主要是社会全体成员所享有的利益。国家利益和社会公共利益有重合之处，但并不完全等同。在我国，一般认为社会公共利益主要包括两大类，即公共秩序与公共道德两个方面。社会公共利益不同于调解书中当事人的利益，如果订立调解书直接损害的是某个具体的当事人的利益的，则应当援引其他的法律规定来撤销或者宣告调解书无效。违反社会公共利益在制度和实践层面往往体现为对公序良俗、社会公德、居民公约、村规民约等的违反。

在社会公共利益中，公共秩序主要包括社会公共秩序（包括社会政治秩序、经济秩序）与生活秩序，违反社会公共秩序与生活秩序的行为往往也是违反法律和行政法规的强制性规定的行为，只是法律和行政法规不能对所有违反社会公共秩序的行为作出穷尽性的规定，所以，以违反社会公共秩序作为补充。

社区治理涉及公法、私法和社会法及其规范之间的相互协调和平衡。从公法视角看，社区是宪法明确规定的基层群众性自治组织行使自治权的场域，在不与宪法和法律相冲突的前提下行使基层自治权，这是一种直接性、有限性和有序性

① ［德］齐柏里乌斯：《法学导论》，金振豹译，中国政法大学出版社 2007 年版，第 43 页。

相结合的自治权，主要特点包括：(1) 自治组织本身不是政权机关，也不是政权机关的派出机构或辅助机构，不向国家承担财务责任，主要行使自治职能。(2) 自治组织的负责人不属于国家公职人员，而是由自治组织全体成员选举产生的，对全体居民负责。(3) 自治的主体是全体居民，不是局限于某一阶层或某一行业的成员。(4) 自治的范围限于基层的社会生活，以人民群众生活的社区为自治单位。(5) 自治的目的是使该居住区内的居民实现自我管理、自我教育、自我服务，办理好本居住区中的公益事业和公共事务。在与政府的关系上，《宪法》第一百一十一条规定，居民委员会、村民委员会同基层政权的相互关系由法律规定。《中华人民共和国城市居民委员会组织法》第二条第二款规定，不设区的市、市辖区的人民政府或者它的派出机关对居民委员会的工作给予指导、支持和帮助。居民委员会协助不设区的市、市辖区的人民政府或者它的派出机关开展工作。政府与居委会这一自治组织的关系是“指导、支持和帮助”及“协助”关系，不是不同层级的政府之间的“领导”关系。这一公法的定位实际上将国家治理和社会特别是基层治理做了明确的区分，体现了现代国家治理的国家与社会的界分，尊重社会领域的公民自主和自治，有利于个人的解放、全面发展和社会责任的承担，减轻了国家的治理成本，也使社会治理的“自愿、尊重和契约”精神得以高扬和彰显。

在推进社会治理法治化进程中，代表私主体权利保障和秩序维护的私法与代表规制权力和公共秩序与福利保障的公法均扮演着不可或缺的重要角色。具体到社区治理中，以《民法典》为典型代表体现了公法与私法两种力量的融合，私法(民法为主)注重社会治理活动中的自由自治，以行政法为代表的公法强调公权力对社会秩序的有效干预和对公民权利的公法保障，《民法典》中，除了有数以千计的法律条文对民事主体与民事活动作出民事法律规范外，还有部分条款对传统行政法中的行政主体提出了一定的行为义务要求，形成了独具特色的行政主体义务性规范。无论是《民法典》表明公私法之间多层交错的关系，① 还是体现了

① 章志远:《行政法治视野中的民法典》，载《行政法学研究》2021 年第 1 期。

“打破公私法二元化划分的传统观念，让公私法之间走向交叉融合发展”① 的趋势，本质上是由社会治理所具有的综合性社会关系调整决定的。在民事法律秩序的形成和维护中，民事主体之间的自治与合意在很多领域无法带来较强的社会公信力，需要更为权威的国家机关为民事法律秩序的形成提供稳定保障。②《民法典》被公认为“民事宪法”和“社会学意义上的宪法”，奠定了现代社会所赖以立足的基石，即所有权、家庭和契约等；确立了组织社会的基本法律框架，对于社会治理体系的完善具有极为重要的价值。③ 在社区治理中，《民法典》通过融合公法和私法，为社区治理中的疑难问题提供了规范指引。首先，就与居民生活密切相关的监护制度而言。《民法典》构设了“家庭监护为主体、社会监护作为补充、国家监护为兜底”的多层次保障体系，为弱势群体构设了周密的法律保护屏障，为社区治理中全天候照顾弱势居民提供法律保障。《民法典》明确了家庭监护作为原则。根据《民法典》第二十七条的规定，父母是未成年子女的监护人。第二十八条规定，无民事行为能力或者限制民事行为能力的成年人，由下列有监护能力的人按顺序担任监护人：(1) 配偶；(2) 父母、子女；(3) 其他近亲属。毫无疑问，家庭是保护被监护人的第一道“天然屏障”，这与家庭的社会功能相契合。而当家庭这道屏障不能有效发挥作用时，《民法典》设计了社会监护补偿和国家监护兜底的辅助机制。根据《民法典》第三十一条的规定，对监护人的确定有争议的，由被监护人住所地的居民委员会、村民委员会或者民政部门指定监护人。居民委员会、村民委员会、民政部门或者人民法院应当尊重被监护人的真实意愿，按照最有利于被监护人的原则在依法具有监护资格的人中指定监护人。另外，该条第二款规定了临时监护制度，即在指定监护人前，被监护人的人身权利、财产权利以及其他合法权益处于无人保护状态的，须由居民委员会、村民委员会或者民政部门担任临时监护人。《民法典》第三十二条更是直接体现

① 周佑勇：《面对民法典时代行政法变革》，http://www.legaldaily.com.cn/zt/content/2020-06/17/content_8355934.htm，最后访问时间：2021 年 11 月 16 日。

② 张国敏、郝培轩：《公法与私法的融合性社会治理——以民法典中行政主体义务性规范为视角》，载《河北法学》2021 年第 6 期。

③ 石佳友：《民法典与社会治理体系的完善》，https://www.chinacourt.org/article/detail/2020/08/id/5428503.shtml，最后访问时间：2021 年 4 月 15 日。

了这种兜底保护的立法精神，根据该条，如果没有依法具有监护资格的人的，监护人由民政部门担任，也可以由具备履行监护职责条件的被监护人住所地的居民委员会、村民委员会担任。根据《民法典》第三十六条的规定，如果监护人不能有效履行监护职责，居民委员会、村民委员会、民政部门可以向人民法院申请撤销监护人的资格。而更值得注意的是《民法典》第三十四条第二款，该条总结了新冠肺炎疫情防控期间的经验教训，规定因发生突发事件等紧急情况，监护人暂时无法履行监护职责，被监护人的生活处于无人照料状态时，居民委员会、村民委员会或者民政部门应当为被监护人安排必要的临时生活照料措施。为了更好回应基层治理中集体行动能力和责任担当，《民法典》创立了特别法人。对此《民法典》第九十六条规定，机关法人、农村集体经济组织法人、城镇农村的合作经济组织法人、基层群众性自治组织法人为特别法人。这就将部分基于公法而成立的公法人纳入法人的范畴，而这些公法人团体都在社会治理体系中承担各自的职能。居民委员会作为城市基层群众性自治组织，在城市社区的治理体系中具有极其重要的地位。众所周知，在应对新冠肺炎疫情过程中，居民委员会作为基层治理的重要组成机构，在疫情防控中发挥了极其重要的职能，在贯彻落实政府的防控、指导小区物业执行相关应急处理措施方面发挥了无法替代的重要作用。《民法典》对居民委员会这一基层组织也给予了高度重视，《民法典》在“特别法人”这一范畴下进一步明确了居民委员会这一特定机构的相关民事地位。在《民法典》中一共有十余个条文直接对居民委员会作出了规定，主要涉及监护、法人资格、指导业主大会的设立和业委会的选举、继承人、受遗赠人的通知等。《民法典》第一百零一条规定，“居民委员会、村民委员会具有基层群众性自治组织法人资格，可以从事为履行职能所需要的民事活动”，这条明确规定了其民事权利能力与资格问题。《民法典》就居民委员会作出了上述诸多规定，尤其是作为普通法对居民委员会的特别法人地位进行了规定，赋予了其法人资格。《民法典》第二百七十七条第二款特别增加规定，要求居民委员会应当对设立业主大会和选举业主委员会给予指导和协助；其原因在于，在实践中，居民委员会在基层治理体系中扮演着无可回避的重要角色；如果没有居民委员会的指导与支持，小区的业主大会很难组织和举行；在业委会成立以后，往往也需要定期与居民委员会保持沟通与协调，否则很难有效运作。① 社区治理中长期以来围绕邻里关系、高空抛物、公共场地利用与收益等问题的纠纷。如高空抛物、高空坠物，由谁来负责？针对这一被称为“悬在城市上空的痛”，迫切需要公法和私法协同解决“头顶上的安全”，传统的解决方法是在找不到或不能确定侵权人的情况下，由楼栋的可能侵权人共同承担补偿责任。如一名在贵州遵义打工的男子，2013 年被一块从天而降的砖头砸中头部身亡。因无法找到真凶，死者家属将可能丢砖头的全楼 46 户住户以及物管公司等一并告上法庭。2015 年 6 月，遵义红花岗区法院判决可能丢砖头的全楼 46 户住户平均承担补偿责任，每户被判赔三千元，物管公司同样担责。显然这样的“和稀泥式”纠纷解决方式，既无法有效遏制侵权行为，也难以平复无辜者担责的心理，更不利于社区治理的法治化和和谐社区的建设。为此，《民法典》完善了高空抛物的治理规范，将公法和私法两种手段融合、衔接运用，在民事手段难以查清侵权人的时候，行政手段及时介入。对此，《民法典》第一千二百五十四条规定：“禁止从建筑物中抛掷物品。从建筑物中抛掷物品或者从建筑物上坠落的物品造成他人损害的，由侵权人依法承担侵权责任；经调查难以确定具体侵权人的，除能够证明自己不是侵权人的外，由可能加害的建筑物使用人给予补偿。可能加害的建筑物使用人补偿后，有权向侵权人追偿。物业服务企业等建筑物管理人应当采取必要的安全保障措施防止前款规定情形的发生；未采取必要的安全保障措施的，应当依法承担未履行安全保障义务的侵权责任。发生本条第一款规定的情形的，公安等机关应当依法及时调查，查清责任人。”所以，小区内高空抛物、高空坠物，如果找不到侵权人，可以报警请求调查。物业要履行妥善维修、养护小区相关建筑设施设备的安全保障义务，否则要承担侵权责任。业主拖欠物业费也是社区治理中发生频率很高的纠纷，若处理不好，则会影响社区秩序和其他业主的正当权益。诸如“对物业服务不满意该不该交物业费？”“房屋空置该不该交物业费？”“没签物业合同该不该交物业费？”等各种问题，仅靠调解和诉讼手段无法解决，长期以来这是困扰社区治理的难题之一，必须要有明确定分止争的权威法律依据。《民法典》第九百四十四条规定，

① 石佳友：《民法典与社会治理体系的完善》，https：//www. chinacourt. org/article/detail/2020/08/id/5428503. shtml，最后访问时间：2021 年 4 月 15 日。

物业服务人已经按照约定和有关规定提供服务的，业主不得以未接受或者无须接受相关物业服务为由拒绝支付物业费。业主违反约定逾期不支付物业费的，物业服务人可以催告其在合理期限内支付；合理期限届满仍不支付的，物业服务人可以提起诉讼或者申请仲裁。反对物业采取非人性化方式维护自身权益，如对欠缴物业费的业主断电断水以实现自助，《民法典》第九百四十四条规定，物业服务人不得采取停止供电、供水、供热、供燃气等方式催交物业费，可以通过调解、提起诉讼等方式解决。良好的社区需要安全的居住环境，包括房屋和公共设施。这就涉及维修基金怎么使用的问题？《民法典》第二百七十八条规定了业主共同决定的事项及表决程序。业主共同决定事项包括：（1）制定和修改业主大会议事规则；（2）制定和修改管理规约；（3）选举业主委员会或者更换业主委员会成员；（4）选聘和解聘物业服务企业或者其他管理人；（5）使用建筑物及其附属设施的维修资金；（6）筹集建筑物及其附属设施的维修资金；（7）改建、重建建筑物及其附属设施；（8）改变共有部分的用途或者利用共有部分从事经营活动；（9）有关共有和共同管理权利的其他重大事项。对于共同决定事项的议决程序，更加切合现代社区的实际。规定业主共同决定事项，应当由专有部分面积占比三分之二以上的业主且人数占比三分之二以上的业主参与表决。决定上述第六项至第八项规定的事项，应当经参与表决专有部分面积四分之三以上的业主且参与表决人数四分之三以上的业主同意。决定上述其他事项，应当经参与表决专有部分面积过半数的业主且参与表决人数过半数的业主同意。通过降低决策通过的表决人数和住居面积占比，有利于实现社区重大事项的民主决策，维护多数人的权益，防止个别人因自身权益阻碍大多数人正当权益的实现。当然，在多数决的同时，也应当采取公正合理的补偿或替代等方式维护少数异议者的权益。如，城市老旧小区加装电梯问题，在多数决的同时，可以协商对一楼住户的金钱补偿，有的地方如上海，通过政府相关部门依法进行具体的规划调整审批后，采取在楼顶加盖一定面积房间作为对一楼住户权益受损的补偿。

另外，小区公共收益的归属问题，如广告收益。《民法典》第二百八十二条明确规定："建设单位、物业服务企业或者其他管理人等利用业主的共有部分产生的收入，在扣除合理成本后，属于业主共有。"构建业主、物业服务人、社区居委会三方良性互动的格局，需要业主依法、依社区居民公约处理社区治理中的自身权益和义务责任，对于物业服务人的应尽义务，涵盖公法义务和私法义务。《民法典》第九百四十二条规定："物业服务人应当按照约定和物业的使用性质，妥善维修、养护、清洁、绿化和经营管理物业服务区域内的业主共有部分，维护物业服务区域内的基本秩序，采取合理措施保护业主的人身、财产安全。对物业服务区域内违反有关治安、环保、消防等法律法规的行为，物业服务人应当及时采取合理措施制止、向有关行政主管部门报告并协助处理。"

第二节　城市社区治理遵循自治、法治与德治相结合的治理逻辑

基层自治可以说是中国社会治理的悠久传统之一。在中国古代，皇权不下县，县以下行政管理，主要依托乡绅和宗族等主体，通过儒家伦理和当地风俗进行自治式管理，涉及国家税收和安全的事务，负责执行性回应。以"县"为层级分界点，县以下官僚机构的影响力十分有限，这种治理格局被费孝通先生称为"双轨政治"①。其后，许多学者们进行深入研究，有的学者将这种治理格局概念化为"皇权不下县"。理由是，自郡县制以来，政权只设到县一级，农村基层长期维持"乡绅自治"②。也有学者概括为此格局的特点是"国权不下县，县下惟宗族，宗族皆自治，自治靠伦理，伦理造乡绅"③。中国传统乡村自治的存续，在很大程度上得益于家户制度传统和儒家意识形态影响。④ 自秦以降，地主和农民都成为统一的"编户齐民"，家户成了主要生产单位，农民和政府的主要联系就是税收，所谓"纳完粮，自在王"⑤。与农村相比，中国古代城市市民通过行会和服务于地方政治或商业交通等也一定程度形成了自治的组织。当然其与欧洲中世纪的城市市民的区别在于更具依附性，而且中国文化传统中最明显的特征之

① 费孝通：《乡土中国》，刘豪兴编，上海人民出版社 2006 年版，第 145~160 页。

② 温铁军：《中国农村基本经济制度研究》，中国经济出版社 2000 年版，第 411 页。

③ 秦晖：《传统十论》，复旦大学出版社 2003 年版，第 3 页。

④ 郁建兴、任杰：《中国基层社会治理中的自治、法治与德治》，载《学术月刊》2018 年第 12 期。

⑤ 徐勇：《中国家户制传统与农村发展道路》，载《中国社会科学》2013 年第 8 期。

一是群体意识，这一意识是由统治阶级确立的占统治地位的儒家思想所决定的。另外，中国也并不具有自治城市形成的必要条件。有学者指出，自商周时期开始，“城市虽然具备了经济功能，却没有形成单纯的工商业城市，政治功能仍然是城市的主要功能，城市和经济的发展仍然置于集权政治的监控之下。这一特点对以后几千年间中国城市发展产生了巨大的影响”①，从法律角度看导致的结果是“城市无自治权和无法律确定的独立地位”②。与之相比，欧洲中世纪城市是在封建社会的阶级对抗中成长起来的，许多城市通过武装斗争或赎买等方式，获取了一定程度的独立和自治。与之相反，中国城市长期处于封建中央集权的牢固控制之下，由封建王朝的各级政府进行逐级管理，城市成为封建统治网络结构中的网点，与封建制度有机地联系在一起。

中华人民共和国成立后，我国在城市基层社会逐步建立了以“单位制”为主、以基层地区管理（“街居制”）为辅的管理体制。国家通过单位这一组织形式管理职工，通过街居体系管理社会闲散人员、民政救济和社会优抚对象等，从而实现了对城市全体社会成员的控制和整合，达到了社会稳定和巩固政权的目的。但是，在我国20世纪80年代开始经济转轨和社会转型之后，随之而来的，城市基层管理出现了很多新情况新问题，街居制面临着不少现实难题，主要表现为职能超载、职权有限和角色尴尬③，结果是单位管理模式趋于失效。在此背景下，基于实践的要求，20世纪80年代，“社区”概念和功能基于民政管理的需要而被重新发掘。当时，民政部为推进城市社会福利工作改革，争取社会力量参与兴办社会福利事业，并将后者区别于民政部门代表国家办的社会福利，就另起了一个名字，称之为“社区服务”。1991年民政部为了开拓民政工作又提出“社区建设”的概念。1998年国务院的政府体制改革方案确定民政部在原基层政权建设司的基础上设立基层政权和社区建设司。2000年11月，国务院办公厅转发了民政部关于在全国推进城市社区建设的意见。在宪法法律层面上，社区还不是一个确定的法律概念，尤其是与居民委员会和村民委员会之间的法律关系尚无明

① 何一民：《中国城市史》，武汉大学出版社2012年版，第21~22页。

② 何一民：《中国城市史》，武汉大学出版社2012年版，第26页。

③ 何海兵：《我国城市基层社会管理体制的变迁：从单位制、街居制到社区制》，载《管理世界》2003年第6期。

确的规范性文件加以界定。但在规章和实践层面上，通常将社区与居委会并列，统称为社区居委会。

尽管原来城市居民委员会经过了社区概念的注入和职能、事务的扩展，但作为基层自治性群众组织的性质依然存在。党的十九届四中全会提出的健全党组织领导的自治、法治和德治相结合的基层治理体系，为城乡社区的法治化发展提供了原则指引。社区所有的治理方式及创新都必须在遵循此原则基础上展开。

就基层群众性自治而言，党的十八大以前，比较侧重于民主选举，十八大以来，除更加重视和规范基层民主选举外，在民主协商、民主决策、民主管理、民主监督等方面全面发力，在自治、法治和德治的关系中，以全方位、全过程的民主确保自治作为首要的治理手段。

以社区为载体基层群众性自治是在遵守宪法和法律原则、不与宪法和法律规范相冲突的前提下的自治。法治既是自治前提也是自治的保障。法治包含制定良法和普遍遵守两个相互依存的方面。在社区治理设计的自治、法治和德治三者关系中，首先表现为自治主体对法律的严格遵守，包括法律原则、法律实体规范和程序规范，自治的事项和程序如果违反法的一般原则和精神，应属无效。其次，政府对社区基层自治事项应给予最大的尊重，干预基层事务或委托基层代理行政事务应当按照法律规定的职权和程序进行，不得强行摊派。所以，法治的核心是依法治权（力）和依法保权（利），事实上，当前基层社区面临的最大困境在于无明确的法律法规规定情况下，承担了大量行政职能，但却没有与之相匹配的工作人员、管理权限、工作经费、救济规则等保障，上级事项的层层下放传导形成"漏斗效应"，即被普遍诟病的"上面千条线，下边一根针"，出现此一不正常现象的根本原因是法治在社区功能与政府关系层面的缺失。另外，超出社区自治范围的事项，需要法律调整的，需要通过法治进行解决。如，社区居民纠纷不能在社区达成调解的情形下，应通过行政复议或诉讼等方式解决。再如，居民小区"僵尸车"长期占据车位也不缴费的情形，社区解决不了，也需要通过公安机关加以解决。还有诸如电动车主不听劝阻将电动车推进电梯、放在楼道，在社区违规违法养犬等情形。所以，从这个意义上讲，在社区治理过程中，法治是自治有效性的基础，也是重要保障，自治需要法治提供必要的社会环境，自治手段构成法治手段的前置，法治因为有了自治得以集中力量处理更加复杂的纠纷，从而提高了法治的效率和权威性。最后，基层治理的法治化需要对社区居委会形成符合法治精神的制约机制。社区“两委”多由社区中能力较强者担任，如果缺乏充分、民主和法律保障的监督，容易形成个人权威，导致权力集中，群众自治就可能演变为居委会自治或“一把手”专治。

德治在中国古代是儒家所强调的治国理念和模式，但儒家也重视法律的作用，这种治国思想契合中国传统的农耕社会的秩序和和谐的价值追求，因而为历代统治者所采纳并不断制度化，并且转变为治国方略和实践。古代德治是一个辨证论治的思想体系，核心是“出于礼则入于法”“隆礼重法”，一方面礼治成为调节社会关系和解决冲突的基础和首选项，通常也是法治手段的前置，借助亲情、邻里、同理心、同情心、和谐等价值标准和现实需求，以情理法结合的方式尽量避免通过诉讼方式解决纠纷，即使是诉讼方式也会在社会治理的民事案件中首先进行道德引导和情理调解，化干戈为玉帛，实现“无讼”的理想境界；另一方面通过法律伦理化将德治精神融入法治。德治与法治并用，反对不教而诛，形成“德主刑辅”“外儒内法”国家和社会治理特色和“伦理法”中华法系属性。强调治国中德治的优先性，源于孔子对德治优越性的最早定性，在他看来，“道之以政，齐之以刑，民免而无耻；道之以德，齐之以礼，有耻且格”，“为政以德，譬如北辰，居其所而众星共之”。① 无论是对待百姓还是为政者，道德具有绝对优先性。这种德高于法的主张在中国古代社会背景下的确有利于缓和阶级之间的矛盾，遏制一味重视和采取残酷刑罚的残暴统治的功能，至少在道义上未经德化而施以严刑峻法是缺乏正当性的，所以历代统治者都公开主张德主刑辅，实践中“礼法合一”。在治理国家过程中，只要不涉及威胁皇权的犯罪，一般都能以“上天有好生之德”进行刑罚的人道化，如赦免制度、会审制度等，这在一定程度上有利于社会治理和底层人们的和谐关系建构和纠纷解决，是比较经济高效的治理机制，客观上也减轻了行政和司法（古代行政司法合一）的压力，节省了司法成本，也有利于社会和谐，是一种与古代儒家的“和”文化相适应的配套制度。总之，中国古代重视德治，先把道德一体化，再把道德法律化，德法并举。当今，在国家治理现代化语境下，依法治国与以德治国相统一，这里的德治所指

① 《论语·为政》。

的道德和传统中国德治所指的儒家道德大相径庭。当下的德治是以道德规范来约束人们的行为从而形成社会秩序的治理观念和方式，道德规范约束是一种非正式制度约束。法律是最低限度的道德，是成文的道德，道德是内心的法律。社会主义道德是法治的价值源泉，是制定法律、实行法治的法理依托，是评价良法善治的重要标准，社会主义核心价值观构成了社会主义道德最核心的内容。

从内涵和实现上讲，自治与德治都要求以自由、个体为前提，但法治在一定程度上限制人的自由，强调社会统一于一套规则体系，以此观之，自治与法治之间、德治与法治之间存在紧张关系。① 具体到社区治理实践中，在区分各自作用范围的基础上，发挥三者不同的功效，形成“三治融合”的治理机制，三者之间具有互相促进和协调支撑的作用，自治是法治、德治的目标，法治是自治、德治的保障，而德治是自治、法治的基础。②

中国基层群众自治制度设立的初衷是进行社会主义民主的创新探索，主要内容是通过民主选举、民主决策、民主管理、民主监督，实现自我教育、自我管理和自我服务。我国曾经在很长一段时期内实行国家与社会的一元化，国家通过公共权力对社会实行直接管理，社会治理的空间被不断压缩，这种单一的治理模式造成社会活力不足、创造力缺乏、生产效率低下、公共服务短缺等问题。改革开放以来，中国共产党既高度重视国家治理，也十分重视社会治理，先后提出了“社会治安综合治理”“社会管理”“社会治理”“社会自治”等概念，提出建设社会主义和谐社会、建设法治社会，这些都是社会治理理论与实践的重大创新，给社会释放了更多自主治理的空间。③ 自治指自我治理，相对于他治而言，与自主、自觉、自律、自为、自力密切相关。强调人的主体性和参与性，人民既是治理客体，更是治理主体。在自治、法治和德治中，当以自治为本体，因为只有通过自治制度和机制的构建及运行，才能更好地将德治元素融入，才能让法治作用于其最应该规制的领域，才能激发基层和群众的创造力。从历史视角看，人类社会发端于自治，最初以群落的形式，表现为生产力极不发达的原始社会氏族生

① 郁建兴、任杰：《中国基层社会治理中的自治、法治与德治》，载《学术月刊》2018年第12期。

② 叶强：《三治融合关键在融》，载《法制日报》2019年12月11日，第9版。

③ 张文显：《“三治融合”的桐乡经验具有独立价值》，载《治理研究》2018年第6期。

活，但自治的基因和传统贯穿于人类社会全过程，是人类无论处于何种社会形态下最稳定的社会基石，是社会治理的底色。任何社会，自治都不可或缺。相较于他治而言，自治既解决了治理的高成本，也提高了治理的效能，毕竟社会治理不可能在每个人身边派他人进行监督，这样不仅治理的成本太高，而且几乎没有可行性。即使在奴隶制社会，同样存在自由民的自治空间，也有奴隶主就其领地事务中相对于国家的自治范围。当然，作为制度的社会自治始于封建社会后期资本主义萌芽后形成的手工业者阶层，在资本主义时代，政治国家与市民社会的分野，自治成为市民社会的基本治理形态，如欧洲自中世纪开始的部分城市自治。自治不仅是成本最节省的治理，也是最优治理，它强化人的主体性。从人类社会进程看，愈是进入高级形态，自治的成分愈多，他治的成分愈少。①

近年来，基于社会治理多方参与和协商民主的决策功能凸显，将协商民主作为基层民主的重要内容，进一步凸显基层民主的中国特色和实际成效。由此可见，在我国，自治是一种民主的制度安排，是国家民主体系的构成部分和新的形式。民主制度本身意味着存在着多样性、差异化的意见，并且不同意见之间往往存在冲突。法治则以人与人之间的平等为追求，以人的权利保障为依归。由此观之，民主的自治制度和法治之间存在紧张关系。这种紧张关系根植于自治与法治各自的立足点和价值取向、合法性基础、决策方式、决策范围、包容性等方面的不同，消解这种紧张关系需要为自治设立法律的边界，即首先是符合法治精神、宪法及法律原则和规则的自治。

在城市社区治理运用“三治”手段时，首要的是夯实德治根基，提升人的道德修养和文明素质，促进人心良善。② 道德是一切良法善治的基石。改革开放以来，我国的城市化进程不断提速，迄今城市化率超过60%，城市社区居民身份、职业、习惯等多元化和复杂化，导致社区居民素质参差不齐，各类矛盾纠纷层出不穷，传统民居和街居的单一化、同质化的居民成分不复存在，道德规范和约束难以产生应有的规范和矛盾化解作用。相反，由于人员的庞杂，传统社区中的不

① 徐勇：《自治为体，法德两用，创造优质的乡村治理》，载《治理研究》2018年第6期。

② 周天勇、卢跃东：《构建“德治、法治、自治”的基层社会治理体系》，载《光明日报》2014年8月31日，第7版。

良现象和矛盾继续存在，新的矛盾又不断叠加，居民物质生活水平的提高并未带来精神文明和法治素质的提升，高空抛物、违规养宠物、任意停车、公德缺失、精致利己主义、冒犯行为、行为不顾及邻里等现象，加之不敬不孝、知法犯法、赌博滋事、网上任意中伤诽谤或无端挑起事端等现象严重影响了社区和谐与居民安全感、幸福感的提升。这些社区问题，有的是违法行为，有的是失德行为，很多行为尚不够运用法律手段进行惩罚的程度，但却极大影响邻里关系、社区秩序，如果不从提高人的道德素质、强化道德自律方面入手，而只是就事论事、就矛盾论矛盾，头痛医头脚痛医脚，社区治理的成效会非常有限。因此，“通过建立以评立德、以文养德、以规促德的德治建设体系，把社会所提倡的道德理念和价值追求与人们的日常生活紧密联系起来，注重在落细落小落实上下功夫，把抽象的概念、崇高的追求变成人们实实在在的行动”①。通过社区居民广泛参与，制定社区公约，加强业主、业委会、物业管理公司、社区居委会等主体间的民主协商议事，将居民的诉求以规约形式确定下来，积极宣传、引导，共同遵循，强化评议和监督。以德治强化对共同体的责任。城市社区共同体形成不是随着城市化进程而自然形成的，需要每个成员为其添砖加瓦，接受和遵守共同体共同认可的规则，这就是德治。德治是一种软法，是一种在日常生活中获得自觉产生的自律。这种自律是人生的最高律令，无须外界所强制，其本人就是自己的执法官。德治为自治这一本体注入自律的能动性，从而达到“从心所欲不逾矩”。自治以自主为本，法治以权利为本，德治以责任为本。

法治是社区自治和德治的重要保障。社区治理涉及的多元主体和多种类型的行为，在有法律法规明确规定的时候，适用法律进行处理。随着社会生活“百科全书”式法律——《民法典》的实施，社区治理中的许多事项有了法律的明确规范进行调整，但社区法治不仅限于此，为保证社区的自治和德治的顺利进行和国家法律的充分正确实施，社区治理需要设置推进法治的责任人岗位，确保治理符合法治要求，如设置社区法治副主任职位，负责培育社区居民法治意识、法治思维。当前，在一些社区依然存在部分群众在遇到法律争议和纠纷时，不是寻求

---

① 周天勇、卢跃东：《构建“德治、法治、自治”的基层社会治理体系》，载《光明日报》2014 年 8 月 31 日，第 7 版。

法治的方式来解决，而是奉行“信访不信法”“大闹大解决，小闹小解决，不闹不解决”等错误信条，指望以违法上访、聚众闹事等方式达到其不正当目的，使问题更加复杂，矛盾更加激化。造成这种现象的原因是多方面的，既有居民法律知识欠缺的因素，也有诉讼成本和司法裁决的不确定后果的顾虑，另外有社区人民调解组织作用发挥不够、行政调解的质量不高、公信力不够等因素。更有甚者，有的干部及执法人员在化解社会矛盾、协调利益关系、分配经济资源时，存在有法不依、执法不严、违法不究等问题，甚至还出现权大于法、言大于法、徇私枉法等违法行为，这些反过来又制约了基层法治观念和信仰的确立，增加了优先选择法治手段解决纠纷的难度。这些问题，靠社区运用自治和德治手段无法解决，必须运用法治手段进行解决，既维护法律尊严和权威，也依法确保社区稳定良好的秩序。

基层群众自治作为社会主义民主建设的制度创新，是人民当家做主的最直接体现，也是国家治理理念和能力提升的表现。计划经济时代，政府大包大揽、管得过“宽”，大量事务和矛盾实际上都汇集到政府身上，忽视了社会自我调节、居民自治功能的发挥，不仅形成了居民对政府的过度依赖，也抑制了基层群众处理自身事务的智慧，影响了群众的参与动力和积极性。改革开放后，以《居民委员会组织法》实施为标志，开启了城市基层自治的新时代，初期的自治主要集中于民主选举和民主管理等领域，着力于“两委”班子建设和民主议事及监督，随着城市化程度的提高、互联网技术的发展、老龄化时代的到来及政府公共服务资源的下沉等新的形势，社区自治面临诸多新的问题和挑战。社区自治面临矛盾纠纷、利益冲突复杂多样、承接政府的公共服务事项过多、社区社会组织力量薄弱、自治事项不清晰或行政化等问题。面对日益多样多元的社会需求和海量的物流、人流、信息流，政府手段有限、资源缺乏、力量严重不足，很多事务根本没法管，或是没法进行有效管理，尤其是有些社会问题具有跨部门、跨行业、跨领域的特点，涉及众多利益主体，如果群众特别是各有关利益主体没有参与进来，仅靠政府进行协调，是很难得到妥善解决的。这种快速城市化带来的复杂多样层出不穷的问题，使之前的简单化的自治面临巨大挑战，社区自治急需拓展新的领域，同时政府需要给予更多的资源配置和制度保障，将管理重心下移，资源下沉，人员下沉。但另一方面，日益增多的政府职能部门下发的管理任务需要在社区落地，使得社区忙于应付各类行政类事务，一定程度上影响了自治事务的推进。总体而言，基于提高自治水平这个目标，鼓励和支持社会各方面参与，激发社会活力，促进政府治理和社会自我调节、居民自治良性互动。实践中，可以通过健全自我管理、自我服务、自我监督的自治建设体系，努力实现“市场能做的交给市场去做，社会能做的交给社会去做，居民能做的交给居民去做”。坚持自我管理，发挥人民主人翁精神，依法自己管理自己，自己约束自己，自己参与并处理自己的事务。坚持自我服务，通过创新机制和平台，发动群众服务群众，切实做到“事事有人管”。坚持自我监督，创新监督形式，调动居民参与监督的积极性，以群众自我监督促进社区和谐。

总之，“德治、法治、自治”三者功能作用各有侧重，缺一不可。其中，德治是法治、自治的基础，重点解决治理主体思想精神层面的素质修养问题；法治是德治、自治的保障，重点解决治理的现实依据和手段问题；自治是德治、法治的目标，重点解决治理的具体形式和载体问题。① 德治、法治、自治最终都统一于“人”——社区居民这个核心，都是为了激发社区居民的责任感和参与活力，促进居民间和谐相处、社区生活安定有序。

通过构建“德治、法治、自治”的基层社会治理体系，建成共建共治共享的法治社会、和谐社会。法治社会有五条标准，即党和政府依法治理、基层社会依法自治、全民守法、社会矛盾纠纷依法有效化解、法治成果由人民共享。特别是“共享”体现了以人民为中心的理念，法治建设为了人民。“三共”和“三治”是治理体制和治理方式的关系。“三治”是方式方法，自治法治德治都是社会治理的基本方式方法。自治增活力、法制强保障、德治扬正气，自治以其民事民议、民事民办、民事民管而凝聚共识，实施共治；法治以其规则刚性、程序透明、准则有效而定分止争、惩恶扬善；德治以其核心价值、公序良俗、社会贤达而弘扬正气、引领风尚。自治法治德治优势互补、相辅相成，三者结合、融合必将形成社会治理的强大合力。

共建共治共享指的是广大人民群众在党的领导和政府指导之下共同参与社会

① 周天勇、卢跃东：《构建“德治、法治、自治”的基层社会治理体系》，载《光明日报》2014 年 8 月 31 日，第 7 版。

建设和社会治理，共同分享社会建设和社会治理的成果。“三共”和“三治”关系不仅是治理体制和治理方式的关系，也是一种交叉和包容的关系，“三共”和“三治”你中有我，我中有你。共治从方式方法看，核心就是自治法治德治的结合，共建共治共享总体上包含自治法治德治，“三治”是实现“三共”治理格局的必由之路。基于此，应当把“三治融合”纳入共建共治共享的治理新格局中。①

第三节　基于空间正义的治理逻辑

一、何谓城市的空间正义

城市本身是一种空间，城市空间问题伴随着现代都市化发展趋势，也在本质和属性等方面发生了诸多变化。这其中折射出城市空间资源的有限引致的占有与分配的不均衡性冲突，体现出诉诸不同于传统和既有正义表达的城市正义问题的紧迫性。“城市空间生产本身需要正义的价值规范与引导。城市空间生产呼唤着城市正义的现实出场。”② 近年来，城市化进程的不断推进，使城市成为区域政治、经济、社会和文化发展的核心地带越发突出，同时也推进了资源的集中利用和深度交流的趋势。城市的空间正义，作为城市正义的本质，建基于地理空间、关系社会空间和网络空间三重维度之上。空间正义从实体性地理空间，拓展到主体间互动场所、场域或者地域，乃至非实体性的技术性互动网络展开。“空间里弥漫着社会关系；它不仅被社会关系支持，也生产社会关系和被社会关系所生产。”③ 空间不只是物理事物存在的平台，也不仅仅为经验模式的流变提供“容器”。“城市空间的形成、更新、调整是各类群体在社会活动中相互作用的结果，即社会关系的空间化。在此过程中，空间正义关注城市空间生产、变迁的决策和

① 张文显：《“三治融合”的桐乡经验具有独立价值》，载《治理研究》2018年第6期。

② 任政：《正义范式的转换：从社会正义到城市正义》，载《东岳论丛》2013年第5期。

③ 包亚明：《现代性与空间的生产》，上海教育出版社2002年版，第48页。

分配机制。”① 在城市治理现代化的目标下，空间正义更加强调多元性、层次性和差异性的城市空间，并协调城市空间利益和资源的公平分配。② 正义的空间性反映价值具体实现的存在介质。空间的正义性在城市社区这一基层治理语境下，更多意指一种社会关系层面的社会正义，追求个体之间相对平等和公平的空间，特别是在公共活动空间的分享上。所以，空间正义本质上是一种社会正义，也趋近于一种制度正义。在城市社区治理过程中，不同社区享有不同的城市资源配置，有历史沉积的区位优势传承，也有基于高档住宅集中的财富优势，更有大量解决安居生存要求的普通型社区，在政府公共服务尚难均等化于不同社区空间时，城市空间正义的问题在物理、社会和制度层面都不同程度存在。诸如社区周边的绿地和休闲场所配置与便捷可达性、学区房的治理、老旧小区的改造、老旧小区停车难问题、社区养老的用房紧张问题等，不但是社区本身的空间位置造就的差异（尽管有些可归因于历史原因），更有作为城市社会资源配置和制度设计的正义性考量。

二、中国城市空间正义的主要面向

当下中国城市社区治理处于历时性与共时性交织，城市基层治理现代化需要基于空间正义的价值引领进行社区间法律权利义务的合理配置。

从历时性角度来讲，中国正经历着前所未有的城市化进程，一方面推进了社会经济的发展和社会资源利用的效率，同时也伴随着城市社区急剧增加的居民和社会冲突从而为基层治理带来复杂、繁重且前所未有的治理难题，解决不好必然影响社会秩序的稳定。因社会动荡或因工业化、城市化带来的人口流动会使原先在稳定的社会关系中相对有效的社会控制方式不稳定甚至完全失效，由此社会学意义上的不法、越轨行为会急剧增加。显然，城市化并非农民变市民的身份转换那般简单，而是涉及其背后的多元化利益共享和冲突问题，比如城市房屋拆迁、农村土地征收、农民工“半城市化”、社区成员身份认同、利益平衡、行为规范

① 陈晓勤：《空间正义视角下的城市治理》，载《中共福建省委党校学报》2017 年第 10 期。

② 徐梦醒：《城市正义的法治建构研究》，载《法治城市研究》（第 2 辑），武汉大学出版社 2018 年版，第 5 页。

等一系列利益博弈和制度的妥帖安排。正如有学者指出的："从法学意义上说，中国的城市化本质上是一场权利运动，即中国公民开始享有迁徙自由权和部分城市居民享有'市民权利'向惠及包括农村居民的公民权利转化的过程。"① 这种权利意识和行使首先体现在基于社区的居民以主人身份对社区事务的参与、表达、决策和维权，以住房产权和私密空间的自治与社区公共空间利用的共同议决或选择性参与、缴纳物业费的义务与享有物业服务的权利、作为业主（租户）养狗的自由与不侵害其他社区居民安宁生活权利和不影响社区环境的义务等不同类型的权利义务等方方面面，任何不协调的权利义务配置或失衡的运行，都会使空间正义在适度层面及规范化和有序化方面的实现困难重重，因为社区空间的固定性、有限性和居民需求的扩张性、无序性，导致基于空间利益争夺而引发的矛盾纠纷具有易发高发和反复性，并且随着时间的推移，新的问题在社区局促的空间衍生和演化，如居民的老龄化比率不断攀升导致电梯空间、社区广场、养老住房、不同群体活动场地的空间调整或重新配置、外来养老服务人员的大量涌入等，居民的空间正义诉求会发生新的变化。

从共时性角度来说，与城市化进程相伴随的，是全球化发展趋势（其中包含经济全球化、公共事务全球化、人权全球化、环境全球化和法律全球化等内容），进一步使各方面资源向城市特别是大城市高度集中，无论是微观还是宏观层面都导致法律关系的急剧扩张。微观上来看，城市居民在各行各业的互动当中共同推进着城市化进程，并融入越发复杂的社会交往活动当中。利益协调涉及的人际纠纷在城市语境下更为密集和频繁；从宏观上来看，知识经济时代和信息化网络化时代语境下的城市发展突飞猛进，人们的生产方式、生活样式和生存状态都从根本上在发生变化，这其中涉及各种层出不穷的新型法律关系、法律权利和法律行为，随着互联网技术在社区治理及居民生活中的普遍应用，借助微信的社区治理成为重要补充形式，而微信的虚拟超越了社区物理界限，具有跨社区人群的类集性，这使得社区的治理空间由实体或者说物理的空间向虚拟的空间延伸，虚拟社区与实体社区交织，居民的正义诉求可能会将其他更优质的社区治理经验推荐进

---

① 蒋立山：《中国城市化与法律问题：从制度到秩序》，载《法学杂志》2011年（增刊），第9页。

来并进而提出新的诉求，意见不统一时，可能导致物业服务人与居民间的紧张关系。从积极方面看，虚拟社区可以为实体社区在遇到紧急情况或困难时及时提供应对信息从而提供及时帮助，从而也将单一社区的空间正义拓展到若干虚拟社区。随着市域治理现代化法治化的不断推进，每一项新型法律问题都直接或者间接地同社区空间治理紧密关联。因此，无论是从历时性角度还是共时性角度，都需要基于空间正义进行社会治理制度安排和机制创新，尤其是在以自治为主导的社会基层领域。

城市化的过程中包含政治权力结构的变更、科学技术发展的推进和社会群体流动等问题。上述问题也从不同层面反映出社会关系网络的深度复杂性、多元层次性、全面互动性和资源共享性等特征。这些新变化和特征深刻影响城市社区治理。当下，城市社区居民工作单位的分散性、住居的流动性、习惯的差异性、行为的功利性、权利义务的不对等性等，构成了社区治理现代化的现实课题和主要难题，需要采取多种手段，其中最为重要的是完善社区治理的法治供给体系。“面对经济结构多元化、社会阶层多样化与利益诉求复杂化的社会现实，法治是维系国家与社会稳定的杠杆。”① 需要基于城市空间正义原则建构新型的社区治理体系，其核心要义体现为：一是法治衔接并平衡城市语境下权力和利益系统的宰制。明确权力系统对公共空间的规制和私人空间的保护，平衡不同居民对自身安全和需求的采取的措施，如安装监控、不合理占用或滥用公共空间等行为与尊重其他居民的正当权益。二是不同群体和群体内部的关系协调。不同群体对于道德准则共识、遵守和理解，对宽容价值的认知和践行，往往大相径庭，莫衷一是。城市发展的动态化进程，除却城市内部不同利益群体的协调，还面临农村人口“市民化”等涉及的相关利益协调问题。有研究认为应当避免从阶层和策略性选择定位，而应以法律和制度性安排为定位。农民和市民群体之间利益协调的重中之重，就是如何保障“新市民”享有同等的市民权利和福利，抛弃城乡二元分割的思维和政策导向，坚持住民、居民与市民身份平等、权利平等的一体化原则。“从国家治理现代化和法治建设的宏观背景出发，城市化中农业转移人口应从市民化转向公民化，着力于公民角色、参政空间、文化兼容和一体格局的建设

① 李乾：《城市法治：一次空间法理学的探索》，载《云南社会科学》2016年第2期。

和拓展。”① 这对于多元城市法治化治理体系的建构具有基础性作用，有利于实现公民对城市法治建设的制度认同，提升公共参与的积极性。比如市场监管的制度体系意图在于“平衡消费者和社会整体利益，从利益实现机制上达到利己主义和利他主义的平衡，并由此试图在市场经济条件下建立起一种个人利益、国家利益以及社会利益三者之间的均衡关系”②。

互联网大数据一定程度上缓解了城乡空间分隔和不同城市社区之间空间条件差异带来的不均衡发展条件，但同时有加剧了城市与乡村、城市不同区域间的差距。科技发展的前沿带来的突出新问题也会因为城市空间的相对不可再生性而出现快速分化，老城区因人员密集，年长居民占比较高，区域更新成本巨大和阻力巨大等因素而逐渐老去，失去了创新发展的空间和吸引人才的基础条件，新型高科技园区在老城区的周围不断扩展。人工智能、大数据和区块链等技术和应用的快速发展主要集中在人才与科技资源密集的城市当中，在加剧城乡的二次差距拉大的同时，也拉大了老旧城区与高科技新城区之间的发展差距，这种差距是多方面的，不仅是居民的整体素质、宜居的现代性、居民的生活水平、就业机会等日常的指标，更重要的是高科技新城区对高端人才的吸引力、现代生产的驱动力、创造的价值和上交国家的税收。以中部某大型城市为例，处于市中心的老城区（区级政府）与高新区的工业生产总值与税收的差距巨大。③ 与互联网、大数据和人工智能相伴随的是个人隐私和空间被侵入而引发对科技伦理问题的思考和担忧，尤其是住居密集、高层住宅、高架公路和遍布城市各个角落的拍摄设备，海量的信息和视频在大数据助力和网络加持下，恣意拓展对私人空间和社区活动空间的侵犯等。这不但要求完善科技领域法律制度体系，还体现出城市法治建设不但要面对现实问题，还要关注每个人生存空间的安全性、社区空间的独立性和未

① 马长山：《农业转移人口公民化与城市治理秩序重建》，载《法学研究》2015 年第 1 期。

② 蒋悟真：《市场监管法治的法哲学省察》，载《法学》2013 年第 10 期。

③ 2021 武汉各区 GDP 排名显示，非中心城区的东湖高新区（又称光谷）地区生产总值突破 2400 亿元，中心城区的江岸区地区生产总值 1470. 27 亿元，江岸区地区生产总值 1470. 27 亿元。两种类型城区相差 1000 亿元。《2021 武汉各区 GDP 排名》，http：//www. wuhan. com/xinwen/95076. html，最后访问时间：2022 年 9 月 23 日。

来城市空间基于人的尊严和权利保护的治理法治化，比如人工智能的法律责任承担、大数据背景下个人私密空间及活动的保护等。这些问题主要集中于科技发展迅猛的城市有限空间当中，反复叠加，导致城市居民活动的去空间化、透明化，原来私密的空间通过现代科技的解构，已经没有物理的空间将居民的私密个体行为与外界隔离开来，急需一种新的空间正义指导下的城市治理制度和机制。

城市的生成和发展历史表明，城市空间生产与不断分配的过程从一定程度上表征了城市治理的实质。如何在复杂利益冲突和传统根深蒂固的城市惯性下实现城市治理的空间正义，是城市治理现代化法治化需要解决的重大而急迫的课题，因为法治的真谛是人权，而人权的平等性要求居民在享受权利和福利方面获得平等，将人为因素的影响降到最低，同时政府和社会组织有义务为每个市民创造实现空间正义的机会和条件。从空间的正义性和正义的空间性两个向度展开，促成城市治理空间正义从理念的抽象性向城市治理现代化法治化目标实现具体性的转换，从而有效地应用空间正义理念推进城市正义，并据此推进法治城市的建设问题。

三、中国城市空间正义的时代课题

目前城市空间资源的协调、分配和有效利用问题是国家社会经济发展的关键问题，不仅涉及城市自身的健康可持续发展，也深刻而长远影响到乡村振兴的治理格局和效能。城乡融合发展基础和前提是城市与乡村的空间亲密性与互补性，理想的城乡空间布局应该是乡村对城市的环绕，城市生活依赖乡村，城市发展辐射乡村，功能上既是互补也是各有优势，不能替代，也不是单向的城市对乡村的“虹吸效应”，而是双向互通的动态平衡，人流、物流和信息流的多层面重叠交织，以超越物质生存需求的精神需求和个性发展为主导的城乡互动和融合。当下，我国城市化快速发展带来空间正义分配的紧张，诸如住房的刚性需求、城市化公共建设的土地资源分配、绿地和水面的均衡享有、化解交通拥堵的空间诉求、以及生产性建设的空间需求（包括人力资源诉求仰赖的居住空间诉求）等。法治路径有助于城市治理的视域从追求资本利益最大化的经济利益宰制，转向满足价值和目标多元化城市居民需求的公共利益主导，从空间的规模性扩张转向空间布局优化和公共服务在社区空间上的均等性。据此有必要使空间资本的运作从强化政策导向转入坚持法治导向，以期有效解决空间权益分配（比如社区公共空间配置的严重失衡、社区周边公园、市民休闲、购物、教育等资源的空间布局的不合理和严重倾斜）的不均等，合理规划公租房选址等项目，推进弱势群体社会保障在空间上的平等对待，防止将公租房的选址过分远离城市中心区和配套设施齐全区域，注重城市文化和遗存的就地保护，城市改造应当兼顾传统街居的原生态，保留其宜居和古韵的空间及文化生态、城市建设与市域特色生态资源（如湖泊、山林、湿地、动物等）和文化资源（如书院、会馆、古城、庙宇、码头等）的空间协调与互补等各方面契合，体现城市发展的空间正义理念。

空间正义作为新的城市发展和宜居的理想状态与价值追求需要形成普遍的共识，至少应作为城市规划者和建设决策者的基本理念，但现实中城市空间的利益博弈说明很难无条件满足不同群体的需求，也无法确保不同群体利益的均等分配。正如有学者指出的那样："空间正义的原则必须肯定与承认都市社会利益多元化的正当合理性。但住房是个体生存与发展的必需品，必须保障其底线需求。为此，空间正义的理论任务重在寻求根本利益一致的基础上建构'利益共同体'。"① 共同的空间诉求构成城市生活利益共同体的潜在共识，同时也应当成为城市治理现代化法治建设的价值前提，并从根本上引导空间利益的协调与再分配。

对城市基层治理而言，与社区居民生活最为密切的城市空间资源主要集中于公共设施、医疗、教育、生态、交通等实体性的具有重要社会价值的资源。鉴于职业领域的层次性和收入差距的存在，以及城市密集人口形成的多元性阶层互动不断增强的趋势，必须要在推进城市治理的法治建设过程中，强化对弱势群体和边缘群体利益的保护，加强对老旧社区的改造和支持力度，实现城市基础空间和基本治理单元在治理要素的主要方面均等化，保障所有社区和居民都能共享城市发展成果。

基于城市空间的属性，发挥公法规范体系在城市治理现代化中的主导作用。推进城市空间正义通过自由和公平基础上的多元文化互养和多方利益兼顾的包容

---

① 任政：《当代都市社会语境中的正义转型与重构——一种空间正义构成维度的反思》，载《天津社会科学》2017 年第 3 期。

性治理机制变成市民的具体权利，同样基于在空间正义实现的理念和目标，需要确保城市居民在城市空间生产、分配及其相关利益调整决策过程中享有充分的知情权、参与权、表达权和监督权，防止政府或利益集团基于自身利益独占城市高价值空间，或者基于非真正的公共利益理由将居民从原居住地迁出，纵使给了合理补偿。所以，政府作为城市空间规划的主导者，尤其需要遵循公正公开、理性对话、平等协商、共同参与、均衡配置、合理差别的原则。当然，城市空间正义不仅仅是住居的便利和一般公共服务方面，更有文化层面的要求。推进新时代城市治理现代化的文化建设，既要从宏观上建构城市文化，更需从微观上以“物”为主导转向以“人”为主导。以法治文化为例，居民共享空间良性运作和发展利益，以自由、全面发展和追求幸福生活为导向。法律应当认同和容纳多元利益权衡机制，“在相关立法中需要增加正视和协调空间多元利益，促进城市协商共治的法律规范”①。

在空间正义维度中，如何看待、规划和利用社区公共空间成为判断社区治理良善与否的重要指标。如，公共空间的性质和结构影响着居民参与和社会互动的频率和性质，丰富且分布合理的社区公共空间有利于基层重构治理关系、优化公共服务、化解冲突矛盾、培育公共精神，良好的社区公共空间由此成为邻里互动及社区治理必不可少的外部条件。②

从更一般意义上讲，公共空间对人和社会的发展都具有重要的意义。公共性思想是马克思主义的重要内涵，马克思指出，“在真实的集体的条件下，各个个人在自己的联合中并通过这种联合获得自由”③，人与社会的发展需要以共同体为依托，人只有进入公共领域，主动参与公共生活，在公共实践中表达公共理性，才能彰显人的本质属性。④ 传统的公共领域往往需要借助公共空间的活动让公众感知并构成人们参与公共领域事务的依托，尽管互联网时代虚拟空间中也会

---

① 陈晓勤：《空间正义视角下的城市治理》，载《中共福建省委党校学报》2017年第10期。

② 严国萍、吴结兵：《基于公共空间建设的社区治理：浙江省H县睦邻客厅项目的案例研究》，载《中共中央党校（国家行政学院）学报》2020年第4期。

③ 《马克思恩格斯选集》第1卷，人民出版社1972年版，第82页。

④ 严国萍、吴结兵：《基于公共空间建设的社区治理：浙江省H县睦邻客厅项目的案例研究》，载《中共中央党校（国家行政学院）学报》2020年第4期。

有公共领域的存在和新的表达形式，但现实的公共空间更有利于公众对公共事务的参与，更加有利于程序运行和决策真实性、现场感，通过真实的人的参与，更加有利于社区公共事务的面对面讨论和议决事项的表决，有利于涉公共领域纠纷的解决。以社区党群活动中心的功能性分区活动场所功能为例，如设置棋牌室，但居民们就“打牌时能不能抽烟”可能产生分歧，这样在公共空间就产生了对特定规则的需要，于是大家协商制定了类似“党群活动中心活动室控烟规定”等自治规约，在棋牌室等室内公共场所禁烟，类似的案例还包括社区减速带的设置、社区广场利用规定、环境卫生治理、社区红白喜事文明操办等社区治理事项，而这些思想的讨论和决定构成了社区公共领域治理的基本内容。

社区公共事务繁多，公共领域复杂，如何通过公共空间的供给满足居民治理的需要是社区治理现代化的现实课题，确保公共空间设立和运转的正当性是首先要考虑的问题。具备正当性品格的公共空间有利于促进日常互动，塑造社区共同生活。居民的日常互动是社区社会资本的主要来源，它有助于形成非正式的邻里网络、特殊互惠、人际信任与社区归属感。居民之间借助这一公共平台加强彼此间的了解，形成社区社会组织凝聚和沟通社区各类力量的纽带，通过义演、义诊、义剪、义卖等活动，大大增加了居民之间的日常接触，丰富社区公共生活，提高了社区居民的认同感，促进社区和谐，有利于各类社区事务的协商和矛盾纠纷的和解。社区公共空间建设促进了居民参与和社区公共生活的形成，而公共空间和公共生活形成必将推动规则体系的发展和运行，推动共建共治共享的社区共同体的发育，并且促进组织发展，塑造公共精神。①

所以，公共空间建设具有三重价值和功能，一是在社区治理中不仅可以促进居民的日常互动，塑造社区共同体，在推动基层民主协商、孵化社会组织、培育公共精神等方面发挥基础性的作用；二是有利于重构基层治理关系、优化公共服务、化解冲突矛盾，推动社区社会治理的发展和创新；三是城市社区公共空间的标准化建设消解城市不同社区之间公共空间差异带来的公共事务供给和社区公共事业发展不均衡的矛盾，有利于城市整体治理体系和能力的提升，

① 严国萍、吴结兵：《基于公共空间建设的社区治理：浙江省H县睦邻客厅项目的案例研究》，载《中共中央党校（国家行政学院）学报》2020年第4期。

使所有社区都能平等享受城市治理发展成果，让典范、模范或示范社区不再是城市社区的稀缺品，而是任何一个社区都具有像典范、模范或示范社区一样的硬件和软件。

第三章 城市社区治理现代化面临的主要法律问题

第一节 社区民主治理面临“奥尔森困境”

一、社区民主治理的内涵

社区民主治理是指根据相关法律法规，由社区成员自我管理所在社区的相关事务的一种制度。它既是城市社区建设体制的一种创新，也是居民进行基层事务管理以及行使管理社会事务权利的一种方式。① 20 世纪 80 年代改革开放前主要是街区制和单位型社区，改革开放后随着企业改制和住房商品化，不仅产生了新型社区，而且传统社区的治理也面临脱管状态。21 世纪以来，伴随着新型城镇化的快速推进，人口的高速流动冲击着城市社区的社会关系网络，带来社区治理的难题。从本质上讲，社区是一种基于特定区域的生活共同体、情感共同体和文化共同体，城市社区在 40 多年的社会主义市场经济发展和城市化进程中，以宪法基层民主的制度设计为指导，依法实施基层民主和自治。

界定民主有很多视角，不同视角会得出不同观点，从法律上讲，核心的是民主究竟是一种权利还是义务，抑或既是权利也是义务。从绝大多数的国家法律规定看，将民主界定为一种权利，这一点在选举法中表现得最为明显，因为放弃投票并无罚则。民主权利可以行使也可以放弃，由公民自己决定。但并不是说法律

---

① 查妍、郑昊霖：《当前城市社区的民主治理困境与解决对策研究》，https：//www.fx361.com/page/2020/0922/7041382.shtml，最后访问时间：2021 年 11 月 20 日。

的规定就代表民主意涵的全部，从理论、国家性质及决策上看，可以认为民主是一种义务。其理由是现代社会是民主社会，民主是一切国家事务和规则获得正当性的前提和必经程序，没有民主就没有社会主义，就没有现代宪法，没有民主就不可能有人民主权的国家性质和国家制度，人民当家作主就会变成一句空话。因此，只有每个公民都履行民主义务，民主国家才有存在的可能，否则国家就会回到专制时代。所以，从逻辑自洽和实践观之，将民主界定为既是公民的权利也是义务是符合人民主权的宪法原则、制度建构及实践需要的。在需要多方参与的社会治理现代化背景下，居民的民主参与既是一种权利，更是一种义务。因为共建共治共享的基层治理体系，必须也只能依赖于“人民”主体性作用的发挥才能实现。

习近平总书记于2019年11月在考察上海杨浦滨江时提出的“人民城市”重要理念，凸显了人民在城市治理中的主体地位，强调人民不仅是治理成果的享受主体，更是参与治理的责任主体。从法律上讲就是居民的权利与义务平衡。我国城市基层治理的最终落脚点在社区。如果聚焦于“社区”这一层面，我们不难发现，不管是“人民城市”这一重要理念，还是“社会治理共同体”这一建设目标，两者均旗帜鲜明地将“居民的主体性”（人民城市人民建）和“居民的责任性”（人人有责、人人尽责）前置于“居民的享受权”（人民城市为人民、人人享有），从时间逻辑上表明共建的义务先于共享的权利，否则共享的权利变成无源之水，无本之木，没有履行义务产生的成果，坐等共享成果只能是缘木求鱼。当下，“人民城市”重要理念与社会治理共同体建设目标所提倡的“居民的主体性”和“居民的责任性”，与城市基层治理实践中的“居民的享受权”出现了内在冲突和张力。有学者研究认为，城市社区治理中出现的“居民将享受各种社区服务视为理所当然，但对自身应尽责任和义务则惘然不顾”的现象，已折射出城市社区治理所遭遇的巨大困境，即“居民权利与义务的失衡”问题。① 正确认识社区治理中“三共”本质上是要处理好居民权利与义务的关系。居民权利是指“居民（业主、承租人或实际居住人）作为现代中国民主政治的主体，依法依规

① 俞祖成、黄佳陈：《城市社区治理的困境：居民权利与义务的失衡》，载《社会科学文摘》2021年第10期。

享有的在社区享有的作为或不作为资格和能力，以各种形式的利益为表现形式。而居民义务可做广义理解，是指居民（含业主、承租人或实际居住人）作为现代中国民主政治的主体，为维护社区治理秩序和推动社区治理可持续发展而在社区所应从事一定行为或不应从事一定行为的责任。居民权利与义务的关系的正确定位是"居民义务先定、居民权利后生"①。

二、城市社区民主治理的"奥尔森困境"

在城市，民主治理通过不断完善居民自我管理和治理方式，城市社区品质明显提高，但由于城市化发展速度过于迅速，与之同步的社区认同和建设文化共同体的进程相对滞后，社区异质化严重，协调规则和机制供给严重不足，各类纠纷频发，成为社会治理的重点和难点。其原因有多种因素，但有一个关键的因素是随着中国农耕社会的社会关系断裂，人员跨区域流动以致城市形成"陌生人社会"，导致新型城市社区居民身份认知模糊，住居地点的集中化和行为、精神的原子化之间存在冲突，特别是基于商品房载体的私有财产的个体自主和自由的过分强调与基于社区公共空间共同利益对自主和自由的必要限制之间存在紧张关系，这些在物业服务争议、小区公共事务参与与纠纷解决、社区邻里关系处理、社区公共精神培育等方面表现尤为明显。在传统乡土社会中，相对熟悉的环境带来的是人际关系的熟悉，自我身份在情感认知与归属心理下得以生成与巩固。但在当前的城市社区场域中，个体身份普遍是由个体从事的职业所界定，不同个体之间的互动往往基于工具性视角下的利益交换。这种身份的认知缺乏情感性支撑，个体往往在日常生活中对自身身份存在困惑与迷惘，精神归属的缺失更容易引发个体对自身身份认知的模糊性。同时，在城市社区公共生活与公共事务中往往多基于自身利益考量进而作出相应决策，导致社区公共精神的进一步式微。另外，居民内生性参与动力在不同程度上失能。居民作为城市社区的主体，其自身的主体思维、参与意识是推动城市社区治理集体行动生成的重要衡量指标。在当前的城市社区治理中，居民的社区认同尚未有效建构，人际关系在一定程度上较

① 俞祖成、黄佳陈：《城市社区治理的困境：居民权利与义务的失衡》，载《社会科学文摘》2021 年第 10 期。

为疏离。同时，受单位制的惯性思维影响，居民往往将社区公共事务视为基层政府的“本职工作”，不同程度地认为社区公共活动和自身无关，从而有意无意以“搭便车”心态对待，以被动形式参与。少部分居民参与社区协商议事会等公共活动，也是在社区居委会动员基础上的被动参与，基于公共精神主动参与社区治理的比例相对较低。这导致当前我国社区建设中面临的双重难题，一方面社区公共事务类治理无法吸引和动员居民最大限度的民主参与，以保障居民通过直接民主进行自治。这种公共事务集体行动“难产”，是社区个体往往基于功利视角，采取“搭便车”行为实现集体利益的分享且无须主动参与或者分担责任，进而形成个体利益与集体利益的二元背离，这样就很容易造成个体参与的动能衰减，最终形成“奥尔森困境”①。② 另一方面居民希望通过借助民主手段对与自身利益密切相关的事项进行协商、决策、管理和监督却又缺乏必要的平台、议事规则和机制保障。这种困境显示出社区认同和社区参与依然严重不足，社区在许多人的生活和观念里还仅仅是一个地域或居住区概念，不是一个生活、精神或文化共同体，其流动性、不确定性高于身心的归属感，或者有乡愁的牵挂，或者有迁出和变动的考虑，缺乏“此身安处是吾乡”的情怀，反映出变动的时代城市中一些社区居民心态的游离和迷茫，希望大多数居民对社区怀有深厚的情感和积极参与的心态是不切实际的，社区建设在较大程度上还停留在政府自上而下的行政推动，缺乏自下而上的积极推动和主动作为。所以，一个不可忽视的事实是，把社区作为物质、精神和文化生活的基本共同体的理想状态远未实现，存在社区居民的认同度不高、归属感不强、参与积极性不高、公共精神乏力、主人翁精神丢失等差强人意的现象，虽然全国各地都在鼓励基层社区并引入社会力量参与其中，在提供公共服务的同时共建社区共同体文化，凝聚人心，共建共治共享，但是效果还不够明显。这就使得一些城市社区陷入“居民共同体困境”。与此同时，社区居民参与社区建设的机会、渠道和平台则较为有限，能够获得的支持相对有限，反

① 美国著名经济学家曼瑟尔·奥尔森认为，个人从自己的私利出发，常常不是致力于集体的公共利益，个人的理性不会促进集体的公共利益。奥尔森所揭示的这一“集体行动的逻辑”，意在说明人们生活和生产中存在着“集体行动的困境”，也称之为“奥尔森困境”。

② 沈小雯、余栋：《破解城市社区治理多元困境》，http：//ex. cssn. cn/zx/bwyc/202207/t20220706_5415757. shtml，最后访问时间：2022 年 7 月 26 日。

过来又导致居民社区参与的不足。因此，需要在政府主导下，发挥社区组织和工作者等多方作用，为自下而上的居民参与创造便利条件，提供更多公共活动空间和发挥作用载体，结合社区居民的不同情况，分类推进养老、托幼、儿童照料、社区公益活动、公共安全协助、文化娱乐等方面的社区社会组织的创建和发展，以利益相关性和功能互济性激发居民参与的广泛性和积极性。

三十多年来，城市基层民主制度和民主实践促进了城市管理方式的转型，实现管理到治理的重要转变，取得了重大成就，为城市经济体制改革提供了较为稳定的社会环境，协助政府妥善处理企业改制后，建立单位人向社会人转变过程中实现居民民主自治和社区公共事务的民主协商等机制，为中国社会转型的平稳性和可持续性作出了卓越贡献，在新时代有新要求和新目标，也会出现新问题，城市居民有新期盼，民主治理永远在路上。肯定成就的同时，也必须客观审视存在的不足，如“城市社区民主治理仍存在民主权利与民主需求、民主需求与民主实践、民主实践与民主权利之间不相协调一致的问题，使得社区民主治理陷入‘权利-需求-实践’的困境，这严重阻碍着中国城市社区建设及基层民主政治的健康发展”①。从我国城市社区民主治理的法律保障看，首先宪法赋予基层自治主体较广泛的民主权利，其次，我国《城市居民委员会组织法》的立法目的也明确规定，在社区民主治理上，民主权利的核心内涵就在于“依法办理自己的事情”。“居民对于作为社区民主治理载体的居民委员会而言，他们往往并不在意谁是居委会主任，而更关注的是自己身边的利益以及谁在影响着自己的利益，恐怕这就是居民真正的民主需求。”② 究其根源，最重要的原因可能在于“在现代城市社区民主治理中，人与人之间逐步陌生化的关系使得信任成为问题，相互的不信任导致人人为我，人人名义上的民主参与变成实质上的利益之争”③。民主需求与民主实践之间的不相一致，体现为在基层直选中，很多居民对选举事件并不关心。除了居委会干部、社区内的党员以及那些平时与居委会有紧密联系的居民等会发自内心地关注选举的规则、进程以及结果外，那些在目前阶段与社区之外的

① 郭祎：《我国城市社区民主治理的困境与出路》，载《科学发展》2011年第3期。
② 郭祎：《我国城市社区民主治理的困境与出路》，载《科学发展》2011年第3期。
③ 郭祎：《我国城市社区民主治理的困境与出路》，载《科学发展》2011年第3期。

社会有着更大接触范围的社会群体对居委会直选的态度总体来说是冷漠的。① 而民主实践与民主权利之间的不相符合，体现为民主实践未能更充分回应民主权利的要求，有关民主权利的法律法规在民主实践中贯彻不充分，选择性、限缩性和形式化现象依然存在。

基层政府和居民委员会面向居民提供了包括但不限于社会保障、矛盾调解、综合治理、公共卫生、文化体育等各项基础服务，同时为居民创造了宜居的居住环境，有效保障了居民的各项基本权利。但是，这些举措在一些社区催生了居民过度依赖社区服务的惯性思维，并造成居民自我责任的丧失和义务履行的抗拒。居民的社区需求日趋多样化，从而呼唤更加精细化和规范化的社区治理模式。政府和社区居委会单向提供服务的“输入治理”模式，已显得力不从心且无可持续性保障。社区治理急需多元主体的共同参与，而最为关键、最为核心的参与主体非居民莫属。在改革开放四十多年的历程中，居民委员会从原来的街居制“单位”居委会转变为“社区”居委会，不仅单位的职能由社区承担，而且社会管理和基层公共服务的职能也一并下沉社区，社区的职能边界日趋延展、工作压力不断增大，政府对社区事务及居委会工作的介入也不断深化。在这样的背景下，虽然法律规定居委会为“基层群众性自治组织”，但它实际上承担着双重角色：一方面要办理社区事务，另一方面又要对政府及其派出机构负责，从而造成居委会在日常运作中承担越来越多的行政辅助事项，其“行政化”色彩也日趋浓厚。在居民眼里，居委会成了“政府的居委会”，而不是“居民的居委会”。在这一观念驱动下，居民理所当然地将居委会视为社区治理的唯一责任主体，而认为自己则仅需享受社区治理成果即可。居民的这种依赖心理与居委会的行政化高度关联，从而导致居民的公共精神和义务意识日趋淡薄并严重阻滞居民自组织能力的培育。另一个重要原因是城市社区的居民自治长期处于低水平运转，与居委会的“自治引导缺位”紧密相关。一方面，居委会承担过多过重的行政辅助事项，导致其没有足够的时间和精力开展居民自治引导工作；另一方面，人数参与有限的居民自治项目普遍面临资金规模小、运作层次低以及人群辐射窄等问题，从而造成这些项目往往只能浮于表面，无法真正改善和优化社区治理结构。第三个原因

---

① 郭祎：《我国城市社区民主治理的困境与出路》，载《科学发展》2011 年第 3 期。

是社区居民共同体意识不强，这既是前两种原因的结果，也是现代社会城市居民的居住与工作分离带来的必然结果。由于居民在工作年龄段的主要活动和关注重心是单位，是经济收入和职场关系，作为居住场所的社区主要提供家庭生活和休息的环境，在市场经济供给多元化和自主化机制下，居民的物质和精神需求具有替代性和多样性，社区的代偿功能有限，从供给侧的视角看，社区仅能提供最普通最基础的治安、卫生和简易民事纠纷服务，常态下与居民生活紧密联系范围有限，因而具有高度认同感和凝聚力的社区共同体意识的建构元素尚不充沛，需要在居民与社区组织的沟通和互动中寻找更多居民共享利益的共同元素，进行有计划有组织地开发。

第二节　多元共治的法律供给与保障机制尚不健全

一、社区治理的多元共治

党的十九届四中全会《决定》提出："坚持和完善共建共治共享的社会治理制度，保持社会稳定、维护国家安全。"因此，必须加强和创新社会治理，完善党委领导、政府负责、民主协商、社会协同、公众参与、法治保障、科技支撑的社会治理体系，建设人人有责、人人尽责、人人享有的社会治理共同体，确保人民安居乐业、社会安定有序，建设更高水平的平安中国。

城市社区治理离不开政党组织、自治组织、市场组织、社会组织、社区居民等多元治理主体的共同参与。但是，治理主体的多元化导致在推动城市社区民主化治理的同时，治理过程中不同治理主体间也存在着共识缺失、力量分散、权责划分不清、沟通机制不畅、治理动力不足等困境，使多元治理主体难以发挥协同效应。①

二、社区多元共治存在的不足

当前社区在多元共治的法律法规供给和保障机制方面主要存在以下不足：

---

① 喻蕾涵：《城市社区多元主体协同治理的困境与优化策略》，载《现代交际》2020年第13期。

1. 规范社区治理的专门性法律法规尚付之阙如

近年来，党中央国务院和民政部门大力推进社区治理改革，通过政策和部门规章等规范性文件为社区适应城市化快速发展提供政策和规范支撑。当前，涉及城市社区治理的法律依据主要包括《宪法》《中华人民共和国城市居民委员会组织法》《民政部关于在全国推进城市社区建设的意见》《民政部关于进一步推进和谐社区建设工作的意见》《民政部、财政部关于加快推进社区社会工作服务的意见》《关于加强城乡社区协商的意见》《中共中央国务院关于加强和完善城乡社区治理的意见》《中共中央国务院关于加强基层治理体系和治理能力现代化建设的意见》等法律、法规或部门规章。从数量和内容看，其法律依据的确十分丰富，也比较全面，具有很强的针对性，在实践中也发挥了很好的指导作用，但值得注意的是，《宪法》中法律法规的清晰定位与实践操作存在一定程度的冲突和矛盾，规范与实操的抵牾值得探究和消解。比如《宪法》第 111 条明确规定了“城市和农村按居民居住地区设立的居民委员会或者村民委员会是基层群众性自治组织”，但实践中城市社区治理行政化色彩过于浓厚，与之对比的居民自治氛围不浓，受到阻碍的因素较多，自治程度明显不足。社区在很大程度上成为政府机关的基层机构，需要依法依规厘定社区应有服务职能和承接政府公共事务具体事项，多维度多举措提高社区自治水平。

2. 既有规范的内容存在冲突

一是随着社区治理的发展，实践中，在原有的居民委员会、居民代表大会等组织之外，又出现了社区成员代表大会、社区协商议事会、社区管理委员会等新的社区自治组织形式，但宪法和法律对这些新型组织形式并未明确规定其法律地位。立法的滞后，使得实践中许多做法面临合法性困境。二是现有立法中部分制度设计的科学性有所欠缺。例如，《城市居民委员会组织法》第三条第六款规定，社区居委会向人民政府或它的派出机关反映居民的意见、建议和要求。第十条规定，居民委员会向居民会议负责并报告工作。这些规定表明社区居委会作为居民自治组织，应该代表和维护居民利益并及时向政府反映居民需求。但该法第二条又规定，居民委员会要协助不设区的市、市辖区的人民政府或者它的派出机关开展工作。根据该条规定，社区居委会还要听取政府的指令，这使得居委会在履行自治职能的同时还要承担行政职能，而实践中许多居委会本来资源和能力就十分有限，其承担的额外行政职能势必会削弱其自治职能，这些冲突尚无成熟可行、合法合理的应对之策。三是现有的社区治理立法普遍存在重实体轻程序的问题。许多涉及社区治理的规范性文件中的程序性规定过于简单甚至没有予以规定，导致不同治理主体之间出现矛盾和争议时，不能及时地通过规范、公开、有序、合法和高效的法律途径予以化解。

3. 治理所依据的法律法规中软法偏多

现有的社区治理立法中不仅相关法规位阶较低，多以部门规章为主，而且软法的比例过高。软法由于缺乏国家强制力保证实施，导致社区治理效能更多依赖上级党和政府部门的重视程度、社区工作者的主观能动性、“能耐”和责任心等不确定性因素。当然，软法与硬法相比，在基层治理中有柔性、灵活性、互动性、共识性、亲和性、便捷性、执行经济性等优势，有助于强化法律的正当性和提高法律实效，也有助于降低立法与实施的成本，但由于软法不具有国家强制力，没有明确的法律位阶，导致其灵活性有余而稳定性和权威性不足。我国目前社区治理立法中大多数为软法，由于软法的权威性不足导致许多实践中积累的成功做法无法被快速推广。总体来看，现有社区治理立法的体系性和完备性存在缺失。在我国现有的社区治理法律体系中，尚欠缺一部统率性和纲领性的主干立法。这一主干立法应当涵盖社区坚持基层党组织的领导机制、体现政府主导的权责规范体系、社区建设、社区公共服务、社区治理、保障措施和法律责任等主要方面。

4. 社区治理体制机制不畅，多部门、多主体协作不理想，缺乏必要的组织机构统领和协调

一方面，社区治理所涉及的内容、面向和维度较为多元、复杂，且都关系到社区居民的日常关切和利益，许多问题的解决往往需要不同政府部门或不同科室的共同参与。但是，在社区治理和民生服务的现实场景中，较为普遍的突出问题就是不同行政部门或科室的沟通互动、主体协作较为薄弱。因此，推动社区治理现代化建设既迫切需要大格局、大统筹，更需要多部门的联动协作，形成合力，切实解决社区治理的老大难问题。另一方面，“条”“块”力量统筹不够。在基层社区，除党组织、居委会和服务站工作人员之外，还有网格员、协管员、志愿组织等各类队伍和基层人员，统合这些力量，发挥好治理效能也是一项重要课

题，尽管有一些地方做过有益探索，积累了好的经验，但其可复制性还需要时间检验；同时，当前一些社区仍然存在工作浮于表面、不同力量各自为战等现象，其对于基层社区治理和服务的实际作用有待提升。①

5. 社区基层组织行政化严重，基础性主体力量功能缺失明显

一方面，社区居委会行政化严重。作为“群众性自治组织”，社区居委会所承载的各行政部门下沉的社区工作事项，已大大超出其职能范畴及其能力范围，同时各行政部门的可用资源和服务力量却存在突出的“上悬”问题，也缺少对社区工作的专业指导和具体支持。社区基层组织事务繁杂、权责失衡突出、自治与服务功能大打折扣等现象突出。另一方面，一些社区规模划分不科学、公共服务效果欠佳。有的社区规模划分显得很不均衡、科学性不够，过大和过小的社区规模都使得治理难度有所提升。同时，社区规模无法与社区资源配置、社区管控能力和社区治理精细化要求相适应，满足不了居民群众日益增多的需求。绝大部分社区服务站的服务量较少，坐等服务造成人力资源和服务场所的浪费，主动服务或上门服务基本缺失，导致产生居民满意度较低和获得感较弱的突出问题。

6. 社区共同体权利意识和公共精神一升一降，社区自治水平较低

一方面，随着社区居民受教育程度和民主意识的增强，再加上互联网和新媒体的快速发展，以及居民对社区建设和社区服务的期待日益增长，其利益诉求表达意愿越来越强烈，逐步倒逼社区治理和服务的更新、迭代和升级。而社区居民的利益诉求和价值观的多元化，也使得社区议事协商的难度有所增加，这种现象在老旧社区的治理中较为突出。另一方面，从现实情况看，较多居民对于参与社区建设基本处在沉默或观望状态，“搭便车”思想比较普遍，公共精神乏力。当前的社区共同体更多停留在概念层面，社区冷漠现象相对普遍。当然，这些不好现象的成因不能简单归结为居民，基层政府和社区也需要反思，在引导和培育居民公共精神方面的政策、措施是否充分和到位。如，社区居民参与社区公共事务的机会、渠道和平台也相对较少，亟待建立社区居民互动、互助、自治平台，培育发展社区社会组织，搭建居民参与社区建设的组织化平台。

---

① 卢磊：《新时期城市社区治理困境分析》，http：//www. gongyishibao. com/article. html? aid = 17875，最后访问时间：2021 年 12 月 10 日。

7. 社会力量缺少有效引导，参与社区治理的深度、广度不足

一方面，社会组织参与社区社会治理深度不够。近年来，政府购买服务在引导社会组织助力社区治理和民生服务方面发挥了一定作用，补充了基层治理和社区服务的力量。但是，由于购买周期较短、项目设计持续性考虑不足、经费有限等原因，导致社会组织参与社区治理力度不够，能力尚未充分激发，效果尚未充分彰显，难以在社区形成持久性、高质量性的服务。这就需要政府主管部门在加大社会组织孵化的同时，通过项目引领、品牌建设和成果激励等方式积极鼓励社会组织持续扎根社区，利用自身专业优势助力解决社区服务和治理难题，并与基层社区社会组织协力培育社区内生力量，推动社区社会组织规范化发展，让社会组织的专业力量和社区社会组织的内生力量充分结合，助力社区治理的可持续和高质量发展。另一方面，在地性社会主体参与社区治理积极性不高。其主要表现是各类驻区单位等社区内社会力量参与社区建设的途径不明晰、积极性不高，缺乏必要的联动、共建、宣传、引导、激励和考核机制，党建共建联建在行动层面还亟待开发和拓展，需要开启和丰富辖区单位参与、受益和双赢的行动计划。

8. 党内法规在治理基层党组织领导社区不利方面的规制功能发挥不够

作为多方参与的城市社区治理，基层党组织发挥着领导作用。党的十八大以来，随着社会治理重心不断下沉，基层党组织的力量得到加强，领导作用的发挥越来越重要，在社区党组织的领导下，一些地方的社区治理形成了自己的品牌和特色，但也要看到，依然存在软弱涣散的基层党组织，其存在问题主要表现在：（1）党组织班子配备不齐、书记长期缺职离岗、工作处于停滞状态的；（2）党组织书记不胜任现职、工作不在状态、严重影响班子整体战斗力的；（3）班子不团结、内耗严重、工作不能正常开展的；（4）基本组织制度形同虚设、不开展党组织活动的；（5）村务居务财务公开和民主管理混乱；（6）宗族宗教和黑恶势力干扰渗透严重、社会治安问题和信访矛盾纠纷集中的；（7）无固定办公活动场所和便民服务设施；（8）党组织服务意识差、服务能力弱，群众意见大的。社区干部违纪违法的现象也比较严重，如党的十八大以来，南方某市纪检监察机关共查处村（社区）干部违纪违法案件790件

790 人，占全市立案总数的 10.7%。①

第三节　社区养老法律供给严重缺失

一、社区养老保障的主要法律规范

我国长期以来都十分重视养老问题，特别是处于困境中的无依无靠的老人，建立了相对完善的城乡养老体系和福利机构，并通过宪法和法律法规进行保障。首先，在法律层面，我国《宪法》第十四条第四款规定，国家建立健全同经济发展水平相适应的社会保障制度。《宪法》第四十五条第一款规定："中华人民共和国公民在年老、疾病或者丧失劳动能力的情况下，有从国家和社会获得物质帮助的权利。"《宪法》第四十九条第一款规定："婚姻、家庭、母亲和儿童受国家的保护。"第三款规定："父母有抚养教育未成年子女的义务，成年子女有赡养扶助父母的义务。"第四款规定："禁止破坏婚姻自由，禁止虐待老人、妇女和儿童。"宪法的这些条款规定了国家、社会、子女给予公民在年老时提供养老保障的制度。这些规定表明，我国以根本大法的形式规定国家、社会、家庭在照顾老年人方面的义务得到实现，也为多主体共同参与承担养老责任的居家社区养老提供了法律依据。除此之外，《老年人权益保障法》第五条规定："国家建立和完善以居家为基础、社区为依托、机构为支撑的社会养老服务体系。"社区居家养老的服务模式与这一法律规定相契合。其次，在政策性文件层面，2000 年，民政部、财政部等部门在《关于加快实现社会福利社会化的意见》中，首次提出"在供养方式上坚持以居家为基础、以社区为依托、以社会福利机构为补充"的原则。此后，2005 年民政部发布的《关于开展养老服务社会化示范活动的通知》、2006 年出台的《关于加快发展养老服务业意见的通知》、2008 年颁布的《关于全面推进居家养老服务工作的意见》、国务院于 2013 年颁布的《关于加快

---

① 《佛山出台〈关于进一步加强对村（社区）干部监督的意见〉多项创新举措走在全省前列》，http：//jijian. nanhai. gov. cn/cms/html/13073/2020/20200706101951371549711/20200706101951371549711_1. html，最后访问时间：2022 年 8 月 5 日。

发展养老服务业的若干意见》，以及《“十三五”国家老龄事业发展和养老体系建设规划》《“十四五”国家老龄事业发展和养老体系建设规划》等文件，都对社区居家养老的基础性地位予以确认。最后，地方政府也相继颁布了规范更具地方针对性的养老服务条例。如，2015年北京市出台的《北京市居家养老服务条例》、浙江省出台的《浙江省社会养老服务促进条例》等，都针对本地的居家社区养老服务作了相关规定，为本地开展居家社区养老服务提供更细致可行的法律指导和保障。近年来，我国多地开展了社区居家养老试点工作，民政部、财政部《关于中央财政支持开展居家和社区养老服务改革试点工作的通知》（民函〔2016〕200号）对社区居家养老试点工作做了规划。一些地方如上海、广州、武汉等进行了探索实践，形成了一定的经验，同时也面临一些法律困境。

城市社区养老服务是指政府、非政府组织以及其他机构，在城市老年人所属的社区为老年人提供家政服务和医疗卫生服务的养老模式，是在我国社会转型，老龄化问题升级的情况下出现的一种新型养老模式。相对于传统的家庭养老，社区养老体现了政府、社区与家庭三方合力解决居民养老问题的新思路，兼顾了中国传统家庭观念、伦理文化和现代社会变迁的协调统一，获得了政府和居民的普遍认同，兼顾了生活习惯、亲情伦理、环境稳定和适应顺畅等诸多优点，可以视为未来居民养老的主流模式。

二、社区养老保障面临的主要法律问题

由于中国各地的经济发展水平不同，不同社区养老面临的问题不同，但也有一些共性的问题，主要体现在：

第一，政府在城市社区养老服务中角色定位模糊，对养老社会组织的支持力度不够。养老作为一项准公共服务的事业，需要政府承担其应有职责，在实际运作中，虽然近年来各级政府每年养老投入不断增多，并将该项服务投入划归预算范畴，仍存在资金投入不足、资金使用的随意性较大、监管不到位等问题。当政府无法投入足够的资金注入养老服务，必然造成社区内养老设施缺乏，相关服务项目开展受到限制，制约了养老服务事业健康发展。有些社区养老机构设计不合理，与社区相隔距离较远，存在较多不便。另外，对养老社会组织扶持不到位，诸如政策倾斜、资金补助、税收优惠、养老格式合同制定、养老机构保险、争议

解决和秩序维护等方面的制度和机制存在短板。在养老服务体系的建设中，社会组织也是一个很关键的建设主体。由于养老机构建设投入资金大、成本高，靠政府推动建立公立养老机构显然不现实，而全靠社会资金投入建立养老机构又不能高效有序推进，也很难实现普惠性和托底性，发挥政府和市场两个主体的功能，兼顾公益性、公共服务型和营利性，确保养老服务工作的健康、长远发展。但现阶段针对社会组织方面的资金资助以及政策扶持都不够完善，尤其是资金支持的缺乏，使得养老社会组织难以健康发展和壮大。

第二，养老服务内容较为单一，管理粗放，急需提供更加细化的养老服务。有的养老机构重照顾轻抚慰、重经营轻监管，如，服务内容单一，生活有些单调，专门为老年人精神生活提供的服务还是偏少，老有所养做得较好，老有所乐还做得不够。在我国当前的社区居家养老服务中，社区提供的服务项目主要集中在休闲娱乐和日常生活服务，前者如在社区内设置健身器材、棋牌游戏场所、阅览室、茶室等，后者如送餐服务、清洁服务、维修服务等。这些服务项目是由社区统一设置的，不仅服务的受众范围小，而且服务内容较为单一，且大多数上门服务的时间是固定的，缺乏服务的层次性，难以根据老年人的需求来调整。

管理方面，我国的社区居家养老还处于发展的初级阶段，管理模式还不够成熟，组织结构较混乱，部门条块分割、缺少一定的激励机制，容易出现群众认可度低、参与度低、发展后劲不足等问题。此外，在社区居家养老服务中，主要的执行方是街道和居委会等基层组织，政府在实际的运作过程中存在缺位现象，现实中大量存在政府监管不到位、居家养老服务水平低下的问题，不利于居家养老服务工作的长期良性发展。如，有些社区将老年餐桌项目外包经营，又缺乏相应的监督管理，导致服务水平不高。① 大多数居家养老服务机构运营规模较小，具备一定专业水平和运营规模的连锁化、集约化养老服务品牌还比较少，产业链条也比较短，规模效应不够明显，供给能力有限，不能起到支撑和辐射作用，总体而言，养老服务供给质量亟待提高。

第三，养老服务专业人才稀缺，培训管理体系不完善。养老服务人才是指各

① 《让养老服务更丰富更有质量》，https：//m. gmw. cn/baijia/2022-03/21/1302855844. html，最后访问时间：2022 年 6 月 30 日。

类养老服务机构从事养老服务的养老护理人员、专业技术人员、养老管理人员，以及家庭照护人员、老年人能力综合评估机构的评估人员。

总体来看，养老专业人才短缺，中高级养老护理员、心理咨询师、康复人员等严重不足，出现供需严重失衡。我国养老护理人才的缺口规模随着深度老龄化的发展而不断扩大，其余各类相关的专业化服务人才也同样缺乏。养老行业对大学生等高素质劳动力的吸引力明显不足，而养老职业教育“科班出身”的专业人才存在高流失率。绝大多数护理人员为低学历且履行占绝大多数。收入低、工作条件艰苦、工作内容繁重、易受气受委屈、缺乏上升通道是年轻人离开养老服务行业的主要原因。养老服务缺乏制度化、规范化的运作机制，造成了养老服务人员管理经验不足，日常培训力度不够，队伍建设相对设施建设较为落后。人才匮乏制约行业的发展，使大多数社会养老机构处于一个尴尬的境况中——老人们只要在自己家里还能维持，就不愿意去养老机构；而真正对养老机构有需求的失能、半失能老人又会因养老机构专业人才缺乏，只能提供一般的生活照料、不能满足自己康复护理的需求而无法去养老机构。

由于社区居家养老工作大多是通过社区服务中心开展的，而社区居家养老服务只是其工作内容的一部分，该中心还需提供其他公共服务。同时，我国社区居家养老发展不成熟，并没有形成规模化，大多数社区只是零星地开展社区居家养老服务工作。因此，专门从事该工作的且经过专业化培训的人员极其匮乏。当前我国从事社区居家养老工作的人员大致可以分为三类：一是带薪从事该服务的人员，主要是由失业妇女或者农村进城务工的妇女组成。这类人员一般都未接受过专业的培训，缺乏专业技能，难以提供高质量的养老服务。同时，由于这类人员年龄结构老化，且工作强度、难度和薪酬不对等，导致人员流动性较大。二是志愿者，其中很大一部分由大学生组成，由于部分大学生参加志愿服务是为了完成社会实践等短期目标或任务，且没有经过专业培训，也没有激励机制，导致志愿者队伍大多缺乏长效的运行机制，无法持久稳定地发展。三是由社区老年人自行组成的服务队伍，低龄老人帮助高龄老人，这类人员年龄都较高，且绝大多数缺乏专业知识，主要是互助行为，因此，他们所能提供的服务是非常有限的。社区养老如何在政府指导支持和社会供给之间寻找合适的养老模式是一个亟待多方努力解决的问题。

第四，社区养老政策缺乏法律指引，养老服务合同权利义务设定缺乏格式规范。我国《宪法》与《老年人权益保障法》等法律，对老年人教育、老年人社会参与和基本福利保障等进行了较为概括性的规范，但缺乏社区养老的专门的、可操作的规范。如现行的《老年人权益保障法》虽然在第五条中规定了我国应建立和完善社区居家养老服务体系，但是这一规定过于原则性，主要起到宏观层面的指导作用，没有具体的操作规范，无法指导实践中出现的具体问题。同时，该法着重于保障老年人物质、精神和社会权益，对养老工作中的权责规定缺乏清晰的界定，难以有效处理社区居家养老的相关纠纷。尽管我国与老龄相关的法律法规初步形成了体系，但由于老龄化的程度不断加深，国家和地方层面的政策法规面临着变迁迅速、目不暇接的难题，为了及时应对和方便调整更新，比较务实的做法是多依靠国务院及其部委关于老龄问题的指导意见、通知、复函、批复等带有明显政策性特点的规范性文件进行指导，如 2013 年，国务院出台《关于加快发展养老服务业的若干意见》，2019 年出台《关于推进养老服务发展的意见》等，没有制定专门的《养老基本法》或《社区养老法》，这就使得养老服务业缺乏法律层面的指导和保障，尽管可能由于立法条件的不成熟等因素所致，但规范位阶不高和法律的缺失也必然带来该类服务业发展面临较大的不确定性，必然导致社会力量进入该服务领域缺乏必要的信心和法律保障，因为相较于其他规范性文件，法律具有更强的稳预期、管长远的功能，也体现法治社会法律至上的治理优势。同时，社区养老服务首先需要签订养老合同，养老合同尽管应当具备一般合同的要件，但更有其特殊性，《民法典》对不同类型的合同分别进行了基本条款的设定，但缺乏对养老合同这类具有特殊服务性的合同进行特别规定，导致老年人与社区养老服务机构的权利义务不够明确，在出现纠纷时双方不能很好地维护自身合法权益，纠纷难以妥善解决。笔者在走访调查中发现，社区养老服务机构多采用格式合同，而且合同内容不允许查看。格式合同使得处于弱势地位的老人在出现民事权益纠纷时，难以通过法律途径进行救济来保障自身的合法权益。而合同中存在的显失公平的条款或责任区分不明晰的条款又加剧了纠纷发生的频度和纠纷解决的难度，特别是家属的卷入和非理性维权往往使得合同纠纷极易演变成对养老组织或机构形象和整体服务质量的评价，导致矛盾纠纷的扩大化，从而影响整个养老行业的健康发展。因此，如何科学合理设定养老服务组织和服务的对象间的权利义务关系，细化免责和担责的具体情形，明确争议的解决程序、原则、依据和组织，防止超出合同和争议范围的一切非理性行为对养老组织的名誉、财产及工作人员人身权利等的侵害行为。

第五，养老机构运营法律风险尚无明确的法律规范依据和有效机制进行防范化解。这方面困境主要体现在：(1) 法规不健全，养老机构抗风险能力弱。从法理上讲，老人是弱势，养老机构是强势，但实际上，有时遇到纠纷，特别是遇到相对强势的老人亲属，养老机构可能变成弱势（如老人入住养老机构后发生传染性疾病和精神性疾病，老人身心状况发生变化应该进行升级护理或者调房服务，老人不适应集体生活与他人经常发生谩骂打架事件，或者老人在养老机构内出现自残、自杀的行为等情况，家属经常会采取“拉横幅、堵大门”等过激方式索取高额赔偿。按照《民法典》有关侵权责任的规定，一般以过失为前提，特别是在养老院里面发生死亡事件，法院大多倾向于弱者，以服务有瑕疵为理由，要求养老机构进行补偿。如此产生的示范效应是民营资本为规避风险远离该行业的恶性循环。最终受影响最大的还是需要获得养老服务的老人，而且社会舆论或司法裁判也会有意无意从“老年人”弱势的定式思维看待和处理纠纷。究其根源，主要是养老行业至今没有一部关于老人的伤害事故处理办法或规定，其结果是在规范养老机构和入住老人之间权利义务关系上经常面临无法可依的窘境。(2) 民营养老机构面临政策和运营风险。民营机构存在用地用房受规划、拆迁影响的风险，养老行业高投入、低回报的行业属性，为降低经营成本，满足普通居民要求，许多民营养老机构处于城乡接合部或郊区，交通条件不便，床位入住率偏低，难以达到预期，运营风险相当大。(3) 老人物质赡养和精神赡养得不到有效保护。如，因子女经济等原因不愿赡养老人，导致缴费难等情况。有的子女恶意逃费、欠费，不仅给老人造成生活和精神的双重伤害，也给养老机构的权利救济带来双重困境：讨要欠费却没有任何有效应对措施，如果简单地将老人送回家，又会陷入社会道德指责的窘境。(4) 管理服务风险。包括老人走失、坠床、跌倒，老人之间争执引起的伤害、猝死，还有诸如烫伤、烧伤、噎食、窒息、自杀、自伤、突发疾病等方面存在管理服务风险。特别是“三无”“五保”老人中，有的劳改释放人员和流浪乞讨老人由公办养老机构代养，他们不遵守管理制度，对服务人员态度蛮横，甚至吸毒、偷盗、斗殴，干扰了其他入住老人的生活，存在潜在的违法犯罪隐患，而这些可能超出单纯私主体之间的危险或危害行为，没有法律法规的相应规定和公权力机关的必要介入。

第六，社会公众对养老服务业认识不到位。由于传统的政府养老仅以城市“三无”和农村“五保”为对象，随着社会保障制度的普遍建立、居民收入的增加及老龄社会的到来，政府希望借助政府主导和政策法律的引导，让更多老人能够享受普惠性的养老服务，但由于政府的财力有限、养老制度体系顶层设计的滞后、养老需求的多样化、居民收入的差距和传统家庭观念的影响，整个社会对如何养老缺乏共识。政府大力推进，但养老硬件设施和服务质量的改进都需要大量的资金投入，单纯依靠政府的财政拨款已经无法满足当前以及未来社区居家养老服务的发展，这就需要除资金支持外，更需要养老制度的供给侧改革，激发社会资本进入养老市场，满足不同层次的养老需求。与政府资金和政策供给不足相比，社会公众对养老的认识比较片面甚至无知，目前我国还有相当一部分居民对养老的认识还停留在“是一项低营利甚至是非营利的社会福利事业”的传统观点上。因此，如何在政府积极决策、布局和谋划的同时，加大养老知识的宣传和普及，构建政府、社会和个人共同参与、各尽其责、相向而行，建立基本养老服务项目均等化与个别需求差异化发展相结合的发展原则。

第四节　社区公共道德及培育机制的法律支撑不足

一、社区公共道德

基层社会治理需要自治、法治和德治“三治”相结合，其中德治具有基础性作用，德治首先强调执法者的道德对推行法治的关键作用，诚如清末修律大臣沈家本所言“有其法者，尤贵有其人”，强调人的德性和智慧对法治的思想的重要作用，所谓“大抵用法者得其人，法即严厉亦能施其仁于法之中；用法者失其人，法即宽平亦能逞其暴于法之外”。德治更是一种治国理政的方式，“德法并举”是中华法系的特色和治国传统的精髓，在制度层面体现为“明德慎罚”“夫礼者禁于将然之前，而法者禁于已然之后”。

今天强调依法治国与以德治国相结合，是充分融合两者不同的治国方式和功用，将遵循和崇尚法治、依法自治由仅仅作为行为规则“外在的观点”转向发自内心遵守的“内在的观点”。德治在我国法律体系中首先体现为宪法对社会主义核心价值观等公德的倡导和规范。我国《宪法》第二十四条对倡导社会主义核心价值观等公德进行了明确规定，第五十三条规定了尊重社会公德的义务。这些规定构成了德治的宪法基础。由于中国几千年传统文化中私德的影响过于深远，公德一直未曾彰显，对法治的消极影响依然存在，因而在今天强调公德依然具有重大现实意义。考诸历史，不难发现，中华民族几千年来的社会发展过程中比较重视私德对个人的规范和引领，对公德的倡导比较简略和抽象，并且往往以移情和保护私德目标做适当延伸。如《礼记·礼运篇》中提出了“大道之行也，天下为公，选贤与能，讲信修睦。故人不独亲其亲，不独子其子，使老有所终，壮有所用，幼有所长，矜、寡、孤、独、废疾者，皆有所养，男有分，女有归。货恶有弃于地也，不必藏于己；力恶其不出于身也，不必为己。是故谋闭而不兴，盗窃乱贼而不作，故外户而不闭，是谓大同”的大同理想，出现了提倡“天下为公”“不必为己”的公德精神，但漫长的封建社会中主流的道德实践却是私德为上。近代著名学者梁启超对中国社会几千年的道德问题进行了研究，认为道德可以分为社会公德和私人道德。私人道德的功能是“人人独善其身”，社会公德的功能是“人人相善其群”①。“社会公德有广义和狭义之说。从狭义上讲，社会公德就是人类在长期社会生活实践中逐渐积累起来的最简单、最起码的公共生活规则”②，因此，社会公德也被称为公共道德，即公共生活领域中的道德。当然，社会公德是社会的公共道德，是现代社会的产物，比公共道德具有更加广泛的社会共同认知的基础，而公共道德相对而言是一个比较抽象道德范畴。社会公德在社区主要体现为社区公共道德。

社区公共道德，就是指公民在社区公共生活领域和社区公共事务中，在正确理解个人利益的基础上，尊重其他居民、关心社区公共事务、维护社区公共价值、承担社区公共责任的观念意识和行为方式。社区公共道德的核心内容往往规范化为社区居民公约，但不限于社区居民公约，还分散于宪法、法律、行政法规和政府规章中，也体现在中国传统优秀道德文化和一定地域的风俗文化中，法律

① 梁启超：《饮冰室合集》（专集 4），中华书局 1989 年版，第 12 页。

上所言善良风俗之中也包含一定的公共道德元素。有学者把社区公共道德分为三个层次，即低层次的道德自律与对基本公共道德常识的认知；中层次的社区公共利益维护与权利共同保护意识；高层次的积极参与、社区责任与献身公共事业的品质。①

二、社区公共道德及培育机制存在的主要问题

传统中国社会私德兴盛而公德严重缺乏。在农耕文明时代，基于家族伦理控制和自给自足的小农经济，私德发挥了社会治理维持秩序的不可替代的功能，但随着商品经济、工业化和城市化时代的到来，社会公德成为维护私益和公益的重要基石。改革开放40多年来，我国快速城市化带来的社会转型，在经济迅猛发展的同时，社会公德的短板逐步显露，不仅在一般的公共生活中表现出事不关己、高高挂起，缺乏公共参与和关心公益之心，而且在居民社区生活中也得到较充分体现，喜欢坐享其成、见利忘义，却对参与公共事务、从事志愿服务、自觉遵守和维护公共秩序等漠不关心，为朋友可两肋插刀，为公益却一毛不拔，精心营造小家庭小圈子小集团，弃他人权益、民族利益、国家人格于不顾，所谓精致的利己主义者即是最精辟的概括和描画，因此，如何建构新时代的社会主义公德体系并且落实到社区生活中是一个长期的、重大的理论和实践课题。

当下各地通过文明社区和文明家庭等建设活动，社区公共道德在不断提升，但也存在一些问题，如社区共同体意识淡漠、公共责任淡化、公共秩序无序化、参与公共事务功利化等现象依然普遍，影响社区公民公共道德水平的因素主要包括：居民社区归属感与认同感、社区管理和道德环境。社区归属感和认同感是社区成员把自己归入某一社区共同体的心理状态，是社区公共道德形成、发展和维护的重要因素。如果社区公民对社区认同感越高，其社区归属感就越强，对社区的依恋就越大，也就会越关心和关注社区的发展，意识到自己作为社区成员的权利与义务，建构起己所不欲、勿施于人的基本公德观，并自觉参与社区治理、维护社区公共利益与秩序，反之，则会对社区的发展漠不关心。社区既是物质利益

① 靳永翥：《论社区和谐与公共道德——基于社会和谐的微观视角》，载《科学社会主义》2007年第5期。

的共同体，更是精神利益的共同体，当下和未来的重要任务是如何找回传统乡村邻里守望相助、红白喜事大家帮忙、一家有难八方支援等自治共同体的灵魂和精髓，同时又融合现代城市社区的崇尚人格独立、尊重家庭隐私、工作多样化、习惯差异化、人员流动化的市场经济塑造的新型生活状态和人际关系，通过合适的制度和机制让社区居民人人献出一点爱，真正实现我为人人、人人为我的和谐幸福的共同体。

第五节　社会组织发展制约因素较多

一、社会组织及其功能

社会组织有广义、狭义之分。广义的社会组织是指人们从事共同活动的所有群体形式，包括氏族、家庭、秘密团体、政府、军队和学校等；狭义的社会组织是为了实现特定的目标而有意识地组合起来的社会群体，如企业、政府、学校、医院、社会团体等。法律上尚无“社会组织”的明确定义。有学者将社会组织界定为“以社会力量为基础，以公共利益为主要目标，以提供公共服务和从事公益活动为内容的群体和组织形式”①。社会组织包括有着共同利益追求的公民自愿组成并且依法注册登记的社会团体、民办非企业单位、基金会三大类。

中华人民共和国成立之后，社会组织的自主发展并没有真正展开。自改革开放以来，我国的社会组织发展迅速，大致经历了以下四个重要发展阶段：1978—1991 年的初步恢复阶段、1992—1997 年的快速发展阶段、1998—2006 年的规范发展阶段、2007 年至今的战略发展阶段。② 2006 年，党的十六届六中全会首次使用“社会组织”一词，要求“健全社会组织，增强服务社会功能”；2007 年，党的十七大报告进一步确认社会组织的地位，要求“发挥社会组织在扩大群众参与、反映群众诉求方面的积极作用，增强社会自治功能”；2012 年，党的十八大

① 王磊：《公民社会理论视角下的社会组织发展研究》，载《党政干部学刊》2013 年第 3 期。

② 李秀梅：《我国社会组织立法的完善》，载《温州大学学报》2014 年第 6 期。

报告中三次提及“社会组织”。党的十九届四中全会提出，健全党组织领导的自治、法治、德治相结合的城乡基层治理体系，发挥群团组织、社会组织作用，实现政府治理和社会调节、居民自治良性互动，夯实基层社会治理基础。为早日实现基层社会治理现代化，我国许多地方开展了构建社会组织有序有效参与社区治理新机制的探索，积累了较多经验，出现如“公益+市场”“双向嵌入”“引导+自觉”“三社联动”等实践模式，反映出随着经济社会的发展和政府职能转变，社会组织发挥着越来越重要的作用。但与此同时，也存在多重制约服务社区的社会组织的因素。

二、社会组织发展法律保障存在的不足

（一）推动社会组织发展的法律法规保障体系还不健全

目前，支持引导和规范社会组织发展的法律法规体系还不健全，多为行政法规、地方性法规、部门规章等对社会组织进行规范，指导其参与社区治理，处理治理过程中碰到的问题、纠纷。“现行立法较为分散，没有形成统一、完整、规范的法律体系；现行立法框架下的社会组织独立性作用无法发挥；社会组织主体地位未被社会充分认可”①，导致制度与实践之间存在紧张关系，一方面，我国社会组织在快速发展，法律规制严重不足，既影响了优秀社会组织的成长，亦导致社会组织发展面临不均衡、不规范、不持续和规模小的困境，急切需要制定专门的法律进行规范。但迄今还没有一部社会组织基本法，仅仅依靠有关行政法规和部门规章来规范，而这些法规主要是规范登记程序的，既缺乏对社会组织权益保障的系统规范，也缺乏对社会组织与其他组织及个人之间的权利义务关系的明确规范。另一方面，社会组织在实践中存在着许多迫切需要通过法律规范才能解决的现实问题。例如，社会组织的性质定位不清晰，造成适用政策和法规的难题，如社会团体、基金会、民办非企业单位三种组织形态的实际构成较为复杂，在相关政策适用上亦已经出现问题；社会组织与政府的关系不清，不仅现行法规规定的双重管理体制使许多社会组织不得不依附于行政机关或类行政机关，而且

① 黄伟源：《进一步健全社会组织立法》，载《联谊报》2020年7月9日，第3版。

政社不分的格局已经影响到了政府与社会组织的良性互动；社会组织的治理规范不足，决策机构、执行机构、监督机构之间的关系往往形同虚设；社会组织的权益维护亦因缺乏法律保障而存在问题，有的社会组织的财产被强行征用；对社会组织的促进政策亦缺乏完整的法律规范，税收减免政策往往采取区别对待、个案审批，同样的社会组织可能享受的是不同的政策优惠，而“社会团体立法不是孤立的，它需要相关法律制度的支持……首先是税法的配合与支持”①。社会组织的监管体制亦有不顺，虽然归口民政部门管理，但双重管理体制又使很多部门介入，民政部门只能在登记环节把关，而对社会组织的整个活动缺乏全过程监管的法律依据；还有社会组织与相关方面的法律关系，亦因缺乏法律规范而难以有效界定权利义务关系，等等。所有这些，都不利于社会组织的健康发展，迫切需要法律来规范。实践中已经被媒体披露的一些失范行为，同样因缺乏相应的法律依据而无法有效监管。这已经导致公众对社会组织的信任度不高，既影响了社会组织自身的发展，也影响了社会各界积极参与社会治理的积极性。②

没有完备的法律设定的权利义务规范，使得社会组织不能有效地参与社区治理，权利本位尚未确立。目前，我国的社会组织立法单纯地将社会组织作为行政管理相对人予以规范，以“义务”本位作为社会组织立法的重点内容③。从总体上看，社会组织主体资格虽然被定位为社团法人、非营利法人、公益类法人，但税收政策优惠、社会保障优惠、政府扶持资金优惠等没有完全到位。在强调社会组织的非营利性、非政府性的同时，一定程度上轻视了社会组织的合法性、公益性和群众性。这样很容易使人将社会组织误认为是无偿服务性的依附性的民间组织，将其功能地位淡化。另外，不同的社会组织的发展程度也各不相同。不少的社会组织在人员管理、工作方法上都存在着很大的问题，体现出较强的行政化特点。社会组织登记难，吊销或撤销更难，需要经过复杂的程序，因此，许多社会组织尽管名存实亡，长期不开展活动，占用了大量公共资源，但却无法撤销，影响了该类组织的正常新陈代谢和良性发展。

① 信春鹰、张烨：《全球化结社革命与社团立法》，载《法学研究》1998 年第 3 期。
② 郑功成：《制定社会组织法刻不容缓》，载《中国党政干部论坛》2018 年第 5 期。
③ 李秀梅：《我国社会组织立法的完善》，载《温州大学学报》2014 年第 6 期。

（二）服务社区的社会组织结构和分布不均衡

一方面，针对某一特定领域的社会组织较少，没有形成良好的竞争格局；另一方面，社会组织在不同社区的分布不平衡，特别是老旧社区，社会组织的数量和服务项目明显偏少，社区之间的服务项目整合度较低，社会组织参与社区治理的成本较高，社会组织从业人员的薪酬待遇不高、职业社会评价不高，以及职业发展前景不确定性等因素导致其无法吸引高层次人才进入，难以提供高质量服务，同时组织面临发展的困境，也在一定程度上阻碍了社会组织参与社区治理的实践。

（三）"孵化器"式社会组织培育模式适应性有待加强

近年来，作为社会建设领域的一项重要制度创新，社会组织孵化器在上海首创后，在各地迅速复制，一定程度上满足了现代社区治理对高水平社会组织的需求。但经过十几年的发展，也暴露出一些问题,① 主要包括：（1）孵化对象受限。社会组织孵化器初衷在于为"草根组织"提供关键性支持，以助力其快速发展壮大。但从各地社会组织孵化器的实际运作看，孵化对象多是满足"政府需要"的能够承接政府服务或转移出职能的服务型社会组织，并非是那些渴望得到支持的"草根组织"。（2）专业服务能力不足。随着孵化器在全国各地的铺开，孵化器自身的专业水平问题呈现了出来，许多孵化器仅能提供办公场地、物业等表层化的服务，而不能为孵化社会组织提供专业的指导和帮助。（3）能力建设偏重于技术性管理。对社会组织制度规范和使命价值开发不够。（4）运行成本大。这主要体现为，一是有些孵化器存在"保姆式孵化"现象，出壳后依然留在公益创业中，独立生存能力不够；二是孵化出的社会组织过度依赖政府购买服务，缺乏自我"觅食"和创新服务能力。（5）专业细分不够。这主要表现为：一是在孵化对象的类型上没有细分，基本上以综合型孵化器为主，仅零星出现了专门培育如青少年社会组织的孵化器；二是在发展阶段上多集中于项目发展到组织注册

① 冯梦成：《正视社会组织孵化器面临的问题》，https：//share. gmw. cn/theory/2016-11/10/content_22920370. htm，最后访问时间：2021 年 3 月 12 日。

的阶段，而着力于从想法到活动阶段及从活动到项目阶段的较少。

（四）社区社会组织参与社区治理存在短板

相对于专业服务类社会组织，社区社会组织参与社区治理存在的主要问题包括：（1）社区的参与基础较为薄弱。社区社会组织的优势在于有广泛的社区群众基础，组织和开展活动成本低，契合度好，但从参与社会组织开展的活动的居民群体来看，主要包括两部分——社区赋闲在家人员和离退休人员。社区的主体人群参与度不高，经常参加社会组织活动的居民只占居民总体很少的一部分。（2）社会组织自身发展水平有待提高。社区社会组织参与社区治理的效果在很大程度上取决于社会组织自身发展水平。社区社会组织体制机制尚不健全，社团组建和活动随意性大，绝大多数社会组织的全职工作人员比较少，只有少数社会组织内部的组织结构具有明确的分工，社会组织内部的管理架构和规章制度大多缺失，有待进一步完善。此外，社区社会组织面临场地、人才以及资金等资源短缺的问题，尤其是专业人才缺乏。大多社会组织的活动集中在娱乐休闲、治安卫生、老弱病残帮扶等方面，专业化水平普遍不高。针对社区主体人群的服务较少。由于普遍缺乏自身的核心竞争力，在可持续发展方面面临困境。①

第六节　社区人民调解保障机制不健全

一、发挥社区人民调解功能的法治意义

社区是居民除工作场所之外最主要的生活场所，诸如家庭生活、托幼养老、学习办公、业余休闲、人情往来和邻里沟通等事务都可能在社区这一场域完成，时间跨度可能几十年，日复一日的重复与剧烈的变动和意外并存，是人生最基本最经常也最复杂的事务的交织叠加的场域，因而各类纠纷也会伴随着生活的琐碎和外在的不确定影响而频繁产生，在急剧城市化的背景下，各类矛盾纠纷在社区

---

① 俞晓波：《社会组织参与社区治理的现状、问题及对策》，载《党政论坛》2017年第10期。

层出不穷，当下社会治理的重心下移也是基于矛盾纠纷的缘起和爆发点大多聚集于社区这一客观现实，如何使用最优化的解决方式将矛盾解决在基层，是社会治理的最重要内容，也是基层治理最具挑战性的问题之一。在解决纠纷的诸多方式中，调解是最经济、最高效且最有利于受损的居民间的关系得到修复的最好方式，既节约了司法资源，又确保了社区和谐和长治久安。调解既是中国传统社会的重要文化遗产和治理智慧，也是今天构建友善和谐幸福社区的重要环节，是维护社会秩序的重要途径。

现代法律中"调解"一词，在我国古代并没有完全相同或对应的表达。调解制度在古代一般被称为"调处""和对"，还有一些类似的表述，如"调停""休和""劝释""私休""牙口息""排难解纷"等。调解是古代为了实现"无讼"理想境界的一种准司法制度，在处理社会基层纠纷、维护儒家宗族和伦理关系及基层社会秩序的实践中发挥着巨大作用，是中华民族和谐理念在政治法律领域的具体体现。在统治者看来，如果不能使民无讼，还不如劝民息讼。春秋时期的孔子，被视为"无讼倡导人"，他主张，"听讼，吾犹人也，必也使无讼乎"①，开辟了我国古代调解理念的先河。西周时期，在地方官吏中设"调人"之职，以"司万民之难而谐和之"。秦汉时期，调解制度发展为乡官治事的调解机制。到了两宋时期，调解开始呈现出一种制度化的趋势。官员们把晓之以理、动之以情的说教，逐渐转化成为解决民事纠纷和民事审判的第一要义。明代，调解基本成了法定的诉讼前置程序，还在全国各地遍设"申明亭"，作为调解纠纷的场所。可以说，受儒家"贵和持中""贵和尚中""以和为贵"思想的影响，中国古代始终重视调解，这种与中华文化和治国理念深度契合的纠纷处理机制需要在新时期进行深度挖掘、继承发扬和创造性转换。"择其善者而从之"，其积极意义和综合效用值得肯定，如在节约大量的司法和社会成本的同时，维系了基于长期共同生活和生产建立的来之不易的和谐的相邻关系、家庭关系、宗族关系等，极大地减少了通过司法途径解决可能导致的资源浪费、恩怨未了的负面影响，而受损的社会关系的及时修复，不仅仅是案结事了，而是有更多更大的价值，比如可以迅速地恢复纠纷前的生产和生活状态，切断不利的连锁反应，使区域的社会秩序得以

① 《论语·颜渊》。

迅速恢复，还能培养居民自治精神和自我解决纠纷问题的能力，从而也能减轻政府的负担，节约大量的行政和司法资源，一举多得，利国利民。调解解决纠纷可谓“物美价廉”，不仅不易损伤情面，而且经济成本低。这种充分运用社会力量的做法值得弘扬。古代主持调解的人员多元化，许多案件都经由社会贤达（乡贤）或半官方人士来主持解决。借用现代的语言，就是充分运用社会力量，发挥社会团体的作用，使当事人在不违背法律的基础上达到双赢的效果。①

在我国城市化迅猛发展的当下，社区各类大量的纠纷使得有限的行政资源、司法资源不堪重负，单纯的诉讼解决方式有时很难达到“案结事了”的效果，许多完全不需要通过诉讼解决的纠纷进入司法程序后不仅消耗了当事人双方的精力和金钱，更使本是良好的邻里关系长期得不到修复，“一年官司十年仇”赢了“官司”输了关系等种种不良后果。近年来，国家从我国城乡实际和和谐社会建设出发，大力推行基层社区调解，将矛盾纠纷化解在基层，既有利于矛盾的早日解决，防止矛盾的进一步激化和减少当事人讼累，创造安定有序和谐的社会秩序新格局。在总结长期人民调解实践经验基础上，《中华人民共和国人民调解法》由中华人民共和国第十一届全国人民代表大会常务委员会第十六次会议于2010年8月28日通过，以法律的形式赋予人民调解以法律效力和具体的规范指引。

社区调解是人民调解法在社区中的具体适用，人民调解法的主要调整对象为基层社区的“民间纠纷”，是人民调解委员会通过说服、疏导等方法，促使当事人在平等协商基础上自愿达成调解协议，解决民间纠纷的活动。人民调解不仅是中国特色的基层民主自治制度的重要内容，更是维护社会和谐稳定的“第一道防线”，是我国一项重要的社会纠纷解决制度，其在预防化解矛盾纠纷、节约司法资源、促进基层社会治理现代化等方面具有不可替代的作用。在中国共产党领导下，各地充分发挥人民的创新精神，20世纪60年代在基层解决人民内部矛盾、由群众创造性出“矛盾就地解决不上交”的“枫桥经验”等十分有效和具有复制价值的基层社会纠纷的解决模式。

二、社区人民调解法治化建设面临的挑战

改革开放四十年多年来，“枫桥经验”不断发展，全国各城市社区纷纷学习、

① 赖咸森：《古代调解制度回眸》，载《人民调解》2017年第1期。

借鉴和创新“枫桥经验”，依据《中华人民共和国人民调解法》（2010）（以下简称《人民调解法》）和居民公约等开展人民调解工作，化解了一大批矛盾纠纷，维护了社会稳定，促进了社区治理水平的提高。但随着经济社会的不断发展，各类矛盾纠纷日益凸显，呈现出多元化、复杂化特征，无论是人民调解法的适应性还是人民调解工作的社区实践都面临许多新的问题和挑战。

（一）人民调解法的具体规范存在缺陷

1. 人民调解的适用范围界定不准确

根据《人民调解法》的规定，人民调解的范围被界定为调解“民间纠纷”。如此界定极易被人们理解为人民调解的适用范围仅仅是诸如婚姻家庭、邻里关系等民事权利义务争议的纠纷。然而，《人民调解法》第十八条规定：“基层人民法院、公安机关对适宜通过人民调解方式解决的纠纷，可以在受理前告知当事人向人民调解委员会申请调解。”该条实际上扩大了人民调解的范围，不仅包括一般的民间纠纷，基层人民法院、公安机关受理的涉及民事权利义务争议以外的其他纠纷案件，通过人民法院、公安机关判明适宜人民调解解决的，也可由人民调解来解决。实践中，人民调解的适用范围早已由传统的家庭、婚姻、邻里等常见性纠纷拓展到劳动争议、土地承包、拆迁征地、经济合同、物业服务、环境保护等涉及多个部门法调整的纠纷领域。有的地方尝试将人民调解运用于轻微刑事案件（即自诉案件）的调处中，并取得了良好的社会效果。立法对人民调解适用范围的模糊和不一致界定会导致实践中对人民调解的具体适用范围的把握增加不必要的难度，一定程度上制约了人民调解功能的发挥。

2. 人民调解协议的法律效力问题

《人民调解法》通过设立调解协议的司法确认程序，赋予了人民调解协议法律效力，理论上讲，对人民调解协议赋予法律效力有利于提高人民调解的效率和成效。但由于立法对当事人申请调解协议司法确认的条件过于严格，在一定程度上制约了调解协议法律效力的实现。《人民调解法》第三十一条规定：“经人民调解委员会调解达成的调解协议，具有法律约束力，当事人应当按照约定履行。”第三十三条规定：“经人民调解委员会调解达成调解协议后，双方当事人认为有必要的，可以自调解协议生效之日起三十日内共同向人民法院申请司法确认，人民法院应当及时对调解协议进行审查，依法确认调解协议的效力。人民法院依法确认调解协议有效，一方当事人拒绝履行或者未全部履行的，对方当事人可以向人民法院申请强制执行。”依上述两个法条，一方面规定当事人应当履行调解协议，另一方面又规定如果当事人欲对调解协议进行司法确认，则必须由双方当事人共同向法院申请，即如果任何一方不申请司法确认，则调解协议仍只具有民事合同的效力，而不具有强制执行力。这样的立法固然有利于贯彻调解的自愿原则和司法的最终救济的理念，但也导致了司法确认程序执行中的弹性和软性，不利于履行义务和调解纠纷初衷的实现，人民调解协议的法律效力似乎并未在实质上得到加强。

（二）居民公约的调解功能发挥不够

居民公约是居民进行自我管理、自我服务、自我教育、自我监督的行为规范，是引导基层群众践行社会主义核心价值观的有效途径，是健全和创新党组织领导下自治、法治、德治相结合的现代基层社会治理机制的重要形式。《中华人民共和国居民委员会组织法》第十五条有明确规定，制定或修订居民公约由居民会议讨论制定，报乡级人民政府或不设区的市、市辖区的人民政府或者它的派出机关备案。

当前，一些居民公约存在内容空泛、制定不规范、实施流于形式等问题，甚至有的内容违法违规、侵犯群众合法权益。合法合规的审核严谨性不够。存在制定或者修订程序合法欠缺，往往由居民委员会或部分居民参与制定，有些内容与宪法、法律、法规和国家的政策相抵触，存在侵犯国家、集体利益和居民合法权益的规定，缺乏抵制和约束基层治理中不自觉和不文明等行为的有效措施。当前，针对一些社区非文明养宠物、乱扔垃圾、攀比炫富、铺张浪费，“等靠要”、懒汉行为，家庭暴力，拒绝赡养老人，侵犯妇女特别是出嫁、离婚、丧偶女性合法权益，涉黑涉恶、“黄赌毒”等突出问题，没有可行的规制措施。有些奖惩措施，特别是剥夺资格的措施，涉嫌侵害居民的宪法权利。

（三）人民调解制度运行机制还不顺畅

从现实情况来看，人民调解制度还未建立起切实的保障机制，未来正常运行和创新发展的关键着力点，在于如何突破现行“基层自治”属性，政府在“调解范围、调解经费、调解队伍、调解机制”等方面给予全方位的支持保障。另外，各种调解资源之间的业务信息整合联通、调处联动安排、力量整合联动、矛盾化解联调的机制有待完善；部分社区在矛盾排查报表上报中，存在漏查漏报现象，使矛盾纠纷调处工作陷入被动。

实行大调解，完善诉调对接，是理顺矛盾纠纷多元化解的重要保障机制。尽管《人民调解法》对于诉讼和人民调解的衔接制度已予以明确，加之近年来国家对“大调解”体系构建、矛盾纠纷多元化解机制建设等方面的法规文件出台，特别是人民调解在缓解行政机关、诉讼、信访等方面压力职能的凸显，使得社会各界对人民调解的关注度不断得到提升，相关研究热情和实践探索不断增加。但在如何有效衔接、高效衔接上存在不少机制空白、矛盾与问题，最大的阻碍就是三者之间的属性不同、内部运作机制不同，可复制性和有效性机衔接机制亟待建构。

（四）人民调解协议司法确认制度运行面临困境

人民调解协议的“司法确认”的功能是对已经达成但强制执行效力不够的调解协议，通过向法院提出确认请求，由法院对协议内容进行合法性审查，符合确认条件的，则以人民法院有关法律文书的形式固定调解结果，赋予其强制执行效力。但现实中申请司法确认比例不高，原因是多方面的，既有人民调解组织引导不够，也有司法确认程序比较烦琐、不太便民的原因。总体而言，人民调解协议司法确认制度面临困境主要体现为：（1）立法不完善，具体操作实务规定不明确。虽然《人民调解法》第三十三条的规定正式建立了调解协议司法确认制度，最高人民法院审判委员会通过的《关于人民法院民事调解工作若干问题的规定》也明确了该制度的申请条件、受理范围、确认范围等，但对司法确认适用的具体确认程序规则、当事人是否可以上诉、另行起诉等一系列关键问题并未作出明文规定。（2）调解员素质和能力欠缺，达不到司法确认的标准和要求。从我国目前人民调解员发展的现状来看，绝大多数城市社区的人民调解员文化素质法律素质不高，调解技能欠缺，难以适应城市社会生活复杂性所引发的复杂矛盾纠纷解决对其较高综合素质的要求，呈现出明显的能力不足的困境，导致诸如调解协议书书写不规范、主体不明确、协议违法等各种问题。(3) 法制宣传尚不充分，社会认知度不高。《人民调解法》颁布实施以来，我国很多地区对该法重视程度不高，普法宣传力度不够，公众对这部法律的知晓率较低，对司法确认制度处于不了解的状态。(4) 调解协议书存在诸多不规范、不严谨之处。这突出表现在以下几方面：其一，调解协议的主体不明确；其二，协议内容有违反国家法律、法规的条款；其三，调解协议存在侵害国家利益、案外人的合法权益等情形；其四，协议内容损害了社会公序良俗；其五，协议内容不明确；其六，调解协议书手写的字迹模糊，难以辨认；其七，文字表述不规范、不严谨，口水话和地方乡土俚语较多等。① 这些问题影响了对调解协议进行有效的司法确认。调解协议的知晓率和效力不足不仅降低了公民利用调解解决纠纷的意愿，而且也使得许多纠纷在达成调解协议后仍然进入诉讼程序，从而造成资源浪费。②

(五) 队伍建设和法治宣传比较滞后

1. 人民调解队伍建设亟待加强

广大人民调解员素质和能力的强弱直接关系到人民调解能否取得应有的成效。从我国目前情况来看，人民调解员队伍的整体素质较低，调解能力较弱是普遍存在的问题。这主要表现在：一是调解人员素质难以适应基层纠纷解决对综合能力的要求。基层社区矛盾的产生和种类多种多样，包罗万象，需要调解员具备多方面素养，采用综合手段融情理法于一体，达到案结事了情更浓的效果。现实中部分调解员的法律素质与法制建设的要求不相适应，主要凭借经验和通常观念开展工作，对法律政策了解得不够透彻，难以熟练地应用相关法律进行分析，或者孤立讲法，或者僵硬地适用法律条文，忽视了传统人情和人际交往特别是邻里之间互谅互让、和睦共处、远亲不如近邻等伦理和相处之道，以及尊长者居中调解等民间习惯法等综合运用，影响了矛盾纠纷的及时有效化解。二是法律知识欠缺。人民调解虽然具有很强的民间色彩和灵活性，但其开展也绝非可以随意操

---

① 李勇：《人民调解协议司法确认制度的困境与突破》，载《四川理工学院学报》2012 年第 5 期。

② 范愉：《ADR 原理与实务》，厦门大学出版社 2002 年版，第 336 页。

作、无所约束，而是必须遵循依法调解的基本原则，坚持法律主导下的多种方式的合力作用。这就要求调解员必须具备一定的法律知识，以保障调解工作的依法进行。当前，我国调解员队伍年龄的老化、法律知识欠缺和技能偏低，单纯适用传统民间说理方式已经不能适应居民法律知识素养提高的形势，这样既会导致调解偏离法治的轨道，损害人民调解的合法性和公正性，也会损害调解的公信力和吸引力。因此，如何做到既坚持法治思维的优先性和统领性，又融合传统文化、伦理规范和习惯法等软法柔性特征，让参与调解的三方在合法前提下更好互动，发挥三方主体相向而行解决问题的合意性。

2. 人民调解工作经费保障有待完善

人民调解经费的短缺，一直以来都是制约人民调解制度充分实施的重要制约因素。这主要体现在以下两个方面：一是人民调解委员会工作经费缺乏资金保障。根据相关人民调解法律法规的规定，人民调解实行不收费的原则，人民调解所需经费只能由公共财政加以保障，具体言之，人民调解委员会的工作经费和人民调解员的工作报酬实行财政支持和保障。对此，《人民调解法》第六条明确规定，国家鼓励和支持人民调解工作。县级以上地方人民政府对人民调解工作所需经费应当给予必要的支持和保障，对有突出贡献的人民调解委员会和人民调解员按照国家规定给予表彰奖励。由于目前体制机制及各级地方政府具体财政预算的差异，一些地方将基层社区工作经费打包拨付，具体的人民调解费用并不清晰，也不单独核算，造成从事人民调解工作的社会地位、福利报酬等均得不到充分保障，影响和制约了人民调解工作从业人员的积极性和主动性，导致社区居委会成员兼任人民调解员比例过高，由于社区事务的繁多，身兼多职的社区居委会成员投入调解和进一步学习法律法规的精力十分有限，而吸纳社区其他高素质调解人员的资金十分有限，吸引力极为有限，导致人民调解员专职化、专业化比例极低，调解水平和质量难以达到法律法规的要求。《人民调解法》第十二条规定，村民委员会、居民委员会和企业事业单位应当为人民调解委员会开展工作提供办公条件和必要的工作经费。该条与第六条的经费保障形成叠加，从理论上讲，更有保障，但事实上，这种规定往往因基层组织的财力不足而难以得到落实。加之人民调解委员会调解纠纷不收取费用，自身又没有创收途径，使得人民调解工作时常陷入经费紧缺的无力境况，从而导致人民调解工作难以正常运行和发展。二是人民调解员的工作报酬没有保障。实践中，人民调解员解决纠纷通常没有任何报酬，即使因调解工作所产生的误工补贴的兑现也得视基层组织的财力状况而定，对于很多财力不足的基层组织，人民调解员的误工补贴非但很少，甚至存在拖欠现象。由于缺失合理的利益补偿机制，无形中导致人民调解员工作的主动性、积极性的下降，从而直接消减了人民调解工作的成效。可以说，经费保障已成为关乎人民调解委员会充分发挥功能的一个关键性问题，如果解决不好，将极有可能导致人民调解委员会成为程序性的组织，这无疑违背了该制度设计的初衷。

第七节　社区应对突发公共事件权责失衡

一、我国法律对社区参与重大公共危机治理的规范考察

按照全面依法治国的要求，社区参与重大公共危机治理必须要有法律的相关规定，才能赋予其参与的合法性，也是对其参与行为的保护。从宪法和法律的具体规定看，以“社区”作为直接主体的规范尚付之阙如，但从功能主义视角看，“社区”组织行使基层自治组织的功能，也有连接两个概念的通常用语，一般称为社区居民委员会。因此，宪法关于基层自治组织的规范可以视为对社区的规范。根据《中华人民共和国宪法》第一百一十一条规定，城市和农村按居民居住地区设立的居民委员会或者村民委员会是基层群众性自治组织。居民委员会、村民委员会的主任、副主任和委员由居民选举。居民委员会、村民委员会同基层政权的相互关系由法律规定。居民委员会、村民委员会设人民调解、治安保卫、公共卫生等委员会，办理本居住地区的公共事务和公益事业，调解民间纠纷，协助维护社会治安，并且向人民政府反映群众的意见、要求和提出建议。结合宪法规定和社区实际功能看，与居委会合一的社区参与与社区紧密相关的重大公共危机治理是符合宪法精神和规范的。

《中华人民共和国城市居民委员会组织法》第二条规定，居民委员会是居民自我管理、自我教育、自我服务的基层群众性自治组织。第三条规定，居民委员会的任务包括：(1) 宣传宪法、法律、法规和国家的政策，维护居民的合法权

益，教育居民履行依法应尽的义务，爱护公共财产，开展多种形式的社会主义精神文明建设活动；（2）办理本居住地区居民的公共事务和公益事业；（3）调解民间纠纷；（4）协助维护社会治安；（5）协助人民政府或者它的派出机关做好与居民利益有关的公共卫生、计划生育、优抚救济、青少年教育等项工作；（6）向人民政府或者它的派出机关反映居民的意见、要求和提出建议。该条的规定蕴含社区居委会在突发公共事件时的行为内容和方式。第十一条规定，居民委员会决定问题，采取少数服从多数的原则。居民委员会进行工作，应当采取民主的方法，不得强迫命令。第十二条规定，居民委员会成员应当遵守宪法、法律、法规和国家的政策，办事公道，热心为居民服务。第十三条规定，居民委员会根据需要设人民调解、治安保卫、公共卫生等委员会。第十九条规定，机关、团体、部队、企业事业组织，不参加所在地的居民委员会，但是应当支持所在地的居民委员会的工作。所在地的居民委员会讨论同这些单位有关的问题，需要他们参加会议时，他们应当派代表参加，并且遵守居民委员会的有关决定和居民公约。第二十条规定，市、市辖区的人民政府有关部门，需要居民委员会或者它的下属委员会协助进行的工作，应当经市、市辖区的人民政府或者它的派出机关同意并统一安排。市、市辖区的人民政府的有关部门，可以对居民委员会有关的下属委员会进行业务指导。《城市居民委员会组织法》进一步对基层组织的权利和义务作了细化。前述条款可解读为在突发公共安全事件时社区与政府的合作方式和途径，也概括性地规定了基本的程序性要求。

《中华人民共和国村民委员会组织法》第二条规定，村民委员会是村民自我管理、自我教育、自我服务的基层群众性自治组织，实行民主选举、民主决策、民主管理、民主监督。第九条规定，村民委员会应当宣传宪法、法律、法规和国家的政策，教育和推动村民履行法律规定的义务、爱护公共财产，维护村民的合法权益。第三十条规定，村民委员会实行村务公开制度。村民委员会应当及时公布下列事项，接受村民的监督，包括政府拨付和接受社会捐赠的救灾救助、补贴补助等资金、物资的管理使用情况；村民委员会协助人民政府开展工作的情况；涉及本村村民利益，村民普遍关心的其他事项。对于上述规定事项中，一般事项至少每季度公布一次；集体财务往来较多的，财务收支情况应当每月公布一次；涉及村民利益的重大事项应当随时公布。村民委员会应当保证所公布事项的真实性，并接受村民的查询。第三十六条规定，村民委员会或者村民委员会成员作出的决定侵害村民合法权益的，受侵害的村民可以申请人民法院予以撤销，责任人依法承担法律责任。村民委员会不依照法律、法规的规定履行法定义务的，由乡、民族乡、镇的人民政府责令改正。乡、民族乡、镇的人民政府干预依法属于村民自治范围事项的，由上一级人民政府责令改正。

通过以上分析，不难发现，宪法和两个组织法都对基层社区（居委会、村民委员会）参与公共危机的治理提供了宪法和基本法律的指引和原则性规定。尽管并未直接对“公共危机”作出明确规定，但包含公共危机这一非常状态，因此在具体权力、职责、手段和权益保障上没有进一步规定，很难在紧急状态下具备可操作性。另外，应对职能在居民委员会和村民委员会之间侧重点有所不同。

在应对公共危机的专门法律层面，《中华人民共和国突发事件应对法》（以下简称《突发事件应对法》）是对重大公共危机应对进行规范和指导的基本法律，与之配套，有429件法律或规范性文件进行细化，可以说初步形成了重大公共危机应对的规范体系。以《突发事件应对法》为例，该法第二条规定了适用范围，包括突发事件的预防与应急准备、监测与预警、应急处置与救援、事后恢复与重建等应对活动。第三条界定了突发事件，即本法所称突发事件，是指突然发生，造成或者可能造成严重社会危害，需要采取应急处置措施予以应对的自然灾害、事故灾难、公共卫生事件和社会安全事件。其中与社区相关的规定有：第六条规定，国家建立有效的社会动员机制，增强全民的公共安全和防范风险的意识，提高全社会的避险救助能力。第十一条规定，有关人民政府及其部门采取的应对突发事件的措施，应当与突发事件可能造成的社会危害的性质、程度和范围相适应；有多种措施可供选择的，应当选择有利于最大限度地保护公民、法人和其他组织权益的措施。公民、法人和其他组织有义务参与突发事件应对工作。第二十条规定，县级人民政府应当对本行政区域内容易引发自然灾害、事故灾难和公共卫生事件的危险源、危险区域进行调查、登记、风险评估，定期进行检查、监控，并责令有关单位采取安全防范措施。这里“有关单位”涵盖基层自治组织（社区）。第二十一条规定，县级人民政府及其有关部门、乡级人民政府、街道办事处、居民委员会、村民委员会应当及时调解处理可能引发社会安全事件的矛盾纠纷。第二十二条规定，所有单位应当建立健全安全管理制度，定期检查本单位各项安全防范措施的落实情况，及时消除事故隐患；掌握并及时处理本单位存在的可能引发社会安全事件的问题，防止矛盾激化和事态扩大；对本单位可能发生的突发事件和采取安全防范措施的情况，应当按照规定及时向所在地人民政府或者人民政府有关部门报告。

另外，《中华人民共和国传染病防治法》《中华人民共和国职业病防治法》等法律和其他法规、规章对基层单位参与都做了间接规定。如《中华人民共和国传染病防治法》第七条第二款规定，城市社区和农村基层医疗机构在疾病预防控制机构的指导下，承担城市社区、农村基层相应的传染病防治工作。《突发公共卫生事件应急条例》第四十条规定，传染病暴发、流行时，街道、乡镇以及居民委员会、村民委员会应当组织力量，团结协作，群防群治，协助卫生行政主管部门和其他有关部门、医疗卫生机构做好疫情信息的收集和报告、人员的分散隔离、公共卫生措施的落实工作，向居民、村民宣传传染病防治的相关知识。但目前缺乏直接以“社区”为应对突发公共事件法律关系主体进行的权利义务规范。

二、社区参与重大公共危机治理存在的不足

（一）直接规定社区参与重大公共危机治理的法律、法规供给不足

通过上文分析不难发现，无论是我国宪法还是基层自治基本法、《突发事件应对法》等法律法规，都存在直接规定社区参与重大公共危机治理的法律规范缺失的共性问题。既有规定即使有关联，也主要是从正常状态下的职能和基本运行程序的角度进行规范，或者纳入基层政府的辅助性和联动性行为，始终处于被动、辅助的地位，更谈不上行使紧急状态下的权力规范和程序。即使个别条款赋予了准职权，也只是“及时调解处理可能引发社会安全事件的矛盾纠纷”，也即是说，只是常态化、预防性的调解，至于一旦发生重大公共危机事件，社区拥有怎样的处置权，法律并无明确、具体的规定。

从党内法规看，党内法规对党的基层组织参与和处置重大公共危机的职能和任务缺乏规定。

党的十九届四中全会通过的《中共中央关于坚持和完善中国特色社会主义制

度、推进国家治理体系和治理能力现代化若干重大问题的决定》强调指出，必须坚定不移走中国特色社会主义法治道路，加快形成完备的法律规范体系、高效的法治实施体系、严密的法治监督体系、有力的法治保障体系，加快形成完善的党内法规体系。从现行的党内法规规范体系看，无论是党章还是其他党内法规都没有对基层党组织在参与和处置重大公共危机时的职责作出规定，尽管从“党总揽全局”等党建理论、原则和党内法规精神上可以推导出重大公共危机的预防、应对等所有方面都需在党的领导下进行，但作为基层党组织，需要明确的职责规范对平常时期和非常时期的具体职责有一个可操作性的规则安排，以便在公共危机预防和应对上依规作为，依法依规追责。由于党内法规（包括直接针对基层党组织的《中国共产党支部工作条例（试行）》）尚无此方面的规定要求，导致基层党组织在预防和应对重大公共危机的工作意识、计划、内容和能力训练等方面缺乏统筹考虑，风险、危机意识和技能方面难以适应重大公共危机对基层党组织领导能力要求。

（二）危机发生时的紧急授权程序缺失

当城市重大公共危机发生时，社区作为落实管控风险和危机的具体实施单位或重要协助单位，承担着一定的危机管理和处置职能。在行使紧急职能时，必然会涉及对应对危机的资源的分配、公民行为的限制、人力资源的调配、交通的管制、商业行为的管控等具体权力行使的合法性、合理性和和平性，尽量减少对抗性。此时，社区组织就会在与危机应对相关的方面出现自治权向管治权转变，而这种转变尚缺乏明确的程序和实体规范进行规制，从而导致理论和现实方面的双重困境。2020 年新冠肺炎疫情暴发，在社区表现出的少数公民对管控内容、方式和限度等合法性和合理性的质疑，乃至一些社区发生冲突或者进行不适当的限制导致的不应有的损害或侵权，折射出重大公共危机应对过程中，缺乏政府管控权在基层落实过程中，如何委托社区执行的程序规范问题。特别是委托社区执行的权力的必要性、正当性、内容、方法、保障、公开、监督和救济等一系列必要事项，都缺乏具体的规范，导致社区执行应对任务的组织和工作人员受到不应有的误解，并诱发不该产生的对立和冲突。

（三）社区承担的各项应急任务缺乏明确合理的制度安排

由于城市突发重大公共事件特别是危机对社区的影响是全方位的，并且上级作出的大量应对措施最终需要落实到社区，“上面千条线，下面一根针”，政府在危机处置时需要将职责分配给各职能部门，而各职能部门无论是自己亲力亲为还是任务下派，最终都需社区配合或落实到社区，从而形成“漏斗”效应，使最底层组织无法拒绝承担上级分派下的各项任务，导致社区组织及工作者陷入工作超负荷、责任大兜底、权益难保障等困境，加之“社区组织由于长期过于依赖政府，因此在危机应对中不能充分起到弥补政府‘缺位’的作用，存在应对能力的缺失”,① 如2020年新冠肺炎疫情期间，不少社区工作人员一个月或几个月未回家、吃住在社区、日夜工作的情形成为非常态时期的“工作常态”，但由于具体任务没有明确的规则明示，社区又须面对居民，居民以社区服务的及时、到位和个人需求的满足度来评价危机应对和社区工作，从而导致矛盾集中在社区，造成社区承受了不少本不应该承受之重、不应有的无端指责，甚至招致存在争议的党纪政纪处分。

（四）社区工作人员行为责任和法律效果规定缺失

在应对重大公共危机过程中，社区工作人员承担具体的管控事项，由于缺乏明确的授权，其行为的定性往往存在较大争议。如社区工作人员行使具有行政执法权的管控行为过程中与居民发生肢体冲突、阻止居民外出或行动自由导致延误病情、重要事项的缺席、过失或非过失导致的重大利益的损失等，如何划分责任？如何追究责任？免责的情形与判定机构是什么？社区工作人员滥用管控权谁来监督？造成危害或侵权，责任归谁？认定标准怎样细化？哪些是经授权执行的行为？哪些是越权或无权行使的行为？哪些是个人行为？处理程序和申诉权的规范是什么，等等。

---

① 符丽、蔡放波：《公共卫生危机视角下的社区治理》，载《学习与实践》2007年第1期。

（五）社区工作人员参与危机防范与化解期间的权益缺乏规范保障

社区应对重大公共危机需要动员全社区一切可以动员的力量，包括社区社会组织、志愿者组织、辖区企事业单位、居民个人等，其中最重要的是社区工作者，他（她）们引领和组织整个社区进行应对，必然会付出更多的劳动，面临更多风险和危险，但无论是法律法规还是规章及其他规范性文件，都没有针对此类情形的劳动保护方面的制度设计和规范保障，诸如额外劳动的补助或报酬，意外风险的保险机制、心理疏导、人身安全的知识辅导和必要物质（装备）保障、应对危机的技能培训、紧急处置过错行为的责任类型、免责或减轻责任情形、工作晋升与奖励认定等。

第八节　城市社区居民公共活动空间缺乏合理规制

一、城市社区居民公共活动空间的内涵

城市居民的公共活动一般在公共空间进行，界定公共空间有利于厘清公共空间的公共性的程度及其法律地位，为法律对有效规范提供明确的范围。

城市居民公共活动空间是城市空间中与以私有产权的私人性相对应的公共产权形式表现的公共性空间形态。城市空间主要是指在城市范围内，由建筑物、构筑物、道路、广场、绿化、水体、城市小品、标志物等共同界定、围合而成的空间。①

城市公共空间在中西方的理解略有不同，西方侧重于公共意见的交流，中国则更广，不仅是公共空间的日常生活的共享，也包括思想的交流。如西方学者Hagerman提出“Public Sphere”的说法，指出大众传播等各种媒介形态而构建的公共领域，“在这个领域中，像公共意见这样的事物能够形成，公共原则上向所有公民开放。……当他们在不从属于强制情况下的普遍利益问题，公民们作为一个群体来行动；因此，这种行动具有这样的保障，即他们可以自由地集合和组

① 周波：《城市公共空间的历史演变》，四川大学2005年博士学位论文，第19页。

合，可以自由地表达和公开他们的意见。”① 显然“公共领域”与西方自由主义的文化理念相联系，“开放、公开、对话”是它的基本属性，而其范围宽狭取决于国家的性质。

与西方理解不同，在中国，城市公共空间一般是指城市中不同人群所共享的公共活动场所，“是社会群体社会生活实践性的反映”。② 城市场所具有二重意义：“其一是场所的景观形态意义，场所的实体，它们构成了城市的静态空间模式；另一意义是场所的主观意义，即对城市生活目的的意义。”③ 质言之，城市公共空间既构成城市静态结构空间的一环，又反映出公共空间的城市生活目的意义，即城市生活中人类行为的目的性，赋予并决定了城市公共空间的意义。这也与美国学者奥斯卡·纽曼的观点相近，他认为：“从人们的行为活动和城市环境出发，将城市空间分为私密性空间、半私密性空间、半公共性空间、公共性空间。城市公共空间是指用于人们休闲、娱乐、运动的公共场所。”④

这里讨论的公共空间，界定为居民日常生活意义上的活动空间，不包括政治性诉求的维度。基于此，取其论域为城市在建筑实体之间存在着的开放空间体，是城市中供居民日常生活和社会生活公共使用的外部空间，是进行各种公共交往活动的开放性空间场所。它包括街道、广场、居住区户外场地、公园、绿地、商业街等，并在功能和形式上遵循相同原则的内部空间和外部空间两大部分。⑤ 它既是市民与自然进行物质、能量和信息交流的重要场所，也是城市形象的重要显现，被称为城市的“会客厅”或“橱窗”。由于承担着城市中的政治、经济、历史、文化等各种复杂活动和多种功能，它既是城市生态和城市生活的重要载体，也是城市各种功能要素之间关系的载体，而且它还是动态发展变化的。城市居民社会生活多方面的需要和城市的多种功能在此汇集，导致形成各种类型和不同规模、等级的城市公共空间。

---

① 汪晖、陈燕谷主编：《文化与公共性》，北京三联书店 1998 年版，第 125 页。

② 王兴中等：《中国城市社会空间结构研究》，科学出版社 2000 年版，第 80 页。

③ 王兴中等：《中国城市社会空间结构研究》，科学出版社 2000 年版，第 82 页。

④ 李德英：《城市公共空间与城市社会生活——以近代城市公园为例》，载《经济发展与社会变迁国际学术研讨会论文集》（2001 年），第 132 页。

⑤ 李德华等：《城市规划原理》，中国建筑工业出版社 2001 年版，第 491 页。

二、城市居民公共活动空间依法治理的现状

（一）法律法规对城市居民公共活动空间的规范

宪法作为国家的根本法，从根本指导原则、最高规范效力和对立法的要求等方面为城市公共空间的规划和利用进行了规范。首先从城市土地的属性上界定城市公共空间的国家性。《中华人民共和国宪法》第十条规定，城市的土地属于国家所有。农村和城市郊区的土地，除由法律规定属于国家所有的以外，属于集体所有。国家为了公共利益的需要，可以依照法律规定对土地实行征收或者征用并给予补偿。一切使用土地的组织和个人必须合理地利用土地。宪法的规定为城市公共空间规划和利用提供了基本规范指引。首先，城市公共空间不是私人产权的领域，而是国家所有的用于居民公共活动的，政府必须基于公益进行建设；其次，城市公共空间的拓展必须依照法律规定的程序和权限实施，不得以无偿占有私人或集体所有权的方式取得和建设；最后，城市公共空间的规划、开发和建设不仅要恪守合宪性、合法性的原则，还要遵循合理性原则，这也为城市公共空间规划和建设提供了审查和监督原则及标准。

基于此，法律和一些地方性法规对城市公共空间做了间接性、一般性或直接规范。《中华人民共和国城乡规划法》对城市的发展和空间布局的合理性从法律上进一步细化，第四条第一款规定："制定和实施城乡规划，应当遵循城乡统筹、合理布局、节约土地、集约发展和先规划后建设的原则，改善生态环境，促进资源、能源节约和综合利用，保护耕地等自然资源和历史文化遗产，保持地方特色、民族特色和传统风貌，防止污染和其他公害，并符合区域人口发展、国防建设、防灾减灾和公共卫生、公共安全的需要。"第十七条规定："城市总体规划、镇总体规划的内容应当包括：城市、镇的发展布局，功能分区，用地布局，综合交通体系，禁止、限制和适宜建设的地域范围，各类专项规划等。规划区范围、规划区内建设用地规模、基础设施和公共服务设施用地、水源地和水系、基本农田和绿化用地、环境保护、自然与历史文化遗产保护以及防灾减灾等内容，应当作为城市总体规划、镇总体规划的强制性内容。"第二十六条规定："城乡规划报送审批前，组织编制机关应当依法将城乡规划草案予以公告，并采取论证会、听

证会或者其他方式征求专家和公众的意见。公告的时间不得少于三十日。组织编制机关应当充分考虑专家和公众的意见，并在报送审批的材料中附具意见采纳情况及理由。”前述规定要求城市公共空间应当纳入城市的规划之中，提前谋划，要保持地方特色、民族特色和传统风貌，防止污染和其他公害，并符合区域人口发展、国防建设、防灾减灾和公共卫生、公共安全的需要，这是公共空间布局和建设的基本要求，公共空间往往集聚大量人员，极易造成安全问题和对文化遗迹等的破坏。同时，公共活动空间由于公共性和享用的无偿性，为避免借公共权力谋取少部分人利益和忽视弱势群体或老旧社区等不公平现象的发生，参与和监督必不可少，只有广泛征求意见，规划过程公开、居民平等参与、结果公示，才能使公共空间建设这一公共产品和服务在市民之间均衡发展，确保在公共空间的可达性和共享性上，不同区域的居民能公平获取。

《中华人民共和国环境噪声污染防治法》第五条规定：“地方各级人民政府在制定城乡建设规划时，应当充分考虑建设项目和区域开发、改造所产生的噪声对周围生活环境的影响，统筹规划，合理安排功能区和建设布局，防止或者减轻环境噪声污染。”第七条规定：“任何单位和个人都有保护声环境的义务，并有权对造成环境噪声污染的单位和个人进行检举和控告。”第四十五条规定：“禁止任何单位、个人在城市市区噪声敏感建设物集中区域内使用高音广播喇叭。在城市市区街道、广场、公园等公共场所组织娱乐、集会等活动，使用音响器材可能产生干扰周围生活环境的过大音量的，必须遵守当地公安机关的规定。”第五十八条规定：“违反本法规定，有下列行为之一的，由公安机关给予警告，可以并处罚款：（一）在城市市区噪声敏感建筑物集中区域内使用高音广播喇叭；（二）违反当地公安机关的规定，在城市市区街道、广场、公园等公共场所组织娱乐、集会等活动，使用音响器材，产生干扰周围生活环境的过大音量的。……”该法对公共空间建设的噪声防范、社会生活噪声的控制和违反的法律责任都进行了较具体的规定，作为各地地方性法规也都有细化的规定。以武汉市为例，2013 年生效的《武汉市城市综合管理条例》中有多处规范涉及城市公共空间的管理。如第十四条规定：“编制公共基础设施、公共交通、市政工程管线、城市公共空间环境设施、环境治理、湖泊保护等专项规划，应当根据本市城市总体规划和发挥城市整体功能、实现城市长效管理的需要，科学论证、民主决策，并听取社会公众意见。”第二十九条关于公共自行车的规定为：“城市公共自行车管理应当达到下列要求：(一) 站点设置符合规划和技术规范，与公共交通站点、住宅区和商业网点对接，方便市民出行；(二) 营运信息公开，管理规范，营运时间和车辆配置科学、合理；(三) 车辆外观整洁，使用状况良好，损坏车辆及时维修。”第三十三条规定：“环境噪声污染防治管理应当达到下列要求：(一) 产生环境噪声的生产、施工、营业场所和公园、广场等公共场所的边界噪声排放符合国家和地方标准；(二) 噪声污染防治措施、设施符合规定和技术要件。”另外，第三十五条对社区环境管理，第三十六条关于城市大型商业街区、机场、港口、码头、火车站、长途客运站、旅游景点等城市窗口地带的管理等，都涉及公共空间的管理。在行政执法和法律责任的篇章中，对城市公园、单位绿地、绿化广场等绿地内的违法建设设定了罚则，对非法造成公共空间损害的行为进行了法律责任的规定，如第六十三条规定：“违法占用城市道路、桥梁、公共广场、地下通道及其他公共场所堆放物品、摆摊设点、销售商品的，在城市道路、电线杆、建筑物、构筑物或者其他公共场所、设施上涂写、刻画或者违规张贴、悬挂宣传品的，由城市综合管理主管部门按照《武汉市市容环境卫生管理条例》的规定予以查处。”

目前专门以城市公共空间为规范对象的地方立法是2014年实施的《陕西省城市公共空间管理条例》，该条例对城市公共空间的范围、公共空间的规划、建设、使用和管理等都进行了较细致的规定，是一部具有创新性和专门性的地方立法。

(二) 城市居民公共活动空间治理面临的困境

1. 城市居民公共活动空间治理困境的现象呈现

随着中国城市化的不断推进，城市公共空间日益成为城市居民日常社会生活行为的重要场所，为居民提供日常社会生活交流与文化融合提供了良好的平台。休闲娱乐活动越来越受到重视，个性化、多层次的城市居民的日常社会生活活动越来越集中在城市公共空间中，但与此同时，社区公共空间的变化、社区成员的异质性和居民参与的不足共同构成社区治理的巨大挑战。不同活动主体间的冲突越来越频繁，由此引发市民公共生活和城市管理秩序、自我表现与社会和谐等多方面的紧张关系，这对当前城市公共空间的供给、活动组织与管理带来了前所未有的挑战，社区公共空间建设还普遍面临着体制机制、硬件场地、资金人员等方面的不足和问题，需要进一步深化改革，为完善和提升社区治理体系和治理能力提供强有力的支撑，同时，如何依法治理城市居民公共活动空间是社区治理的一项重要课题。

随着社会经济水平的提高，近年来，大量发生在城市公共空间的冲突案例，引发了全社会对城市居民公共活动空间如何合理利用问题的广泛关注：如以市民休闲娱乐为视角，不难发现，近年来兴起的中国特色的、集休闲健身于一体的广场舞引发冲突最为典型。这类冲突发生的公共空间从小型社区到大型广场，从晨曦初露到夜色朦胧，冲突几乎是一道城市不可或缺的风景。广场舞由于噪声扰民，在现实生活中引发了一系列的权利冲突，并以广场舞噪声扰民事件的形式见诸媒体。近年来，一系列的广场舞噪声扰民事件相继曝光。如“北京鸣枪放獒事件”①“武汉粪袭事件”②“温州高音炮还击事件”③，还有群体与群体间因利用公共空间引发冲突的案例在多地出现，如在洛阳、南京、孝感等地上演的广场舞大妈大爷与打篮球小伙争夺活动场地引发冲突的事件。④

---

① 2013 年 8 月 30 日晚上 8 时左右，北京市昌平区一男子因不满邻居跳广场舞放音过大，与邻居发生争吵后，持其藏匿的猎枪朝天鸣枪，还放出自己养的 3 只藏獒冲散跳舞人群。参见罗京运：《枪声过后 这里的舞场静悄悄》，载《北京青年报》2013 年 11 月 6 日，第 A17 版。

② 2013 年 10 月 23 日晚，武汉市汉口中央嘉园小区，熊女士等人按惯例来到广场跳舞，但还没跳到半小时，众人突然感到有东西从邻近的楼上飘洒下来，不少人都被撒了个满头满身，等到反应过来，众人发现，泼下的竟然是大便。参见杨京：《大妈跳广场舞扰民被泼粪 称嫌吵装隔音玻璃》，载《武汉晚报》2013 年 10 月 25 日，第 01 版。

③ 2014 年 3 月 29 日，温州市新国光商住广场的 600 余位住户不惜血本，花 26 万元买了一套“远程定向强声扩音系统”，用以“还击”广场舞音乐，最终广场舞大妈实在受不了，陆续打道回府。参见吕进科、谢树华：《温州 600 住户花了 26 万元买高音炮还击广场舞音乐》，载《都市快报》2014 年 3 月 31 日，第 B16 版。

④ 2017 年 6 月初河南洛阳王城公园的篮球场内发生暴力事件，年轻人打篮球时和跳广场舞的大爷大妈因场地问题发生冲突，双方互不相让拳脚相向，参见 http：//news. wehefei. com/system/2017/06/02/011026502，shtml，最后访问时间 2018 年 10 月 16 日。2017 年 6 月 12 日晚，南京也发生了一起跳广场舞的阿姨和打篮球的年轻人起冲突的事件。不过，在警察和居委会的调解下，事情得到了圆满的解决，参见 http：//news. qq. com/a/20170615/020088，htm，最后访问时间：2018 年 10 月 16 日。2018 年 6 月，在湖北孝感体育馆，一群跳广场舞大妈和打篮球的学生因争夺场地发生争执。大妈们认为跳舞的人比打球的人多，所以场地应该给她们使用。学生们则认为篮球场就该打篮球。双方僵持不下，发生口角冲突。最终，在警察的调解之下，双方撤离了体育馆，参见 http：//sports. sina. com. cn/cba/2018-06-21/doc-ihefphqm0125012，shtml，最后访问时间：2018 年 10 月 16 日。

而近几年迅猛发展的共享单车不断侵占城市的公共空间，由最初为了“解决市民出行最后一公里”的良好愿望到迅速转变成“堵塞公民出行最后一千米”的恶性现象。为此不少城市开展了清理“单车坟场”行动。①

这些只是比较典型的冲突现象，表面上的篮球场地之争或共享单车的恣意停放，实质上却反映出各群体对有限的城市公共空间资源的争夺。滥占城市街道乱搭乱建、公共空间成为私家停车场、圈占小区绿地种菜等行为同样也是如此。面对公共空间冲突不断的情况，社会在质疑缺乏基本的公共意识，不守规则，不懂得协商合作的同时，如何通过法治树立公共意识，完善法律，加强执法，严格责任，杜绝公共空间商业性无序和非法利用，消弭政府不作为带来的公共空间利用冲突、规划不合理导致不同群体利用不均衡的冲突等。

另外，随着城市化的发展，城市公共空间的资源属性愈发突出，除国家所有权属的公共空间受到侵占或引发权利冲突外，私人共有的公共空间也面临着日趋复杂的权利冲突和侵权现象。许多城市社区公共空间开始出现越来越多的私用现象，即城市居民对公共空间如城市社区中的道路、绿地、停车位以及社区内其他公共基础设施和公共场所等的占用。这种占用损害其他居民利益，容易造成社区内的矛盾和冲突。②

进一步审视这些城市公共空间引发的权利冲突发现，既有共时性的居民面对面的冲突，更有错时性的非法挤占公共空间的形成的静止性冲突，无论哪种形式，都使得一部分居民进入公共空间进行活动时的自由与权利被限制或侵害。

权利的行使需以尊重他人的权利为前提，我国《宪法》第五十一条明确规

① 2018 年 4 月，杭州市西湖区城管局对辖区“共享单车”乱停放、乱投放等现象进行了专项整治，在西湖区之江彩虹桥下的“单车坟场”被清理。对共享单车乱象忍无可忍的上海，2018 年 8 月再次动手，出台“最严共享单车限制令”，明确告知 2018 年 8 月 18 日起在上海暂停新增投放车辆，一旦发现，将作为严重失信行为纳入企业征信档案，并要求各企业加强对违规停放车辆的清理，参见 https://www.sohu.com/a/165900790_467327，最后访问时间：2018 年 10 月 16 日 。

② 一些私自占用小区公共空间的现象时有报道，如老小区私装地锁，都说不对却没人能管。抢车位装地锁，老小区现“圈地运动”。南京市一小区公共绿地“闲了”居民争相种菜。停车位紧张陷入两难，南京不少小区毁绿建车位等。参见赵云凤：《当代城市社区公共空间私用现象及其治理——基于产权嵌入性的视角》，东南大学 2016 年硕士学位论文，第 1~8 页。

定："中华人民共和国公民在行使自由和权利的时候，不得损害国家的、社会的、集体的利益和其他公民的合法的自由和权利。"如果权利主体在行使自身的权利时侵犯了他人的权利，势必会引起权利冲突。然而，在公共空间内，权利行使的边界通常难以清晰界定，即使是合法与正当的权利，如果行使不当，也会引发权利冲突。如果说在权利十分明晰的情况下，冲突的权利可以通过对宪法和法律的解释和适用得到解决，但在具有极强公共性的城市公共空间里，如果没有明晰的细化的法规加以规范，冲突就会一直持续下去，由于同一空间活动的重复性，得不到纾解的冲突累积起来，极易诱发群体性事件，这一点，多个城市公共空间的冲突事例说明了这一点。因此，通过地方立法解决这一问题就显得尤为迫切。

2. 城市居民公共活动空间法律规制的不足

（1）法律在立法理念上滞后于国家发展理念提升和战略转换。党的十八大以来提出的以人民为中心的发展理念和"五位一体"的发展战略，党的十九大提出的我国社会矛盾发生的变化，并未在国家和地方层面的城市立法中得到体现。城市公共活动空间的建设及治理是居民获得感和幸福感的重要体现，共享经济时代带来的公共空间的使用和管理是否有利于居民出行、城市秩序和城市文明的协调发展，立法尚未作出有效回应。

（2）具体到法律层面的规定，对城市居民公共活动空间涉及较少，仅有原则性的规定，对于公共空间中可能的冲突缺乏指导性规范。其以单向度、管理性属性为主，对各城市居民的公共空间需求回应严重缺失，体现出国家立法层面的滞后。

（3）地方立法层面尽管关于公共空间有更多和更细化的规定，但更多侧重于市容市貌的维护、非法违建的禁止、政府执法的指导和要求，对于如何确保公共空间在城市不同居住区域的均衡分布、居民如何合理利用公共空间、居民在公共空间利用中不同权利诉求的冲突的处理原则和规范等缺乏细化规定，一些规定落后于"五位一体"发展战略和共享经济。如《武汉市城市综合管理条例》尽管规定了对公共自行车的管理，但完全没有预计到近三年来共享单车对居民公共活动空间的挤压和非法侵占；即使是专门以"城市公共空间"命名的《陕西省城市公共空间管理条例》，对居民如何利用公共空间、政府如何保障居民公平合理利用公共空间、如何防止各种商业行为侵害公共空间的公共性、可达性、共享性、服务型等，都未加规范。甚至有些城市的城市治理法规尽管涉及公共空间，却更多的是规范商业化利用的规范，与居民享受公共服务的目标相去甚远。如2017 年生效的《泰州市城市治理办法》第二十八条规定：“利用政府投（融）资建设的公共建（构）筑物、公共设施、公共场地（所）、公交车辆、公交站场、候车亭等公共资源，设置商业性户外广告设施的，应当依法通过招投标、拍卖等方式取得。”

（4）社会组织参与城市公共活动空间治理缺乏地方法规的规范支撑。实践中，社会组织希望积极参与城市公共活动空间管理，存在的最大问题是双方沟通协同机制不够健全，缺乏沟通协作的平台，资源分割，信息不畅，不能互通有无、形成合力、达成双赢。同时，多渠道经费筹措机制没有形成，使社会组织参与城市公共空间管理缺乏必要的经费支撑。

（5）法律法规对城市公共空间的规范没有反映我国治国方略由管理向治理的重大转变。依然贯彻的是政府作为最主要主体单向度管理的思维，从城市公共活动空间的规划到公共活动空间的合理利用、纠纷解决，几乎是政府包揽和独断，即使有公民和组织参与，也是被动参与，带来的结果是建设的公共活动空间越多，政府的维护成本越高，冲突也越多，政府力量不足以及时解决，导致不良循环，政府吃力不讨好，居民利用不顺畅，公共活动空间秩序不稳定，公共活动空间的利用者和管理者都处于莫名的焦虑之中。如何发挥社会组织在治理城市公共空间中的作用，在地方立法中难觅踪影。

第四章　完善城市社区治理现代化基本法律问题的主要对策

第一节　完善社区民主治理环节，实现“三治”结合

一、完善社区民主治理机制

以民主为导向做好城市社区民主治理工作，是实现城市社区治理现代化的必然要求和重要环节，需要贯彻社区治理的全过程，有赖于基层政府、社区党组织、社区组织机构、社区居民及志愿服务组织等的通力协作。而“以民主为导向的城市社区治理既符合传统社区管理向现代社会行政发展的趋势和潮流，也是满足我国城市社区服务与管理的实际工作的需要”①。社区民主治理是一个系统工程，既涉及国家层面的制度供给，更涉及基层民主自治机制的创新。

（一）三大能力建设

从大的方面看，加强城市社区民主体系建设、民主文化建设和民主能力建设等是关键和核心。在民主体系建设方面，首先，将民主选举、民主协商、民主决策、民主管理和民主监督一体建构，最大限度保证居民依法参与社区事务、充分协商、公正公开决定社区公共事务、依法依规依居民公约或规程管理社区事务，实现民主监督。同时，以充分的监督倒逼民主决策和民主管理的优化。尤其是要

① 赵杨：《我国城市社区民主治理的路径探析》，载《山西青年职业学院学报》2017年第2期。

将围绕决策民主的法治化作为提高社区民主治理质量的关键。决策的民主化程度决定了治理过程的民主化程度：一是民意的表达，即将事关社区居民利益的问题通过制度化的渠道向政策制定者反映，从而使问题的解决方案进入政策过程；二是决策的公众参与，即在决策过程中，采取辅导、咨询、听证会、座谈会等途径，让大多数社区居民主动表达对社区发展决策问题的看法，通过意见充分交流，制定出符合绝大多数居民利益的决策方案。要实现这些目标，需要配套的城市社区民主治理规程。制度化、标准化的操作规程能够使民主参与有章可循，从而便于社区居民积极地参与到民主治理的过程中。其次，加强社区社会组织建设，将原本孤立的社区个体组成以群众自发的形式组织起来的组织团体，依据不同群体的爱好、需求、诉求表达其利益，实现其愿望，丰富社区生活，分担社区公共事务。在城市社区民主文化建设方面，重点推进居民对民主治理的认同和公民文化的养成。认同是良好治理的前提，也是治理效能的重要保障。认同也是一种对民主治理的信仰，如果民主治理不被认同，则民主治理的所有制度和程序的运行过程和效果都将背离初衷。如，现实中居民参与社区事务积极性不高、对民主管理举措常表现出冷漠甚至消极对抗的态度，与社区管理者对居民参与社区管理表现出不信任、质疑居民参与民主治理的能力之间的张力，一方面阻碍了群众参与社区事务，进而发展成基层民主治理的巨大障碍；另一方面造成社区工作者的误读和误判，不能最大限度吸引居民共同参与治理，并且有时导致二者的对立和冲突，严重者导致恶性循环。因此，必须培育一种相互认同、相互融合的文化氛围，彼此信任和支持。其次加强公民文化的养成。社区是居民自治的场域，不存在官僚等级和科层体制，社区居委会是居民自治组织，社区工作者尽管也有职务和职责的区别，但彼此之间及与居民之间不存在管理和被管理的关系，而只是居民选举出来为居民服务的代表，但这种服务是建立在平等和相互尊重的基础上的。从社区治理现代化的视角看，需要根除中国传统的官本位文化、古代臣民政治文化，实现现代公民的政治文化转型，培养平等意识、公民意识、积极参与意识、社会担当意识和公共精神的社区居民。

关于城市社区民主能力建设，需要社区参与者具备实行民主治理的操作能力。这种操作能力包含两个方面：一是社区管理者的执行能力，二是居民的参与能力。从横向的能力和素质的角度，可以把民主操作能力分为认知能力、参与能力、发展能力和创新能力四个层面。其中，认知能力要求，社区治理主体对运用民主的方式决定社区事务的一种支持态度，对居民民主权利的神圣性和现实性的遵从。民主参与能力是社区管理者与社区居民在一定民主认知能力的基础上实践这种认知的能力。对社区居民来说，应该首先具备公民意识和参与热情，要认识到自己是社区的一员，参与社区事务的决策和实施是正当地行使自己的权利，同时也是一种责任，拒绝和反对事不关己、高高挂起、明哲保身的消极和观望姿态，要将积极负责任的民主参与逐渐形成一种基层民主习惯。社区居民在养成良好民主参与的过程中，应该掌握基层选举的基本规则和程序，能及时收集和处理候选人的相关信息，具备现代民主所需的判断和表达能力，熟练运用正确的渠道对社区管理者的管理水平进行公正的评价。必备的法律知识、良好的沟通协商、正确的选择支持和客观的监督评价，都是民主参与能力的内在要求和具体体现。发展能力，是指将那些在社区民主治理过程中形成的有益实践进一步完善和发展的能力。不因居委会的换届而“人亡政息”，应该是内化为社区基本精神的固化品格和发展动力。创新能力，是指对社区民主治理中的制度和方式进行转变，以适应社会发展需要，创造新的更完善的治理模式的能力。如同“枫桥经验”一样，在不同时代都能因应时代需求，不断创新，焕发出贴近和引领时代的勃勃生机。治理现代化的社区，应该具有与时俱进、积极回应社区居民的诉求、创新社区民主治理模式的能力。社区居民的民主治理创新能力具体表现为：一是在社区民主治理过程中有创新性的执行制度并对其不断完善和发展；二是以社区居民或不同社区社会组织反映的需求为出发点，通过维护居民正当的利益诉求，创造出适应社区居民需求的体制机制，“倒逼”社区民主治理改革，以适应民主治理的现代化进程。

（二）完善选举民主与协商民主机制

社区民主治理的开端和保障是公正公开的社区民主选举。通过民主选举，选出居民最满意代表组建社区居民委员会，以基层群众性自治组织名义开展社区治理活动，在此后的任期内要顺利开展社区民主治理，体现基层民主精义和优势，必须在日常工作中贯彻民主协商，采取多种协商形式，实现民主管理、民主决策和民主监督，从这个意义上讲，民主协商也是贯穿民主选举、民主决策、民主管理、民主监督四个环节。广泛开展协商民主是中国特色社会主义民主政治的特有形式和独特优势，党的十八大、十八届三中全会都强调，要“推进协商民主广泛多层制度化发展”。2015 年 1 月印发《中共中央关于加强社会主义协商民主建设的意见》，这是我们党第一次专门就协商民主问题进行顶层设计，具有重要的里程碑式的意义。这个文件在“稳步推进基层协商”部分中强调，“要按照协商于民、协商为民的要求，建立健全基层协商民主建设协调联动机制”，并将基层协商界定为乡镇街道、城乡社区、企事业单位三个层面和领域。2015 年 7 月，中办、国办印发的《关于加强城乡社区协商的意见》，该文件阐述了城乡社区协商的重要意义、指导思想、基本原则、主要内容、总体目标，并对协商内容、协商主体、协商形式、协商程序以及协商成果的运用等予以明确。2017 年 6 月印发的《中共中央 国务院关于加强和完善城乡社区治理的意见》，强调进一步增强基层群众性自治组织开展社区协商、服务社区居民的能力。按照三个文件和协商民主价值及功能的要求，推进基层协商民主首先要坚持六个原则，即坚持党的领导、坚持基层群众自治制度、坚持依法协商、坚持民主集中制、坚持协商于决策之前与决策实施之中、坚持因地制宜。这六条原则应贯彻落实到基层协商民主实践中，以实现党的领导、人民当家做主、依法治国的三者有机统一，实现基层国家和社会治理的有效与有序。① 当前，要着力完善民主协商的运行机制，主要可从以下方面完善：一是完善民主协商程序机制。程序正义是通向实体正义的桥梁和实现实体正义的重要保障。民主协商价值和功能的实现首先需要程序保障，缺乏正当程序保障的社区民主协商必将蜕变成无谓的闲聊或走过场的集会讨论。良好的协商程序决定了协商的质量、居民的参与积极性和可持续性。民主协商中“议什么、谁来议、怎么议、议而决、决而行、行而评”等各个具体环节需要设计科学、规范运行。“议什么”是确定议事专题，只有专题明确集中才有效率和效果，避免将无价值的事项纳入民主协商的范围；“谁来议”是明确协商主体，不同事项协商主体的组成可以不同，但都需要向社区居民告知事项及人员构成的主要理由，确保协商的公开性、公正性和科学性；“怎么议”是协商民主的核心，美国

① 孟令梅：《基层协商民主的六个原则》，载《理论视野》2018 年第 3 期。

学者罗伯特总结出著名的“罗伯特议事规则”，强调确立科学的议事规则对有效的民主决定的重要意义；“议而决”要解决如何形成决议；“决而行”是决议以后的执行问题；“行而评”，是对解决协商之事实施后如何评价，这也是一个反思环节，通过评估总结经验、发现不足，将好的经验保持和推广，对不足之处及时改进。二是完善上下信息畅通机制。只有参与协商的主体充分掌握了协商必需的信息，民主协商才有可能，否则，容易滑向主导者有目的的误导或产生无效的决定。社区治理看似基层只管落实，实则不然，它是一项上下联动、综合权衡、理论和实务结合紧密的工作体系，需要兼顾许多方面，考虑许多因素，既有国家顶层设计的要求，也有地方政府的规划任务，还有在自身资源的配置和执行中对可能风险的防范。“上情下达与下情上达”需要反复往返，充分交流、理解，再做决定。三是完善民主协商监督机制。由于协商后确定的事项必定影响到社区居民的权利义务，自然就构成了社区的微权力，如果不加以监督，就会导致决策空转、形式主义、引发矛盾或构成侵权。因此，加强对民主协商的事前、事中、事后监督，确保民主协商的规范运行，加大信息的公开力度，运用互联网等技术直播听证会、恳谈会、辩论会、议事会等过程，或者对协商过程进行电子记录和重播，确保居民的知情权和及时监督。对于滥用监督权、对民主协商“作秀”走形式或怠于监督者，设立相应的问责制度，或者曝光或者更换监督者。四是完善社区治理主体教育培训机制。人有天然的协商要求，却未必都有天然的协商能力。协商议事既是一种民主的形式，也是一种决策的技术，只有好的议事规则才能确保公平和有效率的决策产生，并最大限度避免执行过程中人为因素的影响。因此，学习、熟悉规则，内化规则，是保证高质量协商的前提。通过对社区治理主体的教育培训，使之熟悉议事规则及其价值，既提高其参与社区治理的积极性，也能准确、熟练运用民主协商这一科学方法。五是完善民主协商评价机制。实践是检验真理的唯一标准，实践后的全面评价是对协商民主决策实施效果如何的有效测度方式。在具体操作上，可以进行具体量化考评的方式，将传统的调查问卷、座谈会等方法与数学模型分析方法相结合，客观、精确地反映民主协商的效果。另外，还要注重对评价结果的运用，逐步形成“评价什么、如何评价、评价运用”相互衔接的一整套民主协商的科学评价体系。①

二、发挥居民公约的自治规范功能

在民主管理方面，发挥居民公约的自治规范功能。完善居民公约的内容与效力。《城市居民委员会组织法》第十五条规定：“居民公约由居民会议讨论制定，报不设区的市、市辖区的人民政府或者它的派出机关备案，由居民委员会监督执行。居民应当遵守居民会议的决议和居民公约。”该条款缺乏违反公约的处理规范，建议修订法律的时候，充分借鉴参考《民法典》在“建筑物区分所有权”部分关于小区业主的“管理规约”的有关规定（第二百七十八条至第二百八十六条），进一步明确居民公约的主要内容、自治效力、居民委员会监督执行的具体权限、可能采取的自治性措施与责任等内容。②

由于社区是以私人生活自主和私人财产权保护为主要内容建构起来的松散共同体，私主体的自由和处分欲望及能力与公共意志及利益经常存在紧张关系，一方面私主体希望社区尽可能少干涉自己的权利和自由，另一方面又渴望社区提供更多更高质量的服务，如果是免费的更好，但社区的一切公共产品的提供除政府提供的之外，更多依赖于私主体（业主）的付出（包括但不限于物业管理费）与支持，又必须依法依规、公共道德、公共安全等限制私主体影响社区公益的行为。概言之，绝大多数私主体的行为逻辑是有利于个体自由行使权利或享受社区福利的社区规范，而限制个体自由行使权利特别是个体认为正当的自由的就反对；社区免费提供的条件和福利由个体支持和享用，需要增加个体的义务的（如因社会发展通货膨胀等因素需要适当提高物业管理费、停车费等）、需要限制个体的权利和需要个体的付出的，大多表示反对或拒绝。因而普遍以搭便车的心理看待和参与社区治理，对待社区公共产品。这种公共品，从经济学上讲，是指那些具有消费上非竞争性和非排他性特征的物品。非排他性是指公共品不能排除其他人的消费，如社区的道路、广场、社区治安和环境卫生。每个人都是理性的，

① 潘风焕：《社区治理须完善民主协商机制》，https：//m. gmw. cn/baijia/2021-09/22/35180999. html，最后访问时间：2022 年 2 月 15 日。

② 石佳友：《民法典与社会治理体系的完善》，https：//www. chinacourt. org/article/detail/2020/08/id/5428503. shtml，最后访问时间：2021 年 4 月 15 日。

即经济人，都倾向于让个人利益最大化，以最小代价获得最大收益，因此，每个人都会倾向于吃免费午餐，搭他人提供公共品的便车。如此，则在社区公共空间的治理上可能导致公地悲剧，人人都想利用公地资源却无人愿意维护和付出。其解决方法可以借助公共池塘资源理论的分析模型，具体方法是创新制度的供给、构建诚信承诺机制和相互监督机制，个人选择时，必须考虑其他人的选择和公共池塘资源使用效益最大化。当然，为破解公共品供给、使用和维护等问题，就需要有超出个人的强制力，通过资源占用者的自组织行为（如社区业主委员会、相关议事机构及居民公约、管理章程等）来解决公共池塘资源问题，或者更大范围的事项以国家的名义和法律制度来保障公共品的供给，如税收制度等。

三、理顺社区治理核心主体职责，加强社区共同体意识培育

发展城市社区民主治理，需要明确社区治理结构中核心主体居民委员会、居民的职责、权利、义务，共同构筑社区共同体意识，为民主治理提供规范指引和文化土壤。

1. 理顺居委会职责定位

以民主治理为特色的基层群众自治制度，是我国的一项基本政治制度。作为社区治理的重要主体，居委会同时具有“行政属性”和“自治属性”。其中，居委会的“行政属性”是指居委会承接来自政府各条线的大量行政辅助事项，以此确保社区居民充分享受包括生存和发展在内的各种权利。而居委会的“自治属性”则指居委会作为基层群众性自治组织，肩负开展社区建设、推动社区营造以及促进社区和谐等职责。居委会的首要职责应是组织和推动居民自治活动，以落实“五个民主”环节，带领居民一道发现并解决社区问题，创新社区治理。采取清单制度，明确社区居委会承担行政辅助事项的具体细目，从繁杂无序的行政事务中抽身，以便更好地从事居民自治的组织和引导工作。

2. 以提升民主素养为核心提升居民自治水平

从国际经验看，居民自治不但是社区推动居民自觉履行责任和义务的重要方式，而且也是塑造居民“社区主人翁”意识的有效途径。从历史经验的角度看，我国城市社区从来不乏居民自治的冲动，遗憾的是迄今未能找到在“自助、互助、公助”这三股力量之间形成良性互动的途径。居委会在引导居民自治的过程

中，需要格外注重相应制度或规范的构建，以践行民主的处事方式引领社区居民的民主意识和能力的提升，使自治建立在具有良好民主素养的基础上，居民自治的质量才能提高，适应治理现代化的各项要求。由于自治赋予居民自我决定的权利和自由空间较大，基于人的本性也会产生负面消极的影响。因为“自治”不同于“官治”或“法治”，自治环境往往缺乏外在力量的规制与约束，很多时候无法形成持续不断的内生动力。事实上，居委会所倡导的“自治”在更多时候只能团结一部分具有社区责任意识的居民骨干分子，而无法有效动员那些数量更多的习惯于坐享社区治理成果的“搭便车者”，更无法在全社区层面形成“集体行动的逻辑”。① 为此，一方面在社区党组织领导下的居委会应在恰当时机制定相应的制度规范并形成义务约束，进而在全社区范围内形成“法治”氛围；另一方面以社区民主实践的持续推进和不断进行有效的民主决策和民主监督，使自治更加具有现代民主的品格，更具有中国基层治理的特色，更具有治理效能。

3. 塑造社区共同体意识

民主是现代国家公民的基本生活和参与方式。民主素养和技能来源于制度，从更深层次看来源于文化，从社区治理角度看，便是社区的共同体意识。人们会发现，不同的社区其议事的民主氛围并不相同。当然，从哲学上讲，是物质与意识之间相互关系和相互作用的反映。物质决定意识，而不是意识决定物质。意识的内容是对物质的反映；意识对物质的反映，是通过感觉、思维等形式形成的。城市社区共同体意识的塑造必须使居民都有共同的物质利益基础，如安全的环境、和睦的人际关系、便利的生活设施、周全的社区公共服务等，这是居民能够和愿意参与的前提，因为事关切身利益才能参与和有效表达，这只是民主的动因，启动和运行好民主还需要政府的法制进行规范和指引。所以，尽管社区共同体意识需要所有居民一起努力营造，但在时间先后和前提条件上还是应该有一定次序，具体言之，需要有政府或组织体行为的适度先行，如法律政策的供给、基本公共服务设施的配备、社区工作者的率先垂范等，一般居民则在规范指导和示范引领下同频共振，基于民主治理的共同体意识就会逐步形成。社区共同体意识

① 俞祖成、黄佳陈：《城市社区治理的困境：居民权利与义务的失衡》，载《社会科学文摘》2021年第10期。

的塑造需要走群众路线，依靠群众、引领群众和为了群众三位一体，真正实现全过程人民民主贯穿于基层治理的每个环节，发挥社区党组织的领导和党员先锋模范作用。只有日复一日及时处理好居民在社区生活中操心事、闹心事、烦心事、揪心事，居民对社区就会产生强烈的认同感和归属感，将其生活的便利度、安全感、幸福度和高质量与社区的存在紧紧联系在一起，就会形成共同体意识。

第二节　完善党领导下"自治"为基的多元共治机制

一、加强党内法规的执行力，明确基层党组织职能

党政军民学，东西南北中，党是领导一切的。为保证党的先进性和领导力，从严治党、依规治党是关键保障。党内法规在维护党中央集中统一领导、保障党长期执政和国家长治久安等方面具有不可替代的作用。党内法规制度，是管党治党之重器，是全面从严治党的长远之策、根本之策。加强基层党组织法规执行制度建设，既是加强新时代党内法规制度建设和落实的重要举措，也是保障社区落实基层党组织领导的最重要制度保障。在社区治理中，基层党组织既要落实好党的领导法规还要落实好党自身建设法规。党的领导法规，是规范和保障党对各方面工作实施领导，明确党与人大、政府、政协、监察机关、审判机关、检察机关、武装力量、人民团体、企事业单位、基层群众性自治组织、社会组织等领导与被领导关系的党内法规，为党发挥总揽全局、协调各方领导核心作用提供制度保障。党的自身建设法规，是调整党的政治建设、思想建设、组织建设、作风建设、纪律建设等的党内法规，为提高党的建设质量、永葆党的先进性和纯洁性提供制度保障。党的监督保障法规，是调整党的监督、激励、惩戒、保障等的党内法规，为保证党组织和党员干部履行好党和人民赋予的职责提供制度保障。

社区治理主体是多元的，其中包括基层党组织和社区党员，其中基层党组织起领导作用，社区党员起关键作用，是居民委员会、业主委员会、各居民委员会下属委会、社会组织等各个方面和组织的骨干和社区民主治理依法依规治理的中

坚力量。党内法规作为执政党的内部规范，通过基层党组织和社区党员两大媒介，对社区治理产生直接或间接的调整和规范作用。① 社区党组织作为基层组织的领导核心，主要发挥政治上的指导作用、思想上的引导作用和组织上的保证作用以及生活中的表率作用。《中国共产党章程》第三十二条第一款规定了基层党组织的职能，即“领导本地区的工作，支持和保证行政组织、经济组织和群众自治组织充分行使职权”。这些都赋予了社区党组织和街道党组织以参与社区治理正式主体地位。党内法规首先是一种针对具有党员资格的角色性规范，所有调整和约束中国共产党党员的党内法规，都当然地适用于参与社区治理的所有党员。不仅如此，根据党的章程的要求，社区中的党员要加入相应的基层党组织，那些调整基层党组织的党内法规对于社区中的党员也是有约束力的，而且最终都要作用于每位党员的具体行为。

完善党内法规在社区治理中的作用，关键是发挥好党内法规的法律性功能。传统上一般将法律理解为是一种体现国家意志的普遍性规范。但从法理学和更加广泛意义上讲，法律就是调整行为（包括游戏等）的规则，法律的效力层次的差异也进一步对调整对象进行了区分。如地方性法规的调整对象仅限于该地方行政区域的相关法律关系。国家法律具有对该国所有公民预测、指引、评价、教育和强制等作用。党内法规作为主要适用于党组织和党员的普遍性规范，也具有上述规范性或法律性功能，这些功能也存在并作用于社区治理。这些党内法规也可以从基层和非基层的角度理解：一是指向基层党组织和社区党员行为的专门性党内法规，带有“基层”表述的党内法规往往是适用于基层的专门性的法规，如《中国共产党基层组织选举工作条例》；二是用以调整和规范所有党的组织和党员的思想和行为的一般性党内法规，如《中国共产党章程》。无论是针对基层的专门性法规还是一般性党内法规，在作用于社区治理中的党组织和党员时，首先发挥的是一种法律性的行为调整功能；其次，党内法规也注重思想建党、从严治党，注重信仰和价值观建设，因而能够对有关基层党组织和社区党员产生思想与

① 陈光：《党内法规在社区治理中的作用研究》，载《中共浙江省委党校学报》2017年第3期。

行为的双重作用。

自党的十八大以来，不断完善的党内法规涵盖了党的组织、廉洁自律、厉行节约、纪律处分、选拔任用、教育培训和监督巡视等越来越多的领域，充分体现了执政党全面从严治党、依规治党的决心和实际成就。尽管如此，党内法规的数量依然不够，许多领域和事务仍需要党内立规加以调整和规范，其中之一便是党的基层治理改进和加强党内法规在社区治理中的作用。对此，可以从以下三个方面加以完善：一是在制定一般性的党内法规时，如果该部党内法规涉及基层治理事务，就应根据基层治理的特点和需要设置专门的条款；二是加大对基层治理尤其是社区治理的调研力度，掌握社区治理的一般规律及其对党内立规的需要，及时出台用于调整社区治理所涉及的党内综合事务或某一领域党内事务的专门性的党内法规；三是如果对于某领域的社区治理党内事务，不便在一般性党内法规中设置过多的专门条款，也没有必要制定专门性的党内法规，可以在针对一般性党内法规制定实施细则或配套法规时，根据情况和需要适当增加有关社区治理的专门条款或规则。①

二、明确治理角色，凝聚治理合力

多元主体共治的最大风险是分工不明、职责不清、衔接不畅、处事不力、应对乏力、有利相争、无利推诿等不良现象的滋生和蔓延，特别是遇到突发公共事件时的紧急动员和综合应对能力是对多元共治水准高低的全面检验。对此，治标的方式可以采取不同主体的权责清单制度，依法依规合理界定政府、社区的职能分工，明确社区自治组织与基层政府之间的指导、协助关系，确立社区居委会协管、协办的权责，但突发公共事件和重大问题的应对还需要更多力量的参与和更高程度的统筹和协调。因此，先治标后治本是当下较为妥当可行的路径选择，治本的方式应该是制定《社区治理促进法》，明确社区治理的指导思想、基本原则、治理内容、参与方式、职责配置、运行程序、保障措施

① 陈光：《党内法规在社区治理中的作用研究》，载《中共浙江省委党校学报》2017 年第 3 期。

和法律责任等，为发挥多方力量共同参与社区治理提供法律保障，避免社区治理在理论和宣传上受到重视，但实际运作层面却无法律依据、无经费保障、无人才支撑，且社区经常面临无法拒绝地承接本该由政府相关职能部门履行的执法或行政事务，要通过基层法律供给的完善真正建立起以自治为基础和核心内容的社区治理法治化体系。

一方面，建构完善的社区党组织、社区居委会、公共服务站“三位一体”的组织管理体制，实现职能、权限、程序与责任的法定化，以尽快将社区从烦琐的行政事务中剥离开来，充分发掘和拓展社区自治的实体性价值，避免街道办、社区居委会行政行为的延伸与泛滥，还要注重增加对社区自治组织的财政支持，鼓励民间资本、社会资助社区治理，逐步减少社区自治组织对基层政府的依赖。另一方面，要持续提升多元主体协同治理能力，既要重构社区治理单元，拓展网格化服务管理，推动社区形成纵向到底、横向到边、全面覆盖、精准服务的社区治理新单元，又要加快疏通协同治理制度渠道，发挥群团、社会组织的作用，建构社区治理共同体，实现组织共建、决策共商、问题共治、资源共享的协商共治机制，汇聚治理合力，全面激发基层社会活力。① 社区党组织应基于党的政治逻辑、政府基于管理部门的行政逻辑、社会组织基于志愿者精神的服务逻辑，结合各主体在利益归属、价值取向、利益基点的异同，建构多元主体参与、平等协商、利益共享、责任互担的社区治理框架，做到始终以居民为中心，以公共利益最大化为出发点，持续增强党组织领导能力、政府服务供给能力、居民自组织的良性互动。②

鉴于现实中普遍存在的集体行动“难产”的“奥尔森困境”，除加强相关制度完善之外，通过基层党建引领多元主体协同合作、以公共精神培育推动城市社区居民身份认知归位、以协商民主实现城市社区多元主体更大共识基础上的合作，超越简单的多数决民主的决策过程和利益协调，将法律规定、民主运作与道

① 单琳琳：《城市社区治理能力现代化研究》，载《辽宁经济管理干部学院、辽宁经济职业技术学院学报》2022 年第 1 期。

② 张艳国、刘小钧：《城市社区治理能力现代化研究——以江西南昌为例》，载《江西社会科学》2017 年第 1 期。

德引领、人道关怀等柔性治理相结合，维护公共利益与照顾、尊重个体利益相结合，争取持少数意见者的权利，以平等对话与合作代替独断与对抗。

第三节　构建供需双方权利义务均衡和双赢的社区养老制度体系

一、明确社区养老的目标及法治保障的重要性及目标

社区养老可分为社区集中养老和社区居家养老，按照政府责任、社会力量介入和居民生活起居情况也可以进一步细分为不同模式，如“嵌入式”养老服务模式、公租房社区的养老模式、“三位一体”社区养老服务模式、“互助型”养老模式、“时间储蓄”契约模式、政府购买服务模式等。“嵌入式”养老模式以社区为基础，以资源嵌入、功能嵌入和多种运营模式嵌入的理念，通过竞争机制将市场化的养老模式嵌入社区，整合旁边养老服务的一些资源，为老人提供一定的服务，也为附近的人提供个性化服务。公租房社区托老所（“老人之家”或“老龄中心”）是以亲情为主的经营理念。托老所在经营管理上，与敬老院相比较更为灵活，还能够更好地与家庭养老相互结合。“三位一体”社区养老服务模式是指物业公司与业主、业主委员会签订养老服务协议，为业主提供老年特色服务和综合服务。既促进物业服务升级，又保障社区以养老服务项目为主。“互助型”养老模式是指居民互相帮扶和慰藉，可以满足老年人的居家养老需求。社区建立相互联系制度，帮助社区空巢老人结对，采取“一帮一”或“一帮多”的互助模式。“时间储蓄”契约模式是在居民中倡导为老年人提供义务服务，然后将自己的服务时间像储蓄一样存储起来，将来当服务人员年老时，可以在需要时支取同样的服务来帮助自己。政府购买服务模式是指政府将由自身承担的、为社会提供养老服务的事项，交由有条件的社会组织或街道、社区完成，并建立定期提供服务产品的合同。其为社会提供需要的物品，政府会按照一定标准对合同履行情况进行评价并支付服务费。随着我国老龄化程度的加深和社会、家庭不断地变化，改革和创新社区养老模式将是一个长期的过程。

社区居家养老源于西方的老年人“社区照顾”概念，是指老年人在养老时，

依然居住在家中，并以社区为平台，整合社区内的资源，为老年人提供生活照料、医疗服务、精神慰藉等多种生活服务的养老方式。它介于家庭养老和机构养老之间，实质上是养老责任由家庭向社区的转移。①

民政部在《社会养老服务体系建设规划 2011—2015》中指出："社会养老服务体系建设应以居家为基础、社区为依托、机构为支撑。"在《国家积极应对人口老龄化中长期规划》中，再次强调了该养老模式的重要性。而社区居家养老这一养老模式以居家为基础、以政府为主导，并依托社区和养老机构的力量，为老年人提供多样化的养老服务，是符合国家政策，顺应我国当前养老形势的重要养老方式。国务院于 2021 年 12 月 30 日发布《"十四五"国家老龄事业发展和养老服务体系规划》（以下简称《规划》），确立了系统谋划、整体推进、以人为本、顺应趋势、兜好底线、广泛普惠、改革创新、扩大供给、多方参与、共建共享的原则，提出要建设普惠养老服务网络，培育一批以照护为主业、辐射社区周边、兼顾上门服务的社区养老服务机构，推动集中管理运营和标准化、品牌化发展。支持社区养老服务机构建设和运营家庭养老床位，将服务延伸至家庭。支持物业企业发挥贴近住户的优势，与社区养老服务机构合作提供居家养老服务。完善社区养老服务设施配套，如各地要严格按照人均用地不少于 0.1 平方米的标准分区分级规划设置社区养老服务设施，老龄化程度较高的地区可结合实际适当上调标准。加强常态化督查，确保新建居住区与配套养老服务设施同步规划、同步建设、同步验收、同步交付。支持养老机构利用配套设施提供社区养老服务，具备条件的可重点开展失能老年人全日托养服务，无偿或低偿使用配套设施的，应当以普惠为导向确定服务价格。充分调动社会力量参与积极性。综合运用规划、土地、住房、财政、投资、融资、人才等支持政策，引导各类主体提供普惠养老服务，扩大供给，提高质量，提升可持续发展能力。进一步完善市场原则下的普惠价格形成机制，"十四五"期间，各地要结合实际，综合考虑企业建设运营成本、政策支持情况、消费者承受能力等因素，推动普惠养老服务价格在合理区间运行，价格水平显著低于当地同等服务水平的市场化养老服务机构。强化居家社区

① 潘付芳：《我国社区居家养老的法律调整困境及对策研究》，https：//shfxyjw.zuel.edu.cn/xsyd/show-22667.html，最后访问时间：2022 年 6 月 10 日。

养老服务能力。建立老年人助餐服务网络。开展助浴助洁和巡访关爱服务。鼓励助浴机构投保相关保险，提高风险保障程度。

《规划》提出，提高老年人生活服务可及性。依托社区养老服务设施，引导社区综合服务平台广泛对接老年人需求，提供就近就便消费服务。组织和引导物业企业、零售服务商、社会工作服务机构等拓展为老年人服务功能，提供生活用品代购、餐饮外卖、家政预约、代收代缴、挂号取药、精神慰藉等服务。

《规划》还提出，培育老年人生活服务新业态。推动“互联网+养老服务”发展，推动互联网平台企业精准对接为老年人服务需求，支持社区养老服务机构平台化展示，提供“菜单式”就近便捷为老年人服务，鼓励“子女网上下单、老人体验服务”。培育城市级综合信息平台和行业垂直信息平台。提升社区和家庭适老化水平。有序推进城镇老旧小区改造，完成小区路面平整、出入口和通道无障碍改造、地面防滑处理等，在楼梯沿墙加装扶手，在楼层间安装挂壁式休息椅等，做好应急避险等安全防护。推动公共场所适老化改造，大力推进无障碍环境建设。

为了鼓励社会资本进入和社会力量参与，《规划》强调要推动税费优惠举措落地。落实落细支持养老服务发展的税费优惠政策。落实养老服务机构用电、用水、用气、用热享受居民价格政策，不得以土地、房屋性质等为理由拒绝执行相关价格政策，因难以计量等操作性原因无法执行的，探索应用大数据等技术手段予以解决。

为了使多方参与的养老体制机制按照制度设计初衷运行，切实保障老年人的养老等权益。《规划》指出，加强市场主体行为监管，维护老年人合法权益。落实市场主体信用承诺。建立健全养老服务机构备案信用承诺制度，备案申请人书面承诺养老服务机构按照有关法律法规和国家标准开展活动，书面承诺向社会公开，履约情况记入信用记录。督促养老服务机构落实主体责任，主动防范消除本机构在建筑、消防、食品、医疗卫生等方面的风险隐患，提高养老服务、安全管理、风险防控的能力和水平。指导养老服务机构按照国家有关规定和当事方协议约定提供服务，建立纠纷协商调解机制，引导老年人及其代理人依法维权。加强市场秩序监管。对未依法取得营业执照以市场主体名义从事养老服务经营活动、未经登记擅自以社会服务机构名义开展养老服务活动、未经登记管理机关核准登记擅自以事业单位法人名义开展养老服务活动等无证无照违法经营行为，加大依法打击查处力度。严禁利用养老服务机构设施和场地开展与养老服务无关的活动。

法治是党和国家各项养老政策和制度得以顺利实施的最重要保障。对此《规划》强调要完善法治保障。落实依法治国要求，依法保障老年人合法权益，推动制定养老服务法，构建以老年人权益保障、养老服务等法律为统领，以行政法规、部门规章、规范性文件为主体，以相关标准为支撑的养老服务政策法律体系，实现养老服务有法可依、有法必依。发挥养老服务法规在保护当事人权益、维护市场秩序、规范合同管理、调解处理服务纠纷等方面的重要作用。

由上述解读可知，《规划》确立的诸多目标和要求，为养老法治化过程中需要重点解决的问题指明了方向，为进一步完善具体的规范和发展规划提供了明确指引。

二、完善养老法规政策与发展规划

法律法规供给的短缺是制约养老事业发展的最重要因素。在宏观层面上，现阶段国内针对养老服务并未构建具备良好约束力以及强制性效果的法规体系，无法引领更多社会力量投入养老服务产业。尽管出台了不少地方性法规、部门规章政府规章及其他规范性文件等方式来指引养老工作的开展，但是这些规章自身的强制力薄弱，实际效果不佳，也难以对其中一些根本性以及长期性的问题进行有效的规制。微观层面上，政府需要构建起支撑养老服务可持续发展的各项配套法规与配套政策，除了医疗保障相关制度与养老保障相关制度外，还需要做好长期护理保险相关制度的建设与完善工作。① 当前，政府需尽快完善养老服务相关的配套制度建设，构建完备的法规体系，保障养老服务能够有章可循、有法可依。

养老问题普遍具有渐进性、累积性和不可逆转性，需要政府主导、社会参与、部门配合来实现良性发展。养老服务规划重点应该包括两个层面：第一个层面是服务项目的规划。服务项目规划需要立足于老年人的实际服务需要进行考

---

① 章建华、唐正鹏：《政府在发展养老服务中的职能定位研究》，载《科学导报》2020年第10期。

量，参考老年人相关的心理支持、生活照料以及医疗保健等实际需求情况来完成项目的设计。第二个层面是服务设施的规划。服务设施规划需要更具体、更细致，规划内容应涵盖建设养老设施的用地规划、养老设施类别设计等，如医疗服务站、养老院、社区护理中心等。要通过系统的服务项目规划、完善的服务设施规划，引导解决养老服务中项目不全和阵地缺乏的普遍性、基础性问题。同时，加强规划的法律效力和执行的刚性。实行项目清单化、设施标准化、督查常态化、评估客观化和责任明确化。

当前我国的《老年人权益保障法》规定了老年人享有的一系列权利，但是规定比较笼统，可操作性不强，尤其是和社区居家养老有关的规定，更是少之又少，无法适应当前我国的养老状况，相关立法应该适应我国即将步入的深度老龄化带来的需要而变化，加快完善养老立法。借鉴其他国家和地区养老立法经验，制定我国专门的老年人福利法。① 纵观世界各国的养老福利立法，主要分为两种模式：一是没有专门的法律，而是将与老年人福利相关的各项规定分散到不同的法律文件中；二是制定一部专门的法律对老年人权利予以规定，如日本的《老年人福利法》。二者各有千秋，具体看各国老年化状况和经济社会文化等因素，我国可以采取专门立法模式，这样能较好应对日渐庞大的老年人群体和深度老年化的严峻现实，更有针对性地促进养老事业和产业，也有利于养老知识和法律法规的普及，使法律法规能更好地发挥指导、规范和促进作用；制定老年人福利法也是许多发达国家解决老龄问题的基本法，因此，可以较好借鉴相关经验，制定出符合老龄化社会发展规律的全面保障老年人权益的法律。

从法律对老年人权益全面保障内容设计的科学性看，要针对老年人特点，增设相关保障制度，筑牢养老基础。其中值得重视的如下：

（1）引入长期护理保险制度。将长期护理保险制度引入社区居家养老服务，可以使生活无法自理的老人获得长期稳定的护理保障，提升其晚年生活的安全感和幸福感。在规范设置上，一要合理确定长期护理保险的参保对象，在遵循自愿和尽量覆盖的原则下，应将失智失能老人和孤寡老人作为重点护理人群；二要鼓

① 潘付芳：《我国社区居家养老的法律调整困境及对策研究》，https：//shfxyjw. zuel. edu. cn/xsyd/show-22667. html，最后访问时间：2022 年 6 月 10 日。

励多渠道筹集保险资金，可以在现行职工医疗保险的基础上，建立政府补贴、社会参与、个人合理缴费的筹资模式；三要明确家庭应该承担的照护义务，明晰政府职责和子女义务的界限。

（2）完善医养结合制度，以法规形式明确规定合作双方或多方的权利义务关系。医养结合是实现高质量养老的重要方式，当前要解决的核心问题是经费来源、服务标准、责任分担及纠纷解决。社区居家养老中的医养结合是由社区居家养老服务机构和社区卫生服务机构共同合作完成的。因此，首先应当注意协调好二者的职责范围，明确双方的分工。其次，搭建“家庭病床”和“社区病床”，满足不同老年人的需求。再次，要建立养老机构与医疗服务机构之间的衔接和沟通机制。最后，要规范社区居家养老的经费筹措、使用和监管。明确国家补贴、医保支付、公益资助和个人负担的具体情形和程序规制，在底线公平基础上兼顾差异化需要。

（3）加强养老服务机构立法。养老服务机构在社区居家养老服务中发挥着重要的作用，完善的法律制度可以促进其更好地发展，避免陷于无谓的纠纷之中。立法总的原则，应当从保护老年人的合法权益出发。维护某一群体的权益，不意味着偏向一方，在运用法律、认定证据、依法裁判等方面要公平与公正，法律面前人人平等。风险社会更需要通过立法正确区分养老服务过程中的风险因素及其承担主体，尤其是老年人的自身风险与管理风险有时难以区分或者叠加造成纠纷的复杂性。另外，“三无”“五保”老人中，存在劳改释放人员和流浪乞讨老人由公办养老机构代养，他们不遵守管理制度，对服务人员态度蛮横，甚至吸毒、偷盗、斗殴，干扰了其他入住老人的生活，存在潜在的违法犯罪隐患，精神病人的管理和致害行为风险防范及侵害救济等，这些都应由法律法规作出明确规定。养老机构与老年人的关系是对立统一的，养老机构与社会上其他自然人、法人产生纠纷时，养老机构与老人的利益相一致的，代表着老年人的利益；在养老机构与被送养人或送养人发生纠纷时，二者的关系是对立的。立法如何平衡这些不同的法律关系和利益冲突，尤为关键。目前我国关于养老服务机构的法律政策已经无法涵盖实际运作过程中出现的各种问题，特别是养老服务过程中产生的纠纷问题。适时启动制定全国性的《养老机构管理办法》，统一管理制度，明确设施标准，规范养老合同文本、细化风险分担和纠纷解决规则，尤其是养老机构的侵权认定、免责事由和家属的非理性维权行为的法律规制。为此，可以考虑完善《民法典》，增设养老服务合同这一特殊的合同类型。我国现行的《民法典》没有专门针对养老这一极其特殊却又需求巨大的民事法律行为的合同规范，一般按照无名合同处理。由于养老合同涉及多方主体，在实践中不仅各地标准、格式不一，还存在着行政合同和民事合同等性质上的争议，导致养老合同的签订和履行过程容易违反公平原则，也给纠纷的处理带来阻碍。因此，我国有必要在《民法典》中明确养老合同的民事合同性质，并对其内容进行规范，覆盖养老服务的全过程，明确合同当事人的权利义务以及纠纷解决机制，并合理设置民事调解和行政调解、司法调解的衔接机制。

(4) 引导社会组织参与社区养老，深度推进医养融合发展。正确引导社会组织积极参与社区养老服务，建立完善政府购买养老服务制度。精准引进社区养老的项目内容，建立健全准入、竞争和退出机制、评估监督机制，促进社区的活动向多样化发展，提升服务档次，保证服务质量，提高老人的生活满意度。同时，公安、卫生、社会保障和市场监管等部门要在户口安置、医保结算、公共交通、进入公园等方面给老年人社区养老提供便利。引入医疗配送服务，加快构建养老、医护、康复、临终关怀无缝衔接医养服务模式。运用互联网、大数据技术，在社区内引入第三方医疗配送服务，将社区老年人医疗需求信息接入医疗网络信息平台，正常情况下由配送员帮助就医老人将老年人的血液检测样表、血压等信息收集统一派送到医院，由医院开出药方，配送人员取药，最终将药物送达给社区老年人。需要入院治疗的，有配送员负责协助老年人完成整个入院就医手续。这样，在无须住院的常态下，让老年人足不出户便可享受优质的医疗服务，在需要住院的非常态下，解决了社区医疗资源和人力资源不足的困境，也在很大程度上缓解了家庭子女照顾老人困难的困境。

(5) 完善从事社区养老工作人员的职业保障和福利待遇。“徒法不足以自行”，“有其法者，尤贵有其人”，任何好制度的落实都需要仰赖人的作用的发挥，制度一旦被确定，其效果如何，人的因素便起决定性作用。在当下，社会对养老产业和事业都存在敬畏甚至惧怕心理，社会对从事养老职业认同度不高，养老从业者社会地位和福利待遇都偏低，职业的法律保障不充分。为此，需要健全相关法律法规，既要充分利用社区人力资源，提高“智慧社区”养老服务能力，也要加强志愿服务队伍建设，建立职业技能考核评价机制，对社区养老服务人员开展医养职业技能培训；建立专业社区养老服务队伍，引入专业的社会工作者，保障从事智慧社区养老工程的社工数量和质量；建立完善职业保障，提高专业社工社会地位、工资和福利待遇；建构从学科建设、人才培养、职称和技能评定、人员学历专业配置及职业资格准入等全方位系统化的养老人力资源发展体系。

（6）完善维权救济保障机制，加大养老服务监督力度。一是健全老年人维权救济机制。基于老年人的身体、智力和判断力等诸多方面与常人的差异，养老服务过程的侵权救济既与一般侵权救济存在共性，更有其特殊性，为此，需要针对养老过程中发生的各类纠纷的明确具体的救济程序。在管理机构、举证责任、纠纷解决方式的选择、法律援助、责任分担等方面平衡老年人和养老机构或服务人员等各相关方间的权利和义务。司法行政部门、老年人权益保护协会、社区居委会等建立纠纷解决协调机构，协助应对和处理影响较大的案件。既要防止养老机构或服务人员被侵权得不到充分救济的现象，也要防止非理性维权、司法裁判偏袒式过失推理造成对养老机构或服务人员的不公正对待，引发社会组织和公众对进入该行业的担忧，制约养老事业的健康发展。二是加大对养老服务的监督力度。没有监督就没有制度的落实，甚至走向反面，让制度变形或被反噬。按照民政部门主管、其他相关政府职能部门在各自职责范围内负责的分工负责模式，强化监督职责，明晰监督内容和程序。建立公益诉讼机制，以司法监督推进政府相关职能部门依法履责，引入第三方评估，及时向社会公布监督结果，形成多种监督方式的合力。三是加强养老纠纷的司法裁决。司法是社会正义的最后一道防线，也是解决纠纷的终极手段和最高权威。司法的公正性在于不预设养老机构和送养人或被送养人哪一方是弱势群体，不懂法或年龄、生理、经济状况、受损程度等客观情况或因素都不是判定弱势群体的依据。坚持法理情的综合考虑裁决纠纷，对于不能提供依据说明被送养人由于养老机构的责任造成死亡的，法院不应支持其请求；对机构疏于管理的情况，法院应该根据过错的大小、后果的轻重具体判令；对于家属没有证据仅凭臆断的非理性维权的，除了公安机关应当及时介入进行调解、劝阻、维护养老机构正常工作外，法院应当依法支持养老机构，不可以息事宁人的方式进行“和稀泥”式司法。对于侵权人与养老机构混合的责任，如合同违约产生的损失与侵权属于一种竞合，但养老服务合同与其他服务性的合同存在性质上的不同，如果当事人应当选择其一诉讼，往往出现不利于保护受害人权益的情形，同时判定既侵权又违约可能更加公平，也需要法官在具体案件中权衡。法院判决要加强对监护人义务的强调和判决的价值导向及执行力度，防止监护人将自身疏于监护或隐瞒重大不利事实的责任转嫁给养老机构。

第四节　构建规则完整、教育有效的社区公德倡导机制

一、发挥公德与私德构建社会治理伦理秩序的基础功能

与国家主要依靠暴力作为后盾进行统治、形成秩序不同，社会共同体主要依靠伦理和习惯性规则来维持。社会伦理主要包括公德和私德两种最基本伦理规范。公德，一般指社会公德，也有称国民公德①，又称公共道德，是道德体系的基础层次，是为社会的全体公民所公认和共同遵守的道德规范，是人们在长期的社会生活中共同形成的，用以维持公共生活，调节人与人之间、个人与社会之间关系的一系列准则。② 社会公德是一种存在于社会中间的道德，一般与私德相对而言。在我国，“公德”“私德”一直是中国传统伦理道德的重要内容。前者包括人们在涉及对社会整体具有相应义务和责任的行为活动中应遵循的道德准则；后者通常指人们在不直接涉及对社会整体义务和责任的私人生活中应遵循的道德规范。在封建伦理道德里，“公德”“私德”往往与义利相连。如北宋理学家程颐说：“义与利，只是个公与私也。”在中国漫长的封建社会里，“重义轻利”成为衡量公私的基本准则，在中国传统社会影响至为深远，成为构筑传统中国伦理秩序的基石，不仅深深影响着国家的立法和政策，而且深深影响了国人的公私观念和行为的价值评价。公德与私德在学理上的正式划分和系统研究始于清末民初的梁启超，其研究不仅开启了近代以来对我国传统公德和私德的反思与批判的先河，也为伦理道德研究提供了良好的范式。当时中国资产阶级代表人物认为，封

① 如魏英敏在探讨公民道德建设问题时，从国民公德的视角论述了公德建设的问题。具体参见魏英敏：《关于国民公德建构的思考》，载《北京大学学报》1997 年第 2 期。

② 秦前红主编：《新宪法学》，武汉大学出版社 2005 年版，第 244 页。

建社会“公德”和“私德”思想与观念的弊端主要有：其一，公私对立；其二，真假公私难辨；其三，重私德，轻公德。梁启超甚至得出国民公德缺乏的结论，认为人们“皆知有私德，不知有公德”。刘师培则比较客观、辩证地得出私德为重，公德为轻的结论。其四，重私德轻公德在实践上存在诸多弊端。① 如梁启超指出，社会上流行的“束身寡过主义”“独善其身主义”“自由主义”“不与闻公事以为高”“畏国事之为己累”等私德和“五伦”体现的私德导致个人对群体、社会和国家缺乏应尽的道德责任与义务。而古人看重的家族伦理也是弊害丛生。因为仅以家族聚民，导致民众上不与国接，中不与群接，仅受范于一族之中。以己身为家族之身，一若舍孝弟而外别无道德，舍家族而外别无一物。当然，梁启超又认为，私德与公德存在内在逻辑联系，“私德亏缺者，安能袭取公德之美名”，以此强调私德是公德之基础，公德是私德的发展。中华人民共和国成立后，尊重社会公德不仅作为我国公民的基本义务被规定在宪法中，而且在全社会一直大力提倡树新风、讲公德的风尚。“文化大革命”期间，全国遭受严重的政治危机和社会危机，公民的公德建设遭受重创，一些地方频繁发生的“批斗”、派系斗争和丧失理性的“打、扎、抢”行为，既无法制关联，也无伦理底线，甚至父子、夫妻互相揭发，造成许多父子成仇、夫妻反目的人伦悲剧。② 改革开放后，民主法治建设和社会伦理的重建使公德和私德重回国家和社会建设的视野，理论研究者也积极探索，如李泽厚通过提出和区分“宗教性道德”与“社会性道德”，来指称宗教性私德和社会性公德，并认为传统中国是政教合一，亦即“宗教性道德（私德）涵盖、包摄、吞并社会性（公德）”③。同时，随着应用伦理学的勃兴和思想道德、法制建设的纵深推进，法治社会中公德、私德与伦理秩序的建构超越了传统的单一维度，进入政治规范、法律规范、社会规范与伦理秩序的多维时空中的续造和变革。进入新时代，既要注重家风建设，也要注重以社会

① 赵炎才：《20世纪初资产阶“公德”“私德”思想刍议》，载《贵州社会科学》2002年第6期。

② “文化大革命”使党、国家和各族人民遭到中华人民共和国成立以来时间最长、范围最广、损失最大的挫折。党的组织和国家政权受到极大削弱，大批干部和群众遭受残酷迫害，民主和法制被肆意践踏，全国陷入严重的政治危机和社会危机。参见《中国共产党简史》编写组编著：《中国共产党简史》，人民出版社、中共党史出版社2021年版，第206页。

③ 李泽厚：《论语今读》，安徽文艺出版社1998年版，第114页。

主义核心价值观为统摄的社会公德建设。

法治社会的秩序不是单凭法律规范和暴力强制形成的秩序，而是一种符合人性和人道，尊重人权和爱护自然、政治文明和优良伦理秩序共同作用、互相促进的社会。正因如此，古希腊亚里士多德将政治学、法学归于伦理学的统摄之下，前二者的目标是实现公正的社会，即符合其理想的优良伦理的社会。所以，在其学说中，政治学、法学是包含在伦理学中的，共同的目标是建立和维系一个良好的城邦于久远。当然，伦理秩序是社会秩序的一部分，它是指按照一定的道德要求规范化了的社会秩序。① 基于研究的视角和伦理秩序的价值指向，伦理秩序概念可做广义与狭义的区分，狭义的伦理秩序指称合伦理性的善的秩序，广义的伦理秩序指称具有伦理属性的秩序。②

伦理秩序首先是一种客观性关系结构，这种结构自身具有客观交往规则系统，这就是伦理关系的内在秩序。对这种客观交往关系及其交往规则系统的自觉意识与主观表达，即为伦理规范要求。这种内在秩序及其规范要求通过人的行为活动表现于外即为现象性的交往秩序，这就是日常生活中的伦理秩序。伦理秩序在本质上是自由的秩序。对此，黑格尔做过精辟阐释，在他看来，德“是一种伦理上的造诣”，当伦理实体要求变为行为者自由意志的一部分时即为德；当伦理秩序表现为“个人的普遍行为方式”即为风尚、成为人们的“第二天性”时，即为习惯③；当伦理秩序通过思想被“明确规定，并作为法的东西和有效的东西予以公布”时，即为实在法。④ 哈耶克在研究社会自由秩序时，“自生自发的秩序”不仅可以在物理领域中发现，而且也可以在社会领域中发现。对自发的社会秩序而言，其依凭的机制由两个部分构成：一是人们对某些行为规则的遵守，二是个人对具体情势的调适。而规则的性质对整个社会秩序的一般特征起决定性作用。伦理秩序属于自生自发的秩序这一类。⑤ 在法治不发达的社会，伦理秩序的

① 曹望华、任幼兰：《道德整合探究》，载《韶关学院学报》2004 年第 4 期。

② 高兆明：《“伦理秩序”辨》，载《哲学研究》2006 年第 6 期。

③ ［德］黑格尔：《法哲学批判》，范扬、张企泰译，商务印书馆 1961 年版，第 170 页。

④ ［德］黑格尔：《法哲学批判》，范扬、张企泰译，商务印书馆 1961 年版，第 218 页。

⑤ ［英］哈耶克：《自由秩序原理》，邓正来译，生活 · 读书 · 新知三联书店 1997 年版，第 26 页。

建构主要依赖于自生自发的传统，在法治社会，通过实在法的形式或确认道德传统的作用范围或有效性，或规定基本的法律原则和规范来形成伦理秩序，主要的路径是制度。如中国古代的三纲五常、四维八德是中国古代社会伦理关系的客观结构或伦理秩序，这既是传统的，也是被制度确认和固化了的。在当代，我国宪法关于公德的相关规定和公民基本自由与权利的规范构成了维护伦理秩序的最根本基础。

当然，生活中有秩序并不能证明这种秩序本身就是合理的和良善的。更为重要的是，社会结构转型时期同时也就是新旧伦理关系更替时期，在这个时期中不仅充满了冲突与斗争，甚至还会伴随着某种暂时的秩序紊乱。社会公德和私德的缺位、错位和越位常常交织在一起，要消除这种紊乱状态，在根本上有赖于法治在其中做适度的介入和界分，从而形成符合法治精神的新的伦理关系及其秩序。

二、准确把握法治社会公德、私德的意蕴、冲突与悖论

从词源上讲，“私”，一是指称具体的人、事或物。有学者考证，自西周末年“私”字就开始盛行，那时多指卿、大夫或士之个人的事物或行动而言，与指国君而言的“公”形成对比。二是指抽象意义上的偏爱、偏袒之意。如天无私覆，地无私载，日月无私照，表示的是对待人、事或物的态度和行为，也兼有指称一种德行意义上的事宜。从法治的意蕴上看，私表达一种与单个或少数主体相关的情况，代表与个体无法分离或不便分离的权属范围，意指对个人拥有优先权的确认、支持；公则代表两个以上主体的共同拥有权属的情况，凡是划归公的范围，有发言权、支配权、所有权的就不止一个主体，而是两个以上多主体共同拥有这些权属。

公私关系一直是人类社会伦理秩序建构的核心，如何看待公与私的关系归结起来主要有三种观念：一是崇公抑私，甚至立公去私，以公克私，这可以说是我国历代都极力倡导的传统，绵延至今。在起着榜样和教化的双重功能的同时，也产生了长期忽视私权和私域的消极影响，以至于人们耻于谈私。二是存私灭公。如果说前一种是统治阶级和本人对他者的要求，那么现实中不乏存在的是反向的极端。其表现是只服从自我的意志，无限地放大自我，无视社会群体与他者的存在，成为唯我独尊的极端利己主义，尊奉“人不为己，天诛地灭”的处世哲学。

三是承认、允许私，并限制引导私，主要通过法律和合乎人性、人道的道德规范、平衡公德与私德，倡导“人人为我，我为人人”，这是法治社会的基本要求，在推进国家治理体系和治理能力现代化的整体布局中，作为社会治理现代化重心的社区治理，其“人人有责、人人尽责、人人享有”的治理目标，就是新时代公德和私德共同建设的基本要求，实现公德和私德都有良好结果的“各美其美，成人之美，美美与共，天下大同”的理想境界。

在法治社会中，由于对公德和私德采取平衡和尊重的理念，通过适度的规范和价值指引来处理二者的关系。基于不同利益诉求的个体、道德的自律属性、复杂的社会场域、多元的价值观、有限的规范效力等因素的交互作用，使二者之间不可避免会产生冲突。一般而言，可通过道德行为必然具有的行为主体身份、行为目的的利益指向和行为发生的场域三个要素作为向度来划分公德与私德的范围、边界和不同要求。公德主要是个人以社会成员身份与他人的交往中体现的德性，个人在公共场域的行为中体现的德性，个人在利他行为中体现的德性。私德主要是个人以私人身份与他人的交往中体现的德性，在私人领域行为中体现的德性，在利己行为中体现的德性。①

社会公德的形成离不开国家和社会的分野。政治国家和市民社会的分野是形成法治的社会基础。法治社会的伦理秩序由管理公共生活的国家法调整，由社会生活及个人生活的自治性构建。市民社会的自治性表现为，在社会中形成了一套自己的规范体系，用以调整市民社会中的各种行为，作为市民社会成员的基本行为准则。这一套规范体系就是社会公德，它是在社会中自发自觉产生的，是市民社会自身的产物，随着市民社会的不断发展而逐渐成熟和完善起来。一个健全的市民社会，必须有一套良好的公德体系，社会中的每个成员都是遵守公德的人，从而摆脱私域的局限性，甘愿在公域中为社会公共利益服务。② 因此，社会公德在市民社会中是不可或缺的，是市民社会中的基本道德规范。

社会公德适用于全体社会成员，是对所有公民提出的一般标准和基本要求。

① 张建英、罗承选、胡耀忠：《公德与私德概念的辨析与厘定》，载《伦理学研究》2010年第1期。

② 秦前红主编：《新宪法学》，武汉大学出版社2005年版，第243页。

社会公德就是公民社会中的一部“真正的法”，它“既不是铭刻在大理石上，也不是铭刻在铜表上，而是铭刻在公民们的内心里；它形成了国家真正的宪法；它每天都在获得新的力量；当其他的法律衰老或消亡的时候，它可以复活那些法律或代替那些法律；它可以保持一个民族的创新精神，而且可以不知不觉地以习惯的力量代替权威的力量”。① 社会公德是一个相对独立的领域，与私德形成对照。公德是社会公共生活的一种内在的要求，它不仅仅出于某个人或社会的提倡。在现代社会，公共场所是十分广泛的。在城市，除了广场、公园、绿道、图书馆、博物馆等大的公共场所外，每个社区都有其公共场所，为了保证它们能正常地使用，就需要所有的使用者自觉地爱惜它们，因而涉及大量的公共守则，在社区既表现为居民公约，也表现为宪法法律和法规的相关规定，自觉地遵守各类公共规则，以利于他人和自己当下及未来的使用和享有，这些是社会公德的基本要求，也是每个人中维护公德中得到的福利。在公德上，还涉及公共秩序的问题。既然是公共场所，就意味着任何个人都不能独自占有，但任何人都有权在其中做或不做一定行为，由于每个人的目的不一样，就必须有共同遵守的底线如法律规范和道德规范来约束，否则没有秩序，必然出现混乱。

社会公德对于每个人的社会生活，对于他们的幸福都是非常重要的。一般而言，社会公德涵盖了三方面的内容：人与人之间的关系、人与社会的关系和人与自然的关系。在人与人之间关系的层面上，社会公德主要包括：（1）个体文明举止；（2）人际关系交往中自尊与尊重他人；（3）社会交往中的诚实守信等。在人与社会关系的层面上，社会公德主要包括：（1）遵守公共秩序；（2）尊重与维护社会公益；（3）尊重与维护他人的劳动成果等。在人与自然关系的层面上，社会公德主要是保护自然环境。保护自然环境是维护人类共同利益的体现，同时亦是每个地区、国家、民族长远利益的体现。

社会公德是社会共同利益的反映，是社会文明程度的表征，是法治社会伦理秩序建构的主导因素；它是社会道德体系的最低层次，是维持社会生活最起码、最基本的行为规范。而且其要求一般都十分明确、具体，所有社会成员都很容易识别、理解和遵循；它是社会整体利益的反映，是社会大众普遍认可的公共生活

① ［法］卢梭：《社会契约论》，何兆武译，商务印书馆 2011 年版，第 73 页。

准则；它是社会公共规范体系，在公共生活中，人们不再扮演原来的社会角色，而是承担新的暂时的社会角色。

法治社会需要按照法治的要求对公德进行规范，同样也需要按照法治的要求对待和保护私德。在社区治理中，私德占据着非常重要的地位。尊重居民基于不同来源地和生活习惯的私人交往，尊重按个人意志处理个人、家庭和亲戚事务的自由，只要这种私德不影响社区公共道德。私德是一种德性，从法律上讲也是一种个人的自由，是人们在谋取私人利益、私人之间相处或在私人领域行事时以先人后己、利人损己的行为体现出来的节操，它内在要求对私的恰当定位和客观评价。因为如果对私不予承认和保障，那就无所谓私德。但是，如果在承认人的利己心基础上对私的理解过于宽泛，势必导致人情泛滥，影响他人利益，就与德相背离了，也与法不容。因而私的范围和界限必须确定。对此，英国约翰·密尔的观点很好道出了法治社会私德应有的场域。他认为，第一，个人的行动只要不涉及自身以外什么人的利害，个人就不必向社会负责交代。他人若为着自己的好处而认为有必要时，可以对他忠告“指教”劝说以致远而避之，这些就是社会要对他的行为表示不喜或非难时所仅能采取的正当步骤。第二，关于对他人利益有害的行动，个人则应当负责交代，并且还应当承受或是社会的或是法律的惩罚，假如社会的意见认为需要用这种或那种惩罚来保护它自己的话。① 所以，私德的现代意蕴体现在它对“私”的恰当定位和客观评价上：在日益扩大的公共领域里尊奉责任伦理，在私人领域寻觅个人安身立命的终极关怀。② 居民在社区的私域是个人生活宁静安逸的港湾，是摘下社会性面具后返璞归真的天然，通过私德的践行，在享受亲情、友情的过程中，化解公共生活带来的压力，维系作为社会细胞的家庭伦理，从而也为公共秩序和国家治理提供最基础保障。

在当下社会生活中，由于私德与公德的多样性、复杂性、边界的相对性和模糊性、法律规范的有限性等原因，时常导致私德与公德的混淆和冲突，这突出表现为私德越位引致的问题。由于中国传统社会公德的先天不足及其历史惯性，当

① ［英］约翰·密尔：《论自由》，许宝骙译，商务印书馆2005年版，第112页。

② 张建英、罗承选、胡耀忠：《论私德建设的困境与出路》，载《江西社会科学》2011年第3期。

代人在公共领域中依然借助私德来规范自己的行为，造成了私德的越位。用传统的私德伦理来解决民主法治社会的公共生活伦理问题，必然带来了一系列不协调。首先是延宕了公民公共理性的养成、公德意识和公德素养的培养，从而拉长了公共生活从无序到有序的历程。特别是在社会主义市场经济条件下依然用私德来调节公共领域的社会关系，用传统的人情伦理来阻碍人们培养基于契约思想的公共理性，势必影响公共道德的养成。其次，导致一部分人的利益受损及社会不公平问题加剧。私德本身是人的精神自律的体现，反映自由意志的理性选择，是私人关系中特有的对他人的关爱和支持。本质上属于非理性的东西，天然具有无限性、无边界性。当私德越位来处理公共领域的伦理关系时，人们就会自然地按照是否有情感联系而把对象区别对待。如对待陌生人，公事公办，对待熟人或亲戚朋友则可能放弃公共规则。由于公共资源永远是有限的，因此，区别对待就成为常态，社会公平因此不会存在。如我国正在完善中的市场经济普遍存在的市场主体道德水准滑坡、选择性执法等问题，导致对陌生人制假售假，对有私人关系者的特许和选择执法。在政治活动中体现为权钱交易、以权谋私，在司法活动中呈现出“先打关系，再打官司”、情大于法等乱象。再次，私德越位也导致私德的扭曲，妨碍了私德的建设。私德有其内在特征，有决定其特征的一系列条件，不顾人性和现实的普遍推广私德，试图让整个社会都做到“老吾老以及人之老，幼吾幼以及人之幼”，其愿望无可厚非，但这种道德理想主义在一个世俗化的社中，是难以实现的。只有通过公德取其最低限度的关爱和法律给予最低限度的保障，才可能接近这一理想状态。所以，与公德相比，私德有时属于较高的道德要求。用过高的道德标准要求公民，既容易产生大量的伪君子，又会导致道德要求在实践中走样，妨碍人们对于私德的边界意识的形成，私德与公德在不知不觉中产生持续的冲突。如当今社会某些人，不仅不克己，反而把经济领域的求利原则不恰当地引入道德领域，奉行“人不为己，天诛地灭”“人人为自己，上帝为大家”的处事原则，造成道德混乱。在社区治理中私德的无私奉献、友情、无原则迁就等在社区公共事务中不一定适用，或者说难以可持续地坚持和发扬下去，在社区调研中，我们也发现，尽管人们组成社区治安、娱乐、志愿者等组织从事社区服务，但由于活动经费和个人通信费用无偿支出等，还是存在不同看法，说明在家中可以无偿付出金钱和精力，但在社区公共服务领域，还是需要通过不同于鼓励私德的方式维系和激励居民的公德情怀，如基于适当的工作经费和误餐费等补贴，单凭精神鼓励和激情是难以取得长久的公德培育效果的。

不仅私德和公德存在冲突，而且社会公德本身也存在悖论现象，即在弘扬一种德性的同时，相伴滋生了另一种败德行为，选择了善故也选择了恶。如助人为乐的同情心和行为通常也带来利用这种善良和善行贪利和不劳而获的恶果。过度保护野生动物导致人与自然的矛盾、受保护动物野性的丧失、本能的退化和天敌减少带来的大自然报复。

特别值得关注的是，我国当下正处于社会转型时期，由于法治尚未完善，法律对于公德的保护不充分，对于私德的指引态度不明确，公民的私德与公德冲突时常带来社会的困惑，导致公德的滑坡和私德的畸形发展，在基层社区治理过程中，无论是社区工作者还是居民都在一定程度上缺乏对公德与私德的合理把握和边界的坚守，对别人公德要求高，以公德守护者自居，占领道德制高点；对自己公德要求低，往往为一己之便利而不惜破坏小区秩序，如任意停车占道，一辆轿车占两个车位，一家人长久占用喜欢的运动器材等，这种对自己和家人竭力关照和提供方便，但忽视了社区公德要求的利他品格，“己所不欲勿施于人”应是建设好私德和公德的重要原则和指导。

改革开放以来，在科学技术的发展和市场经济推进的过程中，中国人创造和追逐财富的才能和智慧被有效地激发出来。但是，在积累物质财富的同时，社会公德和私德建设没有及时跟进，出现了不少为了一己私利不惜坑害他人和公众，破坏和污染环境的事件。几乎在社会生活的各个领域都有大量的为了私人利益而损害他人与社会利益的情况，在社区，高空抛物有时是为一己便利而置他人及公共安全于不顾。更有甚者，抛弃公德，崇尚私德，认为损人利己的自私自利是天然的、正当的，是私德。也有相反的情况，即否认私德的正当性，将私德视为本能和无益社会的表现。这些偏激的观点在社区治理中都会导致私德和公德间的冲突。如个人爱好养宠物，也可能体现出爱心和个人自由，养宠物爱好者常常在小区聚会遛狗也无可厚非，彼此建立友好关系也属于私德范畴，但不能因此损害其他居民的自由和权利，特别是免于恐惧、免于被感染细菌或者病毒、免于被迫改道避让、免于在电梯闻动物排泄物气味的权利等。这既是公德的要求，也是做人和法律的底线。

三、强化公德与私德的合理调适，促进社区伦理秩序的形成

法治社会首先是一个有着优良伦理的社会，正如古罗马法律箴言所揭示的："法律是善良和公正的艺术"。在公德和私德冲突时，法律需要在保留核心和底线的私德方面作出规定，此举不仅有利于法律的人性化，更有利于法律的实施和权威的树立。古代法制中的亲亲相隐的原则，其本质是为私德留下必要的不可侵犯的空间。新中国法制曾经较长时间废除了这一原则，规定"凡是知道案情的人都有作证的义务"，理论上反映了法律面前人人平等、公民社会的权利义务的平等性和建设新的社会主义伦理秩序的要求。但它同时忽视了私德在法治和伦理秩序建构的基础性作用：对于非重大的危害社会的犯罪的亲属间的举报，尽管在公德上符合大义灭亲和弘扬社会正义的价值准则，但这种情形下的公德和法律义务的履行，产生的后果是私德的灭失，特别是家庭和亲属间伦理关系根基的动摇。而法律不仅是为国家和社会秩序和延续性而产生和存续，它还承载着维系家庭这一社会细胞、这一最小也是最基本的组织体的存在及家庭幸福和谐的功能。而没有家庭伦理的存续，国家就失去了最重要的根基，法律的正当性、连续性和有效性也岌岌可危。事实证明，完全忽视私德的存在，不仅公德受损，而且法治也难以深入公民心中，法律规范也难以在现实中转化为公民自觉遵守的准则。所以，一个完全抛弃亲情的社会，也无法建构一个值得人们生活于其中的法治和伦理社会。法律在必要范围内留给亲情伦理调整的空间，是为让公民在公德和私德两个场域中实现分离和交互的有机统一，从而保障公民的自由、责任、尊严，同时也是对国家和社会能力有限性的必要补充。毕竟，完全脱离家庭的公民生活不仅在事实上是不存在的，而且即使存在也是非常危险的。不难想象，一个没有家庭的社会和国家将会变成一个彼此游离的原子组成的、完全不可控进而必然是充满混乱和恐怖的世界，到那时，法律的存在还有意义吗？因此，在法治精神的指引下和宪法的统合下，合理调适公德和私德才是当代伦理秩序顺利建构的必由之路。

社会公德是人类在社会公共生活中形成的最基本的道德规范体系，是伦理秩序形成的首要支柱，因其是公共领域中的最基本准则，对于共同体的存续具有根本意义，因而构成国家根本法的调整对象之一。我国《宪法》序言明确指出，推动物质文明、政治文明、精神文明、社会文明、生态文明协调发展，把我国建设

成为富强民主文明和谐美丽的社会主义现代化强国，实现中华民族伟大复兴。《宪法》第二十四条规定："国家通过普及理想教育、道德教育、文化教育、纪律和法制教育，通过在城乡不同范围的群众中制定和执行各种守则、公约，加强社会主义精神文明的建设。国家倡导社会主义核心价值观，提倡爱祖国、爱人民、爱劳动、爱科学、爱社会主义的公德。"通过宪法序言和宪法规范，清晰地、多层次地构建起以精神文明为指导、道德教育等为抓手，以社会主义核心价值观为引领，把提倡"五爱"作为社会公德最核心内容的社会伦理规范体系。为了保证社会主义精神文明和公德从法律倡导性规定变成公民生活必须遵循的准则，《宪法》将"尊重社会公德"条款作为公民的基本义务置于"公民的基本权利和义务"一章之中，要求每个公民都必须把尊重社会公德当作自己的义务来履行。为了更好实施这些宪法规范，相关法律法规进行了有针对性的细化规定，司法裁判也依据宪法要求落实到司法权运行的每个环节。以《新时代公民道德建设实施纲要》（2019）为例，纲要明确指出，在国际国内形势深刻变化、我国经济社会深刻变革的大背景下，由于市场经济规则、政策法规、社会治理还不够健全，受不良思想文化侵蚀和网络有害信息影响，道德领域依然存在不少问题。一些地方、一些领域不同程度存在道德失范现象，拜金主义、享乐主义、极端个人主义仍然比较突出；一些社会成员道德观念模糊甚至缺失，是非、善恶、美丑不分，见利忘义、唯利是图，损人利己、损公肥私；造假欺诈、不讲信用的现象久治不绝，突破公序良俗底线、妨害人民幸福生活、伤害国家尊严和民族感情的事件时有发生。这些问题必须引起全党全社会高度重视，采取有力措施切实加以解决。为此，纲要提出要坚持马克思主义道德观、社会主义道德观，倡导共产主义道德，以为人民服务为核心，以集体主义为原则，以爱祖国、爱人民、爱劳动、爱科学、爱社会主义为基本要求，始终保持公民道德建设的社会主义方向。坚持发挥社会主义法治的促进和保障作用，以法治承载道德理念、鲜明道德导向、弘扬美德义行，把社会主义道德要求体现到立法、执法、司法、守法之中，以法治的力量引导人们向上向善。要把社会公德、职业道德、家庭美德、个人品德建设作为着力点。推动践行以文明礼貌、助人为乐、爱护公物、保护环境、遵纪守法为主要内容的社会公德，鼓励人们在社会上做一个好公民；推动践行以爱岗敬业、诚实守信、办事公道、热情服务、奉献社会为主要内容的职业道德，鼓励人们在工作中做一个好建设者；推动践行以尊老爱幼、男女平等、夫妻和睦、勤俭持家、邻里互助为主要内容的家庭美德，鼓励人们在家庭里做一个好成员；推动践行以爱国奉献、明礼遵规、勤劳善良、宽厚正直、自强自律为主要内容的个人品德，鼓励人们在日常生活中养成好品行。这些规定为进一步完善社区公德建设提供了更具体的指引，社区可以结合自身存在的难题和目标定位，作出更加切实可行的居民公约细则。

社会公德不会自动由宪法规定、居民公约等规范变成公民自觉的行为，只有通过培养才能内化为公民的自觉自愿。因此，公德培育对居民将社会公德内化于心、外化于行具有重要意义：只有所有居民遵守社会公德，才能保证社区全体成员正常地生活、学习和工作，保证社区生活的正常进行，而道德失范则会导致小区秩序的失范，影响的是小区所有居民的生活。由于社区是不同年龄、不同职业、不同需求、不同活动频率的人们组成的不可须臾终端的复杂流动体系，即使是一辆汽车堵住了小区进出口，也会导致大量的居民学习、生活、工作行为受阻，从而引发纠纷乃至整个社区（小区）的失序，严重者则会酿成群体性事件。“基层不牢，地动山摇”，城市社区是社会治理最基础的领域，是居民最主要的生活和休息场所，居民安则城市安，城市中的社会公德首先体现为居民公德，所以，社区是社会公德水准最直接的体现和培育阵地，也是公德对特定生活领域的人们彼此影响最广泛最直接的场域。要将亲情及私人领域的行为适当投射到社区公共领域，遵循“己所不欲勿施于人”的法治与人权理念和处事原则，不以私利累大德，在享受自己爱好和自由的同时不要给邻里和社区居民造成不利影响，不仅违法行为如乱倒垃圾、违规宠物饲养，而且冒犯的行为也是滥用自由损害公德的体现，如邻居容易看见的赤裸的身体和毫无顾忌的爱人间的亲密行为等都可能构成对邻居和公德冒犯，从更深层面讲，是对基本人性的违背，正所谓“恻隐之心，人皆有之；羞恶之心，人皆有之；恭敬之心，人皆有之；是非之心，人皆有之”①。无羞恶之心的行为，也会给邻里造成视觉的困扰和对社区未成年人的负面影响，从而与公德关联。马克思说，要“努力做到使私人关系间应该遵循的那

① 《孟子·告子上》。

种简单的道德和正义的准则，成为各民族之间的关系中的至高无上的准则”①。列宁也把“自动地遵守”“数百年来人们就知道的，数千年来在一切处世格言上反复谈到的、起码的公共生活准则”，作为国家消亡的条件之一。中国文化中礼仪和人际交往与个人行为的禁忌不仅是个人修身、齐家的私德所必需，也是公德的重要评价因素。所谓“在家不会迎宾客，出外方知少主人”“事亲孝，故忠可移于君，是以求忠臣必于孝子之门”②。私德不修，公德便无从谈起。国与家公私有别，家与国识人同理，一屋不扫何以扫天下，舍小家顾大家，孟子讲的“四心”，既是私德的前提，也是公德的基础。所以，在伟大思想家和革命导师的理想社会图景中，人类社会的最高境界是国家消亡，伦理秩序长存。

法治是天理、国法和人情的有机统一，社区是国家意志、社会规范和公民自主行为共同作用的场域，任何人无论贫富贵贱都无法逃避社区作为其一生最重要的栖住之地，无论是中国传统儒家构筑的伦理“同心圆”的差序格局，还是西方以上帝之下的众生平等，都会在社区这一共同人群共同生活的场域中演绎着私德与公德的协奏曲。在推进基层社会治理现代化的当下，城市社区可以从以下更具体的方面着力对公德和私德间的关系进行合理调适，建构法治社会格局下和谐幸福的社区伦理秩序：

1. 确立合乎法治精神的社区公共道德建设基本原则

第一，集体主义原则。集体主义与利己主义相对立。这既是反映社会主义本质特征的道德原则，也是解决公德和私德冲突的最基本原则。该原则的内涵至少包括：一是不损人的利己是合理的、也是合乎道德的，社会鼓励正当劳动的致富行为，保护个人的合法权益，正如我国《宪法》第六条规定的“实行各尽所能，按劳分配的原则”。二是在维护、发展集体利益的基础上，实行个人利益、集体利益、国家利益的兼顾和协调。对此，我国《宪法》第五十一条规定：“中华人民共和国公民在行使自由和权利的时候，不得损害国家的、社会的、集体的和其他公民的合法的自由和权利。”一般情况下，当个人利益与集体利益或国家利益发生矛盾时，应把集体利益或国家利益置于优先地位，即个人利益自觉地服从集

① 《马克思恩格斯全集》第21卷，人民出版社2003年版，第15页。
② 《后汉书·韦彪传》。

体或国家的利益。为了集体或国家利益而放弃或牺牲个人利益，则是高尚的道德行为。三是一切侵犯个人正当利益的行为，一切侵害他人、集体、社会或国家利益的行为都是违法的、反道德的，都应无例外地受到法律的制裁或道德舆论的谴责。第二，人道的原则。它要求以符合人性的方式对待人，要求社会对每个成员利益、权利和价值的尊重以及公民之间的相互尊重，以平等的态度待人，恪守“己所不欲，勿施于人”的准则；关心人，爱护人。人道原则不仅适用于处理人与人之间的关系，而且延伸至自然界的生命个体，善待自己，善待他人，善待自然。第三，公正原则。公正与偏私相对立，公正大致与中国传统德目中的“义”相当，是现代法治社会中的公德精神的精练表达，它要求对人对事持公正无偏的态度和对公共事务的理性参与。第四，诚信原则。人无信不立，诚信与欺诈、背信弃义相对立。社区是居民自愿组成的生活集体，社区利益特别是公共利益应当优先于居民个人利益，任何居民都不能以自己的自由为借口和抗辩理由，作出危害社区公共利益的行为。诸如高空抛物、噪声扰邻、不牵绳遛狗、随地吐痰、不按车位指示停车、违法违规占用公共区域等行为。

2. 坚持经济基础对人们社会关系建构起基础性作用的分析立场

从社会主义的初级阶段这一基本的国情出发，分析我国现有的多种所有制的现实和分配制度的多种样态，这是建构伦理秩序的首要出发点。任何超越现有经济发展阶段的理想化伦理秩序都会变成空中楼阁和海市蜃楼，不能成为公民社会生活的行为规范。城市社区的各种行为规范、社会关系形态和矛盾纠纷解决方式等都与这一基础存在关联或受其影响。由于快速城市化，社区中居民的生活条件、生活习惯、行为方式都带有原来生活的痕迹和受当下经济条件、文化素养等的影响，需要承认来自五湖四海的陌生人组成的社区，以物业费为主导、政府少量供给的公共设施（如体育健身器材类）、社区组织等构筑的管理和自治模式，是城市社区建设的初级阶段，只是构建了最基本的社区公共事务运行机制，根本谈不上构筑社区的精神家园。因此，基于此种客观实际，决定了采取协商、宽容、协作、自律、求同存异、在发展中解决社区问题等基本观念、思维方式和共处策略成为当下社区伦理秩序建设的基本方略。

3. 从传统伦理文化中吸收营养

几千年的中华文明史也是一部绵延不绝的伦理秩序的发展史，留下了极为丰富的中华民族的传统美德和优秀的伦理文化典籍等宝贵的道德遗产，这些传统美德不仅在历史上发挥过重要作用，在今天和未来同样具有普遍性、永久性意义。① 所以，对诸如仁、义、礼、智、信的继承、发扬和现代性转换，对古代知识分子“先天下之忧而忧，后天下之乐而乐”“为善最乐”的公德情怀的现代诠释都有利于社区伦理秩序的建构。当下，社区中倡导和践行“我为人人，人人为我”，推进“时间银行”等志愿活动，以邻里守望相助，扶弱济困，敬老助残，彼此帮扶等道德善行形塑社会主义新时代的现代化社区。

4. 对西方历史上产生和凝结的符合人类文明进步的伦理资源的借鉴和利用

以古希腊为代表的探寻理性、法治和公正等伦理思想、中世纪的宗教伦理中的合理因素、近代以来的资本主义的伦理文化，是人类伦理文化发展的又一种模式，其中含有人类道德生活许多有价值的东西，特别是伴随资本主义产生和发展而形成的诸如平等思想、自主意识、契约精神等，经过改造之后可以成为社区伦理道德建设的一部分。用公平正义既可以衡量宏大的国家制度和具体政府行为，也可以衡量和指导居民自治，居民以民主方式组建业主委员会，积极参与社区业主大会，决定社区公共事务，制定社区居民公约或章程，将法治的理性、正义、公平和善业的追求转化成社区可触摸的日常生活过程，在社区公共事务的决策、公共收益的处分、社区安全和秩序的维护、社区纠纷的解决等具体的治理细节中体会着法治与德治交相辉映带来的治理成果。

5. 从时代的发展中提炼出新的伦理精神和丰富伦理的内涵

新时期社会主义核心价值观成为我国宪法所确认、倡导和保护的最基本也最核心的价值体系，从国家、社会和公民三个层面进行了系统建构：国家层面的富强、民主、文明、和谐，社会层面的自由、平等、公正、法治，公民层面的爱国、敬业、诚信、友善，社会主义核心价值观也是我国伦理秩序建构的基本维度。在科技迅速发展的时代，在东西方经济文化相互激荡和交流的时代，我们建构伦理秩序应体现时代的特征和中国特色并有所超越，在创新社区治理过程中，将社会主义核心价值观深度嵌入社区生活的各个环节，以此为指导，构建更加友善和谐幸福美丽文明的社区，提升社区治理效能。

---

① 王怡：《传统美德与当代社会公德建设》，载《东岳论丛》2000 年第 4 期。

6. 采取法律和道德双剑合璧的方式推动社区伦理秩序的建构

法律是成文的道德，道德是内心的法律。对于公民来说，起码的公德要求是避免损害公共利益和其他社会成员的利益，在获得自己的利益和便利时不伤害陌生人和社会。在利己方面，如古代倡导“父子有亲，君臣有义，夫妇有别，长幼有序，朋友有信”。① 今天，私德是公共利益无关个人交往中的道德，既有古代私德的传承，也有时代的新内涵，主要包括个人品德、修养、作风、习惯以及个人生活中处理爱情、婚姻、家庭问题、邻里关系的道德规范，通常以家庭美德为核心。日常生活中“私德”如守正自省、自尊自爱，助人为乐、奉献爱心，诚实守信、言行一致，宽容大度、与人为善，友好交往、礼貌文明等。在倡导公德的同时，要解决公德悖论②，不但要有爱人之心，还要有判断是非的智慧；社会要加强监督机制，提高社会公民的整体素质。③ 当然，采取整体论和重点论的认知、评价方法及实践策略也是重要路径。另外，公德的发展也依赖权力行使者道德的提升，只有他们始终秉持为人民服务的理念，不被私心、小集团利益、部门利益所掣肘，才可能制定出良善的法律，法的执行才更合乎社会的道德期盼，人民认同的道德判断和取向的善意才更可能获得司法裁断的共鸣，社会公德才有更加坚实的守护。近些年来，助人者的公德心和行为屡屡遭受受助者的伤害，价值司法判断与常识性判断及善意推定间偏差，对社会公德建设的负面影响不可小视，导致一段时期以来的“寒蝉效应”的教训值得警醒。当下，随着社会主义核心价值观在立法、执法和司法领域的贯彻，社会正义、友善、助人的法律保护和善意推定使助人为乐、伸张正义的公德行为得到应有的肯定和褒扬，社会正气得到提升。

法律不能确保每个人行善，但应该防止普遍的恶。无论私德还是公德都有高

① 《孟子·滕文公上》。

② 社会公德悖论是道德悖论在公德领域的体现。道德悖论，是指一个道德行为选择和道德价值实现的结果同时出现善与恶两种截然不同的特殊情况，选择了善故也选择了恶，这种矛盾就是一种特殊的悖论逻辑矛盾——道德悖论。如在助人为乐时，也助长了一批贪图小便宜的人。爱心捐赠钱物可能完全背离慈善目的被使用或者被某些不法分子侵占，挪作他用等。

③ 王玉华：《社会公德悖论现象及消解策略》，载《齐齐哈尔师范高等专科学校学报》2010年第3期。

标和底线之别，我们既提倡人们对更高的道德价值理想的自我追求，但当务之急是依法确保人们遵循最起码意义上的德性要求，维持社会正常生活应有的底线和文明。社区作为居民自由决定个人行为与维护最切身公共利益的场域，任何对社区公益的损害立即反作用于自身，除了《民法典》《治安管理处罚法》《国家安全法》《刑法》等硬法进行规范之外，社区居民公约、自治章程、社区业主议事规则等契约性规范，社区微信群、社区议事会等协商决策组织也能引导和规制居民行为，使其走向更加符合社会主义核心价值观的伦理方向。建立道德监督与奖惩制度，表彰道德模范，惩罚失信败德者。借助互联网技术和社区社会组织的活动方式，创建现代社区共同的生活和交往模式，社区公民也很容易建构一个熟人社会。在熟人社会里，社区道德原则和行为规范可以通过道德共识确立，进而评价和监督社区每位公民的行为，形成良好的道德舆论氛围。对于违反公共道德行为通过给予差评、限制一些社区福利的发放和评优、推荐或获得资助的资格等处罚措施。社区居民处于道德监督之下，就会检点自己的行为。反之，将会受到严厉的谴责。总之，一定方式的道德惩罚和道德奖励会使社区公民更好地建立道德感和践行道德行为。①

道德重视教化，教化有利于形成道德认知、道德共识和道德习惯的养成，开展社区公共道德教育，养成公民公德意识。首先，社区是进行公共道德教育的重要载体。20 世纪初，“睦邻运动”盛行于英美等西方国家，其宗旨是培养社区居民的自治精神和互助精神，客观上也使社区居民间的关系更和谐，提高了社区居民的公德意识和主人翁意识。在我国，社区是公民公共道德建设的主阵地和切入点。社区公共道德建设是精神文明建设的重要内容，新时代结合践行社会主义核心价值观，分层分类推进社区公共道德教育。社会公共规则只是对公民进行外在约束，公民道德建设根本在于培养公民道德素养。社会公德教育从内容来说，既要有社会公共规则教育，培养公民规则意识和公共意识；又要有中华传统美德教育，培养公民社会责任感和集体主义精神。从对象看，既要面向学校青少年，也要面向社会成人，使公德教育成为贯穿人一生的终身教育。从实施载体看，要完

① 夏坤：《社区公民公共道德研究——以郑州市金水区社区为例》，郑州大学 2013 年硕士学位论文，第 39 页。

善家庭、学校、社会相结合的教育体系。家庭是人生第一课堂，承担着“扣好人生第一粒扣子”的重任，要用良好的家教家风培育人的道德品行，落实《家庭教育促进法》，要求父母或者其他监护人树立家庭是第一个课堂、家长是第一任老师的责任意识，承担实施家庭教育的主体责任，用正确思想、方法和行为教育未成年人养成良好思想、品行和习惯；家庭教育以立德树人为根本任务，培育和践行社会主义核心价值观，弘扬中华民族秀传统文化、革命文化、社会主义先进文化。同时，在家庭教育内容的规定中，与“德智体美劳”为主要方面的学校教育相区别，突出“以德为先”，强调教育未成年人爱党、爱国、爱人民、爱集体、爱社会主义，培养家国情怀；教育未成年人崇德向善，培养良好社会公德、家庭美德个人品德意识和法治意识等；学校是对青少年学生进行公德教育的主阵地，要把立德树人贯穿教育教学全过程，把公民道德建设内容和要求体现到各学科教育中。社会是个大熔炉，社会风尚好坏对社会公德有着极大影响，要充分利用社会力量，开展群众性道德实践活动，以先进模范引领道德风尚，以正确舆论营造良好道德环境，抓好网络空间道德建设和重点群体教育引导，推动全民道德素质，将社会文明程度提升到一个新高度。①

注重社区公共道德教育培养的实效性。第一，发挥媒体的教育作用，加强社区公民公共道德建设，离不开社会舆论力量的引导，它可以利用自身的感召力提升社区公民公共道德；第二，发挥先进典型的示范教育作用；第三，充分利用好网络等现代化的信息工具；第四，注重社区的公共领域中的广泛宣传；第五，发挥公益活动的感化带动作用。在社区公共道德建设中，公益活动带来的效果往往能够促进社区居民对于公共事务的关心、触发其公共责任感，从而提升公民的公共道德水平。

当然，社区居委会各下属委员会在各自职责范围内，定期或不定期进行家庭教育、妇女与儿童权益、环境保护、养老服务、公共安全等方面的宣传及各类社区活动，营造优良伦理建设的氛围和行动也十分必要。

总之，适当划清公私两领域的范围，并在不同领域中遵循各自不同的“游戏

① 冯建军：《治理公德失范要双管齐下》，载《人民日报（海外版）》2019年8月12日，第5版。

规则”。即在公的领域内奉行公事公办的原则，注意基于社会理性和公共权责的伦理的培养和发挥。因为公众的利益需要平等、公正的律则规范。法律规范必须尽可能地普遍化、抽象化以保证客观性与公平性；在私的领域则可继承礼尚往来的习俗，创造性地转化传统习俗道德的合理资源，因为人人都有彼此交往互诉情感的内心需要，特定处境下的具体人格相互间更有道德责任而不能普遍化或抽象化。当然，公共领域与私人领域并不是截然二分的，公私领域的关系有时可能像是连续体，界限在哪里，需要视具体情境做判断。

改革开放以来，我国经过几十年时间，创造了迅速城市化的奇迹，社会经历着前所未有的重大转型，各种利益冲突和矛盾纠纷也以不同形式在社区叠加出现，又适逢百年未有之大变局，传统农业社会的管理和服务模式、人与人之间的关系和行为协调模式无法适应工业化时代、信息化时代、数字化时代基层治理的需要，不管政府和居民是否愿意面对，无论是接受还是拒绝，深刻的社会变迁都会带来对伦理秩序的冲击和现代化转型，普遍具有现代教育知识背景的居民既在不断地反思我们几千年来农业社会形成的伦理传统，又在与西方的伦理碰撞中迷茫、迷失和挣扎。在如何继承传统、如何吸纳西方合理的伦理资源和建构新的社会伦理之间仍未获得令人满意的答案。但法治社会依然有基本的伦理诉求和适应法治目标的内容。当下我国正在进行法治国家、法治政府和法治社会建设，这一目标要求建立与之相应的伦理秩序。同样，实现法治目标的较长过程和艰难历程也决定了社会公德和私德建设的任重道远，新的适应社会主义市场经济和人的全面发展的优良伦理秩序还需要国家、社会和公民进行较长时期的努力，正如列宁所指出的：“我们将为此坚持不懈地工作几年以至几十年。我们将努力消灭‘人人为自己，上帝为大家’这个可诅咒的准则，努力把‘大家为一人，一人为大家’和‘各尽所能，按需分配’的准则渗透到群众的意识中去，渗透到他们的习惯中去，渗透到他们的生活常规中去。”① 因此，聚焦于社区这一公私高度融合的场域，以良好的社区伦理秩序助力社区治理现代化，为实现人人有责、人人尽责、人人享有的社会治理共同体提供道德伦理支撑。

---

① 《列宁全集》第39卷，人民出版社1986年版，第100页。

第五节　完善支持社会组织发展的规范供给

一、完善社会组织相关法律法规

社区是城市基层治理的神经末梢，社区服务居民的质量水平直接影响着地方基层治理的总体成效，如何提升社区服务水平是提升基层治理效能的内在需要和重要维度。坚持党的领导，进一步发挥社会组织服务社区的功能，真正实现多元治理的新格局。当前，尤其需要面对社区治理呈现出的需求多样化、主体多元化、空间扩大化、服务个性化的特征，通过完善相关政策法规、均衡服务供给、探索社会组织孵化培育、资源换服务、政企共治等方式，强化对社会组织、企业、物业公司等社会力量的统筹整合，不断增强企业、社会组织、群众参与社会公益事业和基层治理力度，构建“基本服务政府兜底、公共服务多元供给、专业化服务市场为主”的社区治理新格局。

完善社会组织相关法律法规，为社会组织充分参与社区治理提供法治保障。我国的社会组织立法是一个相对复杂的问题，它涉及多部立法和多个法律部门，针对我国日益庞大的社会组织群体及不断发展的趋势，现行社会组织法律制度已经难以为社会组织发展提供充分指导和规范，无法充分激励社会组织充分发挥社会治理的作用。我国正处于社会组织承接政府公共职责的关键阶段，法律规范供给的短缺，制约了社会组织在基层治理中功能的发挥。需要从顶层设计的高度，出台《社会组织法》，将调整对象和范围确定为中华人民共和国境内设立的各种社会组织，赋予公民依法成立社会组织的自由，保障其财产权利和其他合法权益，规范社会组织的行为，明确法律责任，促进社会公益事业的健康发展。

结社自由是我国《宪法》所确立的一项基本人权，它的实现必须依靠结社法来保障。为此，有必要在《宪法》之下制定我国的“结社法”，实现对于结社自由权内涵、内容、行使及其限制的法律规范。其次，以《宪法》《民法典》的精神和规范为指导，制定社会组织法，将其定位为规范社会组织登记、运行、监管的基本法，指导和保障社会组织发展，为完善多元共治的社会治理提供重要法律支撑。当前，围绕社会组织“三法”，即《社会团体登记管理条例》《基金会管理条例》《民办非企业单位登记暂行办法》的修改进行了较广泛讨论，是分别修订还是合为一部法律，学界意见并不统一，但“三法”与《民法典》和《中华人民共和国慈善法》的冲突必须解决。因此，急需完善社会组织相关法律，明确社会组织的主体地位以及享有的各类基本权利，包括财产权、独立权、平等权等。同时，建立社会组织合法权益保障机制，对无理征收社会组织财产的行为进行处理和责任追究；要求相关政府机关、类政府机关等不得侵害社会组织的合法权益，不得在各类政策（特别是税收减免政策）上对社会组织施加不合理的区别对待，形成合理、连贯的社会组织政策支持体系；明确社会组织在设立、活动、合并、终止等环节中应承担的法律责任及相应的社会公共责任。政府应树立“培育”社会组织的理念，协助有困难的社会组织拓宽资金筹措、对外宣传、吸引人才等渠道；建立社会组织分类登记制度，对于不存在影响社会稳定风险的社会组织，可实行直接登记制度。如对四类社会组织（行业协会商会、科技类、公益慈善类、城乡社区服务）最好能直接登记，以解决登记难、注册难的问题。对存在影响社会稳定风险的组织，设置合理的程序，适度从严审批；建立审批前的调查、活动中全面跟踪监管、终止后及时清算的监管体系，增强社会组织活动的透明度。借鉴公司法人内部管理制度，对社会组织内部结构、组织规章进行规范，提升社会组织内部管理民主化、科学化和合规水平。法规除了要解决“登记难”以外，还要解决“退出难”问题。现实中社会组织的吊销和注销程序十分复杂和严格。现行“三大条例”中，对社会组织法人资格产生影响的法律形式包括吊销、撤销等。无论是撤销，还是吊销，并不意味着社会组织法人资格完全的灭失。根据《民法典》的规定，社会组织被撤销、吊销或理事会决议终止的，都得进行清算后向登记的民政部门申请注销登记，其法人资格才最后终止。但根据现行“三大条例”规定，社会组织进行清算，其程序非常繁杂，且不清晰，操作性不强，清算过程中涉及理事会决策、业务主管单位同意，清理债权债务、银行销户、清算后剩余财产处置等问题，而这个过程中相关具体程序并不明确。由此造成诸多难题，一方面“僵尸”社会组织越来越多，给行政机关造成社会组织繁荣的假象，妨碍正确决策；另一方面社会组织不办理注销，产生诸如占用和浪费社会资源，耗费行政管理成本，妨碍社会组织管理秩序等一系列不良后果。

为了保障社会领域的法规相互衔接，协调发挥促进和规范作用，应该适时启动对《工会法》《中国红十字会法》《公益事业捐赠法》等带有较重计划经济时代规制特征的条款进行相应修订，以形成我国统一的社会发展领域法规体系。

二、构建科学的社会组织参与社区治理运行机制

（一）构建社会组织民主参与社区治理机制

构建科学的社会组织参与社区治理运行机制，顺利实现社会组织有机地纳入社区治理网络中，并与其他治理主体合作互动，优势互补。为克服多元主体合而不力或貌合神离的弊端，必须从机制建设入手，建立各治理主体之间公平的、法制的、公共性的合作互动、平衡制约、有序竞争的民主机制。① 一是在主体行为假定上，社区治理主张对所有主体统一采用个体主义方法论，假定所有主体都只是有限理性的，在此基础上形成一种互动主义方法论，通过适当的机制设计和制度安排来促使各方主体成为公益代表。二是在利益导向上，社区治理承认公益和私益的共同存在，两者都应受到尊重，在兼顾公益的基础上实现社会整体利益的最大化。三是在治理主体方面，社区治理主张所有公共关系主体都是治理主体，各种治理主体在社会治理中扮演着不同的角色，平等参与社区治理过程，各展其长，各得其所，相得益彰，形成多元治理格局。四是在治理方式上，主张先自治后共治，先市场后社会、先政府后民众的选择标准，实现治理方式的多元化、民主化和规范化，通过博弈实现均衡，借助程序正义实现实体正义。在权责一致性方面，将社区治理在宪制框架下构建权责相应的主体责任制度，所有治理主体都应该权责一致，确保没有权力不受监督，没有权利不受救济，所有治理主体都要依法承担法律责任。

基于这些理论预设，在社会组织参与社区治理民主机制构建上，首先建立和健全政府部门与社会组织的民主互动机制，实行政社分离，在政府指导方面也由行政手段改为合作或市场的手段。国家应出台法律法规，明确社会组织的法律地位，在资金支持和税收优惠方面也应加大力度，在政府购买社会组织服务方面应

---

① 王栋、徐承英：《整合、协调、回馈：社会组织参与社区治理民主机制及其功能探究》，载《天津行政学院学报》2012 年第 3 期。

提供更多机会，同时政府也应积极转变职能，为发挥社会组织的作用提供更广阔的空间。构建分类指导和支持的激励机制。社区中的社会组织一般可分为维权类、服务类和文体类三种，对于不同的组织也应区别对待。对于服务类组织，可以给予资源性激励（包括资金、人员、场所、税收优惠等），对其他类型可按照基本活动和贡献（评估后确认）给予适当物质支持。完善政府购买社会组织服务的机制。以居民需求为驱动，以项目为载体，以服务效果为依归。积极探索适合不同社区实际需求的购买运作模式，如社区消费券、服务券等。加强智慧社区的服务热线平台建设。完善公平的竞争机制。当前，社会组织间缺乏竞争机制成为制约社会组织良性发展的重要因素。如根据《社会团体登记管理条例》第 13 条第 2 项规定，在同一行政区域内已有业务范围相同或相似的民间组织，没有必要成立的，对于民间组织的成立申请不予批准。破解这一难题的方法是使社会组织运营符合市场规律，建立适度竞争的机制，将资源向资质优秀、能力强、信誉好、服务好的社会组织转移，从而净化社会组织市场，优化社会组织系统进出机制，淘汰不合格的组织，引导社会组织良性发展。另外，该条例还规定社会组织不得设立地域性分支机构，这一规定有对社会组织设立方面的垄断嫌疑，不利于市场的自由竞争和社会组织可持续发展。同时政府应依法监督社会组织的社会服务过程，确保其活动的合法性、公正性、公平性及公益性社会组织的公益性。居民委员会应定期组织居民进行评价，评价结果作为政府进一步支持社会组织或社会组织退出服务的参考。通过完善这些机制，达到社会组织服务的效益化、人性化和民主化。①

完善社会组织与社区居民的民主互动机制。一般而言，每个居民都希望在社区内找到可交流互动的群体，从个人兴趣、体育健美、娱乐休闲、阅读写作、志愿公益、纠纷解决等，社区要对居民进行公民意识教育、培训和引导，增加居民参与社区事务的机会和渠道，完善居民公共活动领域，形成浓厚的社区自治氛围。社会组织也应加大宣传，通过能人吸纳项目，通过项目建立组织，通过组织凝聚人心和人气，增强公信力、影响力，并以质优价廉的服务赢得居民的支持，

① 王栋、徐承英：《整合、协调、回馈：社会组织参与社区治理民主机制及其功能探究》，载《天津行政学院学报》2012 年第 3 期。

通过激发每个组织的活力，开展丰富多彩的社区活动，形成社区共建共治共享的良好机制，达到共享和谐美好环境的目标。政府部门要从政策等方面给予帮助和扶持，居（村）民委员会要积极引导居民参与社会组织，并有意识地组织居民以组织的形式开展社区活动等。

（二）完善政府对社会组织的支持和激励机制

《国务院机构改革和职能转变方案》（2013）中指出，“重点培育、优先发展行业协会商会类、科技类、公益慈善类、城乡社区服务类社会组织”。社会组织由于资源不足，特别是在成立之初常常会因为经费、技术、制度供给等问题而难以维持其运作，进而很难发挥其参与社区治理的作用。此时政府必须发挥在资源上具有的天然优势，主动培育社会组织，为社会组织的发展提供必要支持。包括提供必要的补助，如政府可以对社会组织进行表彰或奖励，或者对社会组织从事的公益事业给予物质支持。在保障资源符合服务社区目的的前提下，赋予社会组织以充分的自治。同时，不应当禁止社会组织从事营利性活动，重要问题是对营利是否合法使用的严格监管。尽管《民法典》将非营利法人细分为事业单位、社会团体、基金会和社会服务机构。但“非营利性”是指不能以营利为主要目的，但并非经济学意义上的无利润，社会组织可以通过会费、社区生产收益、社会捐助、举办福利服务活动收入等形式保障和扩大资源供给渠道，产生收益用于扩大服务和提高服务质量，也可以改善社会组织成员待遇。当然，这一切需要在不违反法律和法治精神前提下，将营利活动的范围及营利用途在组织章程明确规定。①

（三）完善相应的赋权机制

以赋权为依托拓展社会组织的可为空间。传统赋权理论常将“赋权”解释为“行政赋权”，认为赋权是政府主动赋予社会组织或者私人部门相应的职能与资

① 陈科霖、张演锋：《政社关系的理顺与法治化塑造——社会组织参与社区治理的空间与进路》，载《北京行政学院学报》2020年第1期。

源，让渡部分执行性工作和服务性工作，以获得发展的动力与能力。① 由于政府对社会组织的不信任，行政赋权往往伴随着行政限制，导致行政赋权呈现不完整、不稳定的特征。② 所以，行政赋权的政府自由裁量权过大容易导致无法确保社会组织有效参与社区治理。基于法治进路，实现“行政赋权”向“法律赋权”转变，通过法律赋予社会组织权利，明确其服务社区的权利和义务。“法律赋权”具有宪法的根据和稳定性保证，社会组织在社区中的治理权是内生性权利，而非外源性权利。③ 一方面，“结社自由权”属于宪法明确规定的基本权利。《宪法》第三十五条规定中华人民共和国公民有结社自由；另一方面，“结社自由权”在宪法体系中表现为参与国家与社会治理的基本面向。《宪法》第二条规定：“中华人民共和国的一切权力属于人民……人民依照法律规定，通过各种途径和形式，管理国家事务，管理经济和文化事业，管理社会事务。”以成立社会组织这一结社形式属于“各种途径和形式”中的一种，参与社区治理也是宪法赋予的应有权利。“治理权”属于“参与权”，对社会组织而言，是能够广泛参与政治、经济、文化、社会生活等各个领域的权利束，在社区治理中体现为与“自治权”并行和互补的社区服务和建设方面的权利。法律所赋予的自治权内容丰富，包含居民所具有的基层民主选举权、社区事务决策权、社区居委会成员任免权、监督权、罢免权、知情权、表达权等。作为社区重要社会组织的业主委员会的权利源自业主的物权，因此，法律性质上属于经济性自治组织，有别于有政治属性的居民委员会。根据《民法典》规定，业主委员会的职权包括制定和修改管理规约、选聘和解聘物业服务企业、筹集和使用维修资金、改建或重建建筑物及其附属设施等。此外，社区中还存在其他类型的社会组织，如社会服务机构与草根组织，它们同样可以广泛地参与社区治理。根据《民政部关于大力培育发展社区社会组织的意见》（民发〔2017〕191 号）的规定，“社区社会组织”主要包括在城乡社区开展为民服务、公益慈善、邻里互助、文体娱乐和农村生产技术服务等活动

① 汪荣有：《公共伦理学》，武汉大学出版社 2009 年版，第 150 页。

② 张紧跟：《从行政赋权到法律赋权：参与式治理创新及其调适》，载《四川大学学报》2016 年第 6 期。

③ 陈科霖、张演锋：《政社关系的理顺与法治化塑造——社会组织参与社区治理的空间与进路》，载《北京行政学院学报》2020 年第 1 期。

的社会组织，这些社区社会组织尚无明确的法律规定其权利和义务，从法理上讲，应该既具有宪法意义上的结社自由和权利，也享有作为社区居民的自治权利。

社会组织作为社区多元主体治理中“社会协同”的最重要力量，在平等原则、依法行政原则、辅助原则等法律原则的指引之下，构筑起联通国家、社区与居民的重要纽带，通过法治化的形塑和充分赋权，社会治理的多元主体间的互动规则在此基础上得以形成，明确各自的边界，在目标一致前提下实现功能互补，坚持政府指导和市场运作，服务为本与公益导向，提高社会组织的融入度、可信度和服务价值，保障社会组织的正当权益，使社区治理走向多主体密切协同，确保城市社区治理现代化在法治轨道上井然有序地阔步前行。

（四）巩固政府引导下的内生机制构建

社会组织的良性发展急需要法律作为根本保障，也需要政府在执行法律和政策供给上给予支持和引导，实现从引导到自觉，激发社区社会组织的内生动力和公信力的构建。一是改善综合制度环境，加强政府宏观引导，深化街道体制改革及社区治理机制改革，根据社区发展实际及社区社会组织的不同类型，积极拓宽社区社会组织参与社区治理的渠道。提高政府配置资源的效率，切实将社区社会组织培育工作纳入社区治理的整体布局以及基层政府绩效考核之中。二是提高社区社会组织的自觉性，进一步发挥其主体能动性和自组织功能，使其自觉参与各种基层社会治理实践，真正成为社区建设、社区治理的参与者和受益者。① 具体言之，一是通过加大政府引导力度，理顺社区社会组织的培育管理机制。创新社区社会组织孵化、培育、激励与管理模式，优先扶持和鼓励养老、公益慈善、为民服务等类型的社区社会组织发展。同时，进行差异化培育和发展，使社会组织尽量丰富多彩，且不同种类的社会组织应当具有不同的功能定位与运行方式，在社区的社会管理和公共服务中各有侧重、相辅相成。② 二是开发社区公益创投项

① 李培志：《引导与自觉：城市社区社会组织参与社区治理的路径分析》，载《中州学刊》2019 年第 6 期。

② 俞晓波：《社会组织参与社区治理的现状、问题及对策》，载《党政论坛》2017 年第 10 期。

目，探索多种方式，向具备一定能力的社区社会组织购买服务。三是加强能力建设，根据社区社会组织的不同类型、不同需要，逐步完善组织架构、活动规范等方面制度，提高社区社会组织自我管理与自我服务水平，使其逐步走上制度化、规范化发展轨道。

在支持社会组织发展的同时，也需要加强监管。对于社会组织的管理存在“重登记、轻监管”的问题，在适当降低准入门槛、大力培育发展社区社会组织的同时，也要加强监管。中共中央办公厅和国务院办公厅联合印发的《关于改革社会组织管理制度促进社会组织健康有序发展的意见》（2016）（以下简称《意见》）中，提出了建立社会组织“异常名录”和“黑名单”。在内部结构建设方面，要通过健全社会组织法制体系，建立标准化管理体制机制，强化组织章程的核心作用，完善会员大会、理事会、监事会等架构，建立人事管理、财务管理以及奖酬保障等各项规章制度，形成社区社会组织自我管理、自我发展的制度环境，提升对专业人才的吸引力。在绩效评价方面，急需进一步完善政府购买服务机制，引导社会组织有效参与社区治理。按照公开、公平、公正原则，建立以项目申报、预算编报、项目评审、组织采购、资质审核、合同签订、履约监管、经费拨付、绩效评价为主要内容的政府购买服务规范化流程。同时，建立健全由购买主体、服务对象及专业机构组成的综合性评价机制，对购买服务项目的质量、效率和效果等进行考核评价。通过独立、客观、公正的专业评价，确保评价工作的全项性、规范性和科学性。

第六节　完善人民调解为基础的矛盾纠纷多元化解机制

一、适当扩大人民调解的适用范围及调解依据

《中华人民共和国人民调解法》（以下简称《人民调解法》）中将人民调解的范围限定为民间纠纷。我国传统的人民调解范围主要是发生在公民个人之间的邻里、婚姻、家庭纠纷，而随着社会发展和转型，我国的纠纷特点发生了很大的变化：一是纠纷的主体已从个人之间转变为个人与社会组织之间、社会组织与社会组织之间，或者法人之间；二是纠纷的内容日益多样化、复杂化，更多的是涉

及环境保护、劳资关系、企业改制、电子商务、知识产权、物业管理、拆迁补偿等涉及财产类纠纷；三是出现了一些法律未能涉及的新型纠纷。从调解类型看，人民调解除了社区调解，根据纠纷的不同性质和不同领域开展专业性和行业性的调解，从而形成专业性调解和行业性调解。按照纠纷性质不同，调解主体也可以分为一般调解主体、专业性调解主体、行业性调解主体、律师调解主体和其他公益性社会调解主体。相对诉讼活动会出现诉讼前置性的调解。对于轻微的刑事案件，《刑事诉讼法》规定属于当事人自诉的范围，而且诉讼中也可以调解。但是，对于《刑事诉讼法》规定的公诉转自诉案件，由于本身社会危害性大，不适宜进行人民调解。

人民调解的社会化，可以满足社会不同层次的价值诉求，有利于形成多元化的纠纷调解机制。因此，原则上只要法律未禁止的都可以进行人民调解，其应包括：普通民事纠纷、其他违背社会公德的纠纷、《刑事诉讼法》中规定的自诉案件中的前两类、刑事附带民事诉讼的民事部分。《人民调解法》中应该规范人民调解的依据，传达国家法律的方向。在人民调解中，人民调解员可以依据法律、伦理道德、社会习惯、行业规范、与法律法规不抵触的居民公约等进行调解。实践中需要注意的是，不能依据本身已经违法的行业规则、居民公约、村规民约进行调解，这样处理的结果不仅不能解决纠纷，还可能激发矛盾，引出更多纠纷。及时以违背法律的方式调解成功，也不符合现代法治的基本精神和原则，不值得提倡，除非当事人在明知违背法律规定调解情况下依然同意调解结果。适当扩大调解依据的多样性，符合人民调解的人民自主性和灵活性的要求，也能充分激发调解的活力。

二、发挥居民公约在人民调解中的作用

居民公约是指社区范围内的居民，在基层党组织领导下，按程序依法依规，就社区公共秩序、社区共同事务、居民日常行为、调解居民矛盾、改良风俗习惯、维护居民权益等事项，在民主、友好、和谐、自愿、协商的基础上形成协议。居民公约是民间法的一种表现形式，相较于国家法，民间法突出强调“民间性”，国家法是“硬法”，由国家强制力作为后盾保证实施，居民公约作为“软法”其实施依赖社区居民自觉遵守和事前居民同意达成的执行规则。居民公约之

所以可以作为社区矛盾纠纷解决的依据之一，主要在于：一是公约内容的形成是民主协商的产物，坚持自愿平等，目标导向和谐、文明社区的构建，倡导遇事多商量、有事好商量，互谅互让，优先通过人民调解等方式友好解决民间纠纷等；二是具体内容涉及价值引导、行为指引和社区事务处理原则，一定程度上具有裁决是非、定分止争的作用。内容兼具教育引导与规范制约相结合的特征。按照2018年民政部、中央组织部、中央政法委、中央文明办、司法部、农业农村部、全国妇联联合印发的《关于做好村规民约和居民公约工作的指导意见》（民发〔2018〕144号）的规定要求，居民公约要坚持问题导向，尤其要针对社区中存在的不讲公德、不赡养老人、不规范管理宠物、污染环境，垃圾不分类、不讲公共卫生、故意或放任亲属侵扰邻里以及涉黄涉诈涉黑涉恶和“黄赌毒”等失德失范及违法行为进行约束或举报，针对违反公约的情形，采取相应处理措施。要加强批评教育和舆论引导，以合理的方式，使违反者受到教育、改正错误。依据公约的规定，运用适当手段避免简单谴责、取消社区福利或以罚代教，更不能以贬损违约者人格和法律权利达到维护公约执行力。对可能构成违法犯罪的行为，及时报警或依法提请司法机关介入处理，防止以居民公约代替法律制裁。

高质量的居民公约能够满足有效化解社区纠纷的现实需要。社区纠纷覆盖面广泛，囊括生活、生产、商业等诸多方面，包含物权、债权、婚姻家庭、物业服务、侵权等诸多法律关系，涉及社区范围内的居民、商户、房产开发商、学校、医院、机关、公司、社会组织以及进入社区的外来主体，传统规制社区纠纷主要依靠行政手段和私力协商，乃至诉诸法院，既浪费社会成本，又制造新的纠纷，缺乏源头解决之道，未关注从纠纷主体的内心诉求解决问题。实践表明，传统社区纠纷解决体系具有被动性、有限性和事后性，而居民公约的出发点和归宿点都是居民自身利益和意思表达，充分体现“以居民为中心”的社区理念。其纠纷解决体系在运作中贯穿居民主体作用，针对社区出现或潜在的纠纷、社区公共群体性事务、社区诸多服务管理事项等，让社区居民这一最核心的治理主体在充分熟悉这些情况后，在协商讨论基础上自行设计公约、自愿认同公约、主动履行义务、积极承担责任，更能节约社会资源和各种成本，更能发挥社区居民内心意思自治，更能促进纠纷主体乐于主动解决问题，更能满足有效化解社区纠纷现实需要。①

重视居民公约、村规民约的调解作用是提高社区治理能力的重要途径。通过法规特别是地方性法规对此加以确认是当下深入推进人民调解、改善社区治理的重要举措。这既是中央的部署、法律的要求，也是政策重点和基层治理的迫切需要。从中央部署看，2018 年 1 月 2 日，《中共中央国务院关于实施乡村振兴战略的意见》指出："发挥自治章程、村规民约的积极作用。"2019 年 6 月，中共中央办公厅、国务院办公厅印发《关于加强和改进乡村治理的指导意见》要求"加强村规民约建设，强化党组织领导和把关，实现村规民约行政村全覆盖"，这些对市域农村社区同样适用；从法律规定看，《中华人民共和国村民委员会组织法》《中华人民共和国居民委员会组织法》对制定或修订村规民约、居民公约有明确规定；从政策要求看，2018 年 12 月，民政部、中央组织部、中央政法委、中央文明办、司法部、农业农村部、全国妇联联合印发了《关于做好村规民约和居民公约工作的指导意见》（民发〔2018〕144 号），各省迅速贯彻落实该指导意见精神，多个地方由省民政厅会同相关部门共同制定《关于做好村规民约和居民公约工作的实施意见》；从基层治理现实需要看，近年来，一些地方对村规民约和居民公约的相关工作重视不够、指导不力，造成一些村规民约、居民公约存在内容空泛、制定不规范、实施流于形式等问题，导致对社区出现的侵权现象、治理乱象不能通过村规民约、居民公约做基础性防范化解应对，导致基层自治缺乏应有规范进行规制。2019 年各省在规范制定或修订村规民约、居民公约时普遍强调应包括的基本内容中，均包含化解矛盾纠纷。居民公约、村规民约是坚持和发展新时代"枫桥经验"的重要载体和表现，坚持自愿平等，遇事多商量、有事好商量，众人的事大家一起商量，互谅互让，通过人民调解等方式友好解决基层矛盾纠纷等，发挥村规民约、居民公约在防范化解矛盾纠纷中的作用，实现绝大多数民间矛盾纠纷不上交，就地化解。有的地方在矛盾纠纷多元化解的地方性法规中赋予居民公约作为解纷依据的效力，如 2022 年深圳市出台的《深圳经济特

① 崔超：《论居民公约化解社区纠纷的可实行性与构建路径》，载《贵州警官职业学院学报》2017 年第 6 期。

区矛盾纠纷多元化解条例》第二十条规定，调解可以依据行业规则、交易习惯、居民公约、社区公约和善良风俗等进行，但不得违反法律、法规的强制性规定。鼓励和引导当事人优先选择调解这一成本较低、对抗性较弱、有利于修复关系的非诉讼方式解决方式，能够在不破坏和谐的居民间关系基础上，以尊重纠纷双方当事人意愿的方式实现案结事了。

三、完善人民调解协议司法确认制度

一是加强对司法确认制度积极功能的宣传，合理引导当事人选择司法确认程序。由于人民调解的案件大多具有“民间性”，邻里纠纷有时具有无实际价值的反复性，免费调解对当事人的无成本性加大了反复性的可能，但反复和无休止的反悔不仅导致反悔一方的诚信资源流失，也带来调解制度权威、功能和目标的衰减，对国家、社会和当事人都会产生不必要的成本和资源浪费。基于法律和契约对人的恣意的限制，在调解过程中，人民调解组织和相关行政机关可以增加对司法确认的告知程序，即当事人达成协议后，调解员应当当场告知当事人可以自愿对调解协议依法申请司法确认，并告知其申请条件、程序，以及相关法律责任等，积极引导当事人选择司法确认程序。

二是细化相关司法解释，促进调解与司法程序的有效对接。从《最高人民法院关于人民调解协议司法确认程序的若干规定》（2011）来看，该规定对司法确认的受理范围、受理时间、确认书的制作规范、确认效力等方面作了明细规定，但对司法确认程序操作还不完善。建议进一步细化和完善相关司法解释，对具体操作实务作明确规定。如成立专门的司法确认案件的审查、确认工作机构等。当然，立法机关可将司法确认制度作为一种独立的民事司法程序。确认程序包含审查调解协议合法性、自愿性、真实性等内容，因此，人民法院或派出法庭在进行司法确认时，也可邀请律师、群团组织负责人、各行业专家以及人民调解员、公众到场旁听，并可询问和征求他们的意见、建议等，这样既保证确认的严肃性、审慎性和公正性，也有利于宣传和引导当事人主动、放心地对调解协议进行司法确认。

三是建立人民法院与人民调解组织间的互动联通机制。基层人民法院和人民调解组织在化解矛盾、解决纠纷过程中各具优势、功能互补，且彼此工作关系密切。将矛盾充分化解于社区的调解工作必将减轻法院的诉讼负担，而充分了解法院司法确认的基本要求和基本程序无疑可以促进调解工作进一步提高质量和效率。二者的目标是一致的，尽管过程有先后。法院对调解工作人员的专业性指导有利于人民调解法的价值实现，将大量矛盾化解在基层，便利人民群众及时修复受损的社会关系，回归正常生产和生活。人民调解组织可联系基层人民法院对特别复杂或疑难案件进行全程指导，特别是一些案件涉及法律法规的适用问题、调解协议书的规范制作等。要克服慵懒思想，更不能将人民调解作为负担，为了应付工作走过场，或者担心吃力不讨好，大费周折却又回到当事人起诉的原点。人民调解组织可以全程参与到人民法院的司法确认过程进行学习，也可以由街道聘请人民法院对人民调解员进行定期或不定期的业务培训和实务指导，通过向法院咨询、学习和彼此交流，增长调解技能，提升调解协议质量，真正构建起公正、便民、高效的调解机制。另外，加强人民调解员队伍建设，有条件的社区建立专业性、专职化的人民调解员队伍，也可以通过聘请退休的公务员、人大代表、法官检察官、律师、教师、行业专家等文化或专业素质高的人员担任社区人民调解员，还可以完善吸引大学毕业生到社区工作的机制，从根本上解决调解协议司法确认面临的问题。

第七节　完善社区应对突发公共事件的基本规范和保障机制

一、明确基层社区在公共危机预警和处置中的基础性地位

以 2020 年年初爆发的新冠肺炎疫情为例。在 2020 年年初新冠疫情防控阻击战中，随着疫情的扩散和防控压力的陡增，基层社区逐渐承受起几乎“不可承受”的压力。这种压力集中体现为“基层社区迅速被各级政府视为疫情防控的最后一道承压阀”，并使得全国近 65 万个城乡基层社区成为“疫情防控的基础环节和前线‘战场’”。正如学者刘佳燕指出的：“一夜之间，社区成为联防联治的前沿阵地，繁重的防控任务和巨大的压力迅速落到了基层干部和社区社会工作者的肩上。他们承担起宣传、防治、排查、统计、汇报、体温监测、场所消毒、邻里协调等大量工作，同时兼任信息员、观察员、宣传员、排查员、联络员、警卫

员、辅导员、应急员、协调员、心理疏导员等职责，成为防范疫情社区传播的核心队伍。”① 社区成为我国打赢新冠肺炎疫情防控阻击战的最后一公里所在地。从今天疫情得到精准控制、经济恢复良好的效果看，明确基层社区在公共危机预警和处置中的基础性地位并发挥其作用是我国应对重大公共危机的重要经验，需要从实践层面上升到价值理念和制度规范的高度。尤其是在思想上必须高度重视基层社区的基础性作用，坚持应对公共危机的人民观、基层观和协同观，走群众路线。发挥社区点多面广，与公民生活生产联系紧密的优势，筑牢重大公共突发事件防控的基层防线。

二、完善社区参与重大公共危机治理的法治原则与民主参与机制

（一）坚持依法治理的法治原则

法律是治国之利器，良法是善治之前提。社会治理的核心是运用法治思维和法治方式推进社会管理创新，要求清晰界定“权力-权利”以及“责任-义务”之间的关系，行使权力不得超越法定授权，必须符合法定程序，同时还要满足合理性和正当性要求，守诚信，不越权不缺位不错位，主动接受监督，尊重自然人和法人正当权利、恪守责任。社区参与重大公共危机治理机制的运行，必须依靠法治来凝聚多元主体共识和社会力量，依靠法治来规范和约束每个主体行为，依靠法治来保障主体的公平正义和治理的有序推进。依法界定政府组织、市场组织、社会组织等多元主体的职责和运行边界，规范各协同主体的权责范围，构建起社区参与重大公共危机治理的法治机制。

公共突发事件导致紧急状态，紧急状态不同于平常状态，它意味着国家可能暂停一些行政、立法和司法的常规职能，并要求公民改变他们习以为常的生活方式。正因为紧急状态的特殊性，才有“紧急状态无法律”的法谚，意味着平常状态下的普通法律可能不适用于紧急状态，紧急情况下应该适用作为“特别法”的紧急状态法，比如《中华人民共和国传染病防治法》《中华人民共和国突发事件

① 转引自俞祖成：《尽快构建城乡基层社区公共危机管理机制》，载《中国妇女报》2020年2月12日，第1版。

应对法》《中华人民共和国突发公共卫生事件应急条例》等。换而言之，紧急状态下也有法律，且无论政府还是民众，都必须遵守这些法律。对政府而言，必须以法治为导向，实现从“政治动员模式”向“依法应急模式”的转变。疫情防控越是任务重压力大，越要坚持依法防控，在法治轨道上统筹推进各项防控工作，保障疫情防控工作顺利开展。对待民众应坚持人道原则，因为法治的真谛是人权。突发事件直接对社会和个人造成危害，危及社会秩序和个人生命，此时，社会共同体的存续和个人的生命权成为法律首要保障的对象。政府对公民生命权承担着积极义务，要主动动用一切资源、想尽一切办法、采取一切措施，尽最大可能减少生命伤亡、减少个体痛苦。为了更好应对，政府应该及时公开相关防控信息，及时回应公民的咨询、请求、投诉、举报或者媒体报道的突出问题，及时给出答复或予以解决，以安抚社会恐慌，维护公共秩序，引导社会力量共同参与危机处理。同时，还应坚持比例原则，当政府所采取的应急措施给相对人造成不利影响时，应把这种不利影响控制在最小限度，把给社会和公民带来的损害降到最小。一旦政府授权或委托相关防控措施给社区负责实施时，社区也有义务依照法治原则进行疫情防控。

（二）完善民主参与机制

“在治理理论中，多元治理主体之间的关系发生深刻变化：平等、弹性、柔化的网络组织结构取代了层级节制、主次分明的官僚制结构；协作与互助取代了命令与控制；激励和促进取代了管制与禁止；主动参与取代了被迫应对或被动接受。”① 基于社区在公共危机中的基础性作用，政府、基层自治组织、企业、社会组织、居民、媒体等多元主体一方面要坚持政府主导，另一方面必须更多通过民主协商来共同应对公共危机，以过程的民主性保障预防和应对的有效性。通过政社的合作达到人力、资源和效果的最优化，这种合作应该建立在平等基础上，不是依靠行政命令，或者说主要不是依靠行政命令。“任何一个历史阶段中的任

① 夏志强：《公共危机治理多元主体的功能耦合机制探析》，载《中国行政管理》2009年第5期。

何一种类型的合作，都必须建立在合作主体之间的平等的前提下。”① 多元治理主体在协同过程中必须拥有平等的身份地位，民主的协商决策程序，才能最大程度地发挥各自的优势，形成合力，又因为多元主体拥有不同的资源配备，掌握各自领域的先进技术方法，在公共危机协同治理的过程中将会达到互补整合效果，实现整体效益最大化，完成公共危机治理的目标。

三、完善社区参与公共危机治理的规范体系

（一）完善公共危机应对的法律法规

1. 完善公共危机应对的基本法律——《中华人民共和国突发事件应对法》

（1）完善社会动员和授权（执法）的条款。公共危机特别是重大公共危机必须动员全社会力量一起应对，也需要依法规定紧急授权，使紧急状态下的权力得到正当、合理和合法行使，防止因授权缺失导致应对不力、失误或引发冲突和次生灾害。为此需要对公共危机应对的基本法律——《中华人民共和国突发事件应对法》（以下简称《突发事件应对法》）做适当修改。具体就社会动员和授权事项而言，建议修改第六条，细化动员范围。在“国家建立有效的社会动员机制，增强全民的公共安全和防范风险的意识，提高全社会的避险救助能力”条款基础上，增加一款规定，“国家支持、鼓励居民委员会、村民委员会组织参与社会动员”，这既是动员社会资本的必然要求，也是党中央强调要夯实社会治理基层基础，推动社会治理重心下移，资源下沉的具体体现，通过法律规定途径来健全社区管理和服务，是完善群众参与基层社会治理的制度化渠道。第十一条增加一款，作为第三款，即“必要时，有关人民政府及其部门可以授权有关组织协助执行应急处置任务”。这样授权后，社区居委会等组织执行上级命令而采取的限制公民出行、封闭管理、处理相关冲突等执法行为才具有合法性。

（2）适度细化突发事件应对处置时执法规范。《突发事件应对法》第十一条至第十三条、第五十二条规定的内容比较抽象，建议增加列举不可克减的权利，

① 张康之：《合作社会理论的构想——评罗尔斯的社会合作体系》，载《南京社会科学》2008 年第 1 期。

如有损人格尊严、有辱人格或不人道方式执法等的予以禁止；对协助执法的应当进行有计划和临时性相结合的培训和监督；对公民、组织等采取限制措施的应当在醒目位置、以醒目方式提前张贴告示、并在普遍使用、普通公众可获取的媒体（如微信、社区 QQ 群等）上公布，便于居民知情，同时起到号召公众配合、接受公众监督的作用。限制措施的解除应当及时告知。禁止不区分具体情形、不加区别地采取限制措施，扩大限制对象范围和期限。

（3）增加反歧视条款。在应对突发事件过程中，禁止任何地方政府、社会组织和个人采取不合理的区别方式或排斥、禁止措施对待受突发事件影响的公民或法人。并且，在法律责任一章中增加违反平等对待、歧视行为的法律责任，包括民事、行政和刑事责任。增加这一规定，理由主要是，危机预警、发生和应对时的区别对待和冷漠，会造成大面积、严重的权利受损。如导致无家可归、无处可住、缺乏必要的生活用品或无法购买、难以接受最低限度的医疗和生活保障等，特别是某一人群和地域非理性自保带来的歧视和恐惧，会酿成更大的次生灾害，撕裂整个社会，导致更大规模和程度的权利不当限制，严重的可能诱发群体性事件，增加防控风险。

（4）增加突发事件时的政府、事业单位和国有企业等人权救助义务和责任，违者追责。社会主义制度的优越性不仅体现在平常时期国家政治、经济、社会、文化发展等领域的表现上，而且更应体现在非常时期政府和国有企事业单位的担当上，从基本权利保障视角看，国家有尊重和保障人权的义务。对因突发公共事件陷于困境的公民，政府应当及时提供必要的食物和住宿救助，事业单位、国有企业及社区等组织有救助的道德责任，古代称之为行善义举、义赈或社区赈济，是中国优秀传统文化特别是儒家“达则兼济天下”、乐善好施、积善之家必有余庆等思想教化的反映，也是农耕社会相邻守望相助的道德情怀和生存伦理，它虽不具有法律的强制性，但却反映出社会文明的程度。今天需要在立法上加以鼓励，并对公有制企事业组织（如医院、学校、企业等）设定紧急情况下的免费救助义务。

（5）对社区参与公共危机处理的人员及时购买保险，或者对因参加应急处理而牺牲的人员，按照烈士或因公殉职者给予抚恤待遇，更好保障其权益。《突发事件应对法》第二十七条规定：“国务院有关部门、县级以上地方各级人民政府及其有关部门、有关单位应当为专业应急救援人员购买人身意外伤害保险。”该条的保护范围较窄，已经明显不适合于社会治理新格局下的多元治理主体权益的平等保障。因此，建议增加一款，“为社区社会工作人员和其他参加应急救援的人员购买人身意外伤害保险”。同时规定，因处置突发事件而牺牲人员可以比照烈士或因公殉职人员给予抚恤待遇。

（6）完善基层社区参与公共危机处理的人力保障。《突发事件应对法》第三十四条规定，“为人民政府应对突发事件工作提供物资、资金、技术支持”，建议将之改为“为人民政府应对突发事件工作提供物资、资金、技术和人力支持”，通过2020年以来的疫情防控可以看出社区提供的巨大人力支持，所起作用不仅仅是一般意义的事务协助。

（7）对公共危机存在不确定判断时，应该规定及时上报制度。《突发事件应对法》第四十条规定的“认为可能发生重大或者特别重大突发事件”尚不能涵盖现代公共危机的多样化表现形式和不确定带来的巨大危害，因此，建议增加“或者难以确定时”的规定，有利于更加及时进行预防、预判和处置，特别是有些突发事件风险评估是下级政府或机构能力所不及的，必须向上报，才能对事件有及时、正确的评估。

（8）在《突发事件应对法》具体条文中将“社区或居民自治组织”这一主题凸现出来。建议在第五十六条中的“单位”之后增加“社区或居民自治组织”，这样更加切合实际，有利于应急措施的采取。

2. 完善其他单行法涉及公共危机应对的条款

我国现行与突发公共事件相关的法律法规有400多件，按照风险社会突发事件的基本特征进行规范增修，在需要社区参与的公共卫生、公共安全、旅游贸易、公共交通、矿山安全、特种设备使用与保护等容易发生公共危机的领域，将社区参与的程序、具体的权利义务等内容进行规定。

3. 加强地方性法规的跟进

公共突发事件应对的具体战场分散在各个地方，每个地方面临的具体条件和情形不一样，需要通过制定地方性法规进行有针对性的规制。地方性法规制定实施条例时可以就“动员社会力量”、发挥居民委员会等基层组织和人权的权利保障作出更明确细致的规定。应该说，《突发事件应对法》作为应对突发事件的基本法律，其中一些条文具有一定的原则性和概括性，立足点是政府为主导“管理”视角，主体相对“单一”，缺乏多主体协同“治理”的视角。对参与应急处置的人员的保障，也是以“公职人员”本位的，相较于当下和今后不确定性增加的社会治理，立法理念略显滞后，规范设置有考虑不周全之处，需要适时修改以顺应国家治理现代化的要求。

4. 完善党内法规

在完善党内法规方面，党的各级组织特别是党的基层组织应当发挥战斗堡垒作用，要敢于担当；选拔任用党的各级主要负责人时，应当考察其应急理念、意识和决策能力，对于隐瞒、不作为、乱作为、缺乏担当的党组织负责人，应当给予更加严厉的党纪处分。同时，对于党员如何参与突发公共事件的预防控制，需要履行怎样的责任和义务，要在党内法规中有明确的规定，特别是《中国共产党党章》中的党员义务，如，第三条第四款规定党员应该模范遵守国家的法律法规，第八款规定为了保护国家和人民的利益，在一切困难和危险的时刻挺身而出，英勇斗争，不怕牺牲，等等。这些义务通过具体的中央和地方性党内法规进行细化，为党员积极参与突发公共事件的防范处置提供规范指引，并通过严格的责任机制保证落实的及时性、充分性。

（二）完善社区参与重大突发事件处置的方式和权限

法律程序是实现法律价值和目标的保障，科学合理的方式和权限有利于实体权责和义务的顺利实现。保障社区有效参与重大突发事件处置的方式和权限主要包括：

1. 明确社区组织参与重大突发事件治理的主体地位

名不正则言不顺，社区组织在突发事件预防和处置中既起着传达、贯彻上级党组织和政府指令和要求的作用，也承担具体的组织和协调居民行为的功能。有了主体地位，必然有主体职责。明确社区治理主体与相关主体各自职责和相互关系，规定基层党组织、基层政府、基层群众自治组织、社会力量和其他社区主体在迟滞突发事件中的职责分工、行为协调和相互关系。

2. 明确社区组织可以采取的应急手段及程序

明确规定社区可以采取的手段及适用手段的具体程序。在具体使用前应当在社区进行充分告知，针对特殊情况的适用对象，如高龄老人、疾病或残疾人士、儿童、孕妇等特殊群体，应当采取确保其人身安全的合适方式，充分考虑其特殊需求和安全因素，严格禁止不加区分地适用同一手段，特别是粗暴的手段导致不应有的消极后果。在程序设置上，可以赋予社区工作者一定的程序和手段的自由裁量权，只要不影响突发事件的处置效果。

3. 明确社区组织内部不同人员处置权限

针对目前社区居委会组成人员的分工差别，居民委员会主任一般兼任社区党组织书记，给予这一岗位的主导性，可以在职责权限方面赋予更大责任并配置与责任相应的职权，便于在处置等方面进行统一领导和协调，提高应对的组织力和效率。

4. 完善居民、社区组织与政府间的信息沟通与行动协调机制

通过“互联网+”模式，形成网格员、业主委员会、物业公司、居（村）委会与基层政府等之间的信息互联互通，形成普及公共危机知识、培训危机预防技能、协同做好危机预警、管控、应对和善后处置的机制。

（三）完善公共危机治理中社会参与主体的相关保障措施

1. 社区志愿组织参与的法律保障

突发事件发生情形下的志愿者参与，既要有国家的法律和政策保障，也要进行志愿者组织的内在完善，还要促进志愿精神的社会培育、社会认同和必要的技能测试。夯实志愿者参与危机治理的法制基础和技能支撑。在降低对志愿者组织准入门槛标准的同时，需要强化对志愿者组织的监督管理。积极推进有关志愿者队伍建设的立法，明确紧急状态下志愿者应有的权利与必须遵守的纪律与义务，提供志愿服务的法律保证。同时，制定志愿服务的法规政策，促进志愿服务管理工作走向规范化、制度化。

2. 完善社区参与公共危机治理的组织保障

在组织保障方面，要使社会参与主体规范有序地运作，必须将社区危机治理行为纳入法治化的组织体系。促使公共危机治理步入日常工作轨道，成立专门的突发事件应对工作小组，按照社区工作者职责分工和居民住居分布情况，按楼栋选择适当人选组成社区应急队伍，也可以是志愿形式的，开展社区范围内的危机

预防和应对演练，增强危机发生后的反应能力。加强街道办事处、社区居委会、业主委员会、村委会在危机管理工作中的指导作用。社区工作小组密切联系政府相关职能部门、居民和志愿者、第三部门等，实现互动协作、优势互补。

3. 完善社会工作合法介入突发公共危机事件应急管理系统

社会工作合法介入突发公共危机事件是有效应对公共危机的重要机制，通过法律机制保障社会工作发挥其独特优势。“多元化、全方位的社会参与主体中，具有专业性和学术性的组织和个人，在公共危机治理中可以发挥其专业的技术优势和敏锐的洞察力，缓解政府在应急专业人员、技术、设备上的短缺，提供快速、科学、系统的技术支援和经验支持，这样大大优化了危机状态的处治。”① 域外在这方面有较好的经验可资借鉴。英国在 2004 年颁布了《国内紧急事件应变法案》，明确指出社会工作者是二级响应者，为可能发生的健康灾害情况提供所需要的任何服务。社会工作者需要为一级响应者（警察、消防员、军人等）提供协助。在美国，社工可通过三种方式参与灾害应对：一是成为美国联邦紧急事务管理局（FEMA）的工作人员；二是成为 FEMA 合作伙伴（地方机关、社区机关、相关 NGO）的工作人员，如在美国红十字会从事相关减灾的工作；三是参加职业协会（NASW）组织的救灾项目，成为专业志愿者参与救助。根据我国国情，有针对性完善相关法规制度，制定全面的应急机制及事后救助机制，将专业社会工作的介入和救助以制度化方式纳入突发事件的应急管理体系之中，为社会工作的介入提供合理合法的制度保障。另外，还可以发挥信息、资源优势。社会参与主体根植于社会，直接面对基层群众，更加熟悉和了解实际情况，能第一时间获取大量真实可靠的信息。在应对危机时，社会力量以主体角色参与救治能够广泛动员社会力量，吸引大批的志愿者，凝聚丰厚的社会资本，有效地整合社会资源，调动一切可以调动的民众力量投入危机治理工作中。

当然，要最大限度发挥社会工作的优势，除了良好的制度保障，还需要依靠政府的力量，它包括专业社会工作作为应急管理体系的重要组成部分，与政府、基层社区的角色分工、合作方法、行为规范，也包括专业社会工作人才的培养、

① 牛秋业、张桂娥：《公共危机治理中的社会参与主体存在的问题与对策》，载《生产力研究》2010 年第 8 期。

使用、激励、评估、考核，社工专业的行业规划、评估监督、管理等；另外，还需要合理匹配专业社会工作者的岗位等。

4. 保障社区工作人员参与突发事件应对过程中的正当权益

受制于身份、职权和基层自治的法律定位，社区工作人员参与危机治理面临着正当权益诉求的法律支撑缺失。如何在激发社区工作者积极参与重大公共危机治理、付出巨大牺牲的同时，切实保障他（她）们的正当权益，需要完善相关法律规范。其中比较重要的有：（1）保障社区工作人员的人身安全。社区工作人员与专业的应急处置人员不同，普遍缺乏必要的专业救助知识和技能，但往往又需要处在危机处置的一线，暴露在最危险的环境中。为此，需要通过完善相关法律法规，保障其人身健康、安全等权利，建议通过修改《突发事件应对法》第二十七条，增加规定：应当为参与突发事件防控的社会组织（社区）工作人员购买人身意外伤害保险。（2）保障社区工作人员的必要待遇。社区工作人员平常处理社区范围内的事务，工作相对单纯简单，工作量与待遇基本匹配，而一旦参与重大突发事件处置事务，工作量、压力和责任增加，超长时间和工作量负荷，按照权责利一致原则，超常的付出理应获得适度补偿，这既是确保参与的质量、效率和可持续性，也更有利构筑起与待遇相适应的责任体系。同时，绝大多数社区工作人员与公务员身份不一样，也需要适当区别对待，以适当的补助肯定其付出，激发其动力和责任心。（3）及时救济社区工作人员受侵害的权利。突发事件必然伴随应对过程中的风险和危险带来的人身和财产损害，需要建立相应的救济机制，补偿社区工作人员因此造成的损害和损失。

5. 完善社区参与公共危机治理的物质保障

处理危机必然身处危险境地，如何保护身处一线的社区工作人员有足够的自我保护装备，是社区参与重大突发事件治理的重要内容。随着我国不断推进的城市化进程，众多风险高度集聚在城市，突发事件的种类和频率有不断增多的趋势，防护难度日渐加大，由此产生的应急状态对一线人员的威胁和伤害常常防不胜防。为此，需要通过科学研究，合理研判，更新和配齐装备，及时培训社区工作人员，加强日常演练。只有防护和施救等专用装备有保障，高效处置应急事态才能专业化、协同化、安全化和高效化，提高应急处置人员安全系数，减少不必要的损害和伤亡。基于此，建议对《突发事件应对法》第二十七条进行修改或做扩大解释，对社区参与公共危机处置的人员，为其配备必要的防护装备和器材，减少参与应急救援人员的人身损害风险。另外，应急处置是高强度、高风险和高消耗精力的应急工作，必须要有良好的生活物资保障，使社区工作人员无生活的后顾之忧，有充足的精力投入危机处置工作。当然，这种保障也可以采取补助的形式。如《中华人民共和国传染病防治法》第四十五条第二款规定，紧急调集人员的，应当按照规定给予合理报酬。

（四）依法监督社区工作人员（广义）的突发事件处置行为

作为仅仅享有基层自治权的社区居委会等组织，在参与突发事件处置过程中获得临时性授权，协助执法、公共管理和提供公共服务，从而在事实上行使了一定的管治权，这种临时性权力的行使必须通过合法授权、事先公示、过程公开、接受监督。公开是最好的监督，也是对临时性执法协助行为的最好保护。事实上，本次新冠肺炎的重大突发公共卫生事件中出现的社区越权或侵权的现象，很多是源于没有事前获得明确、细致的授权，或者有授权却未明确公开（告知）而导致管理相对人不知情，所以，需要建立面向社区居民的及时、透明的信息公开机制。另外，需要畅通居民批评、建议的渠道，防止小的冲突或纠纷演变成大的舆情危机和群体性事件，或者诱发次生和衍生危机。当然，居民监督是无权监督，即不发生直接法律效力的监督，因而有天生的缺陷，必须建立社会监督与权力监督的便捷连通机制。重点在于加强权力监督，通过执纪问责、执法监督、基层巡视等权力监督权力形式，及时处理社区参与重大公共危机过程中可能出现的违纪违法现象。通过监督危机状态下权力的运行，保障危机状态下居民的权利。尽管在紧急状态下，政府行使紧急权力，某些公民权利会受到一定限制，但包括公民的人格尊严、生命权、免于奴役、获得公正对待和人道对待、获得食物等最基本、最重要的权利，不能克减，而应该得到最大限度的尊重和保障。即使是可以限制的权利，有多重选择方式时，应当选择最小限制或损害的方式。对于恣意侵害这些权利的行为，监督机关应当及时制止并依法追究责任。由于危机可能造成公民行使救济权的不便，监督机关就需要改变正常状态下的监督方式，采取网络受理或主动下沉到社区，开展监督，为社区始终在法治轨道上参与重大公共危机处置提供有力的法纪保障。

第八节 完善城市居民公共活动空间治理

一、充分把握城市公共空间的特点

（一）城市公共空间的类型分析

城市公共空间通常按以下三种类型划分，形成各种不同的组成方式。①

一是按照物质空间的特性将城市公共空间划分为街道空间、广场空间、公园空间、绿地空间、节点空间、天然廊道空间。

二是按照功能不同将城市公共空间划分为居住型、工作型、交通型和游憩型四种空间类别。居住型公共空间包括社区中心、绿地、儿童游乐场、老年活动中心；工作型公共空间包括生产型（工业区公园、绿地）、工作型（市政广场、市民中心广场）空间；交通型公共空间包括城市入口（车站、码头、机场等）、交通枢纽（立交桥、地道）、道路节点（交通环岛、街心花园）；通行型空间，则主要是指林荫道、湖滨路等；游憩型公共空间包括休憩和健身（中央公园、绿地度假游乐园）、商业娱乐（商业中心、商业广场、娱乐中心）空间。

三是按照用地性质不同将城市公共空间划分为四种类型。② 一是居住用地，即居住区内的公共服务设施用地和户外公共活动场地；二是城市公共设施用地，即面向社会大众开放的文化、娱乐、商业、金融、体育、文物古迹、行政办公等公共场所；三是道路、广场用地，即广场、生活性街道、步行交通空间等；四是绿地，即城市公共绿地、小游园和城市公园等。

这里主要讨论第二种分类中的相关公共活动空间的地方立法调整路径。

（二）城市公共空间的特性

城市公共空间作为城市结构体系的重要组成部分，影响并支配着其他的城市

① 宛素春等：《城市空间形态解析》，科学出版社2004年版，第76页。

② 王鹏：《城市公共空间的系统化建设》，东南大学出版社2002年版，第4~5页。

空间。它使城市空间得以贯通与整合，维持并加强城市空间的整体性与连续性，因此作为个体存在的城市公共空间，具备如下几个方面的特性：

1. 客观性与主观性的统一

城市公共空间既是客观存在，也是由居民创造的人的主观认同的空间。从产权的意义上讲，私人（组织）私密活动关联的产权物之外的空间可以被视为公共空间，这样，社区的公共道路和活动场地等在市民日常生活意义上也构成公共空间。但客观的公共空间并不必然形成公共空间，它还需要居民的认同并与居民的实际活动发生关联，因为人是空间的主体，城市公共空间由人创造，又由人去感受，因此具有极强的主观性，它与城市中不同阶层、不同群体、不同类型的创造者和感受者的文化程度、社会经历、年龄、性格、爱好、心理状态有关。

2. 开放性与平等性的统一

实用性、社会性、政治性是人类早期城市的一般特征，同时，一些城市特别是都市和边塞城市也兼具防御性。其他的特性往往结合当地人文伴随而生，如艺术性等。古希腊、古罗马时期城市的建立几乎都源于实用的目的，除考虑防守和交通外，一般都没有古埃及、古伊朗城镇那样有明确的象征意义。古希腊城邦由于当时实行的是奴隶主的民主政治，因而其城市空间布局相当活泼，呈现出一种不规则的自由状态。城市空间因地制宜，无轴线关系，而公共空间组织模式清晰、明确，城市往往围绕公共空间的不同层次关系展开。例如，雅典和雅典卫城，就是从卫城的脚下逐步向外发展形成。由于城市建设的阶段性，必然导致城市公共空间阶梯式多中心分布。当时的城市公共空间多以广场为主体，广场往往具有司法、行政、商业、娱乐、宗教和社会交往等功能，是城市各种活动的重要场所，特别是剧场建设更使城市公共空间在城市中占据举足轻重的地位。中西文明发展的历程，尤其在思想、文化传统等方面的变革，最终都在城市社会生活中产生，从城市公共空间中体现出来，二者正是城市的公共性和开放性的结果，在城市不断扩张的过程中，城市公共空间的平等性逐步发展，形成了在公共空间活动的一般规则和习惯。随着城市经济力量的不断壮大、政府治理能力的提高、市民对公共空间类公共产品需要的提高，政府承担了城市公共空间建设和拓展的主要义务，当今，城市公共空间在开放性、公共性、平等性的基础上，服务性和标志性特征得以展现。①

3. 象征性与可识别性的统一

公共空间往往是构成一个城市重要特色的符号，如各种特色的广场、公园、博物馆、纪念馆等，但这种象征又是通过现实的建筑和景观特色等有形物或空间布局体现出来。影响城市公共空间多样性的各项因素，在城市公共空间中必然有所反映，形成各自独特的特性，使城市公共空间丰富多彩的同时，也使其本身具有了可识别性。城市公共空间是城市形象的重要表现之处，往往被人们称为城市的“起居室”“会客厅”“橱窗”，故应对城市的形象和整个城市的精神品质具有象征意义。

4. 功能性与文化性的统一

一方面，城市公共空间的构成往往根据城市规划的安排形成不同的功能分区，如文化教育区、居住区、商业区、行政区、工业区、仓储区等，不同功能分区，建筑的性格不同，使用者在其间的行为活动不同，形成完全不同的氛围，直接影响到城市公共空间的划分。另一方面，由于城市是人类历史发展到一定阶段的神奇产物，是一种文化形象。城市的产生是人类社会的巨大进步。列宁曾说过：“城市是经济、政治和人民精神生活的中心，是前进的主要动力。”② 城市公共空间是城市必不可少的空间类型，是城市生活的重要组成部分。人与人之间的交流成为人们日常生活中不可或缺的生理需要，而公共空间正是城市人这种生理需求得以实现的重要物质依托。城市公共空间的形成是人们长期生活的行为方式

① 中国城市始于奴隶社会，兴起于封建社会，建立在自给自足的自然经济基础上，并且是服从封建统治阶级利益需要而发展的必然产物，具有政治性和经济性的鲜明特征。大多数具有政治意义上的“城”和经济意义上的“市”的两重身份，从功能和定位上看，“城”的分量不仅大于“市”的分量，“市”附属于“城”，“市”因“城”而繁荣，也因“城”而衰败，城市的经济和社会活动都围绕着官府与统治阶级的理念和方略进行展合。在公共空间的外在特征和精神特质上，中国文化具有和合精神、大一统思想，以“仁”为核心展现出的无限的宽容性和统一性。与西方基于个体的思维方式不同，中国人的思维特点是整体观，是所谓“天地与我并生，万物与我为一”的有机整体思维，我国传统城市公共空间的发展体现了人与物之间的内在关联和有机统一。如，中国古典建筑单体形式较接近自然，群体组合上更反映出人与自然、人体与建筑物结构和布局的和谐统一，城市公共空间也体现虚与实、阴与阳、内与外、部分特色与整体和谐等互动而又一体和谐的辩证。参见王鹏：《城市公共空间的系统化建设》，东南大学出版社 2002 年版，第 79 页。

② 《列宁全集》第 19 卷，人民出版社 1959 年版，第 264 页。

和文化积淀的物质表现。在不同民族，其文化的积淀突出显现在公共空间的构成和符号意义上。这是因为不同民族、地域在社会进步及经济发展上程度不同，从而在生活习惯、服饰、建筑等诸多方面形成属于自己特有的东西，在长期的公共活动中物化和人文化从而对城市公共空间产生影响，形成具有民族和地域特色的城市公共空间，反映着该民族和地域的文化观念和审美心理。

城市公共空间类别和功能的多样及其特征，决定了日趋复杂的城市公共空间在满足日趋多样化的居民需要方面，在政府的职能定位、规范指引、公共服务能力等制度及福利供给与居民日益增长的对美好生活的向往和追求间，城市公共空间的品种、功能和空间有限性与居民利用的个体意志性、时间集中性、群体差别性之间等方面存在诸多形式的冲突。分析这些冲突和制度供给的不足，有利于建构一个协调和平衡居民与居民之间，居民与政府之间，居民、政府与社会组织之间的互利共赢的法治化秩序，真正体现城市公共空间的以人民为中心的理念。

城市公共空间是居民从事公共活动的依托，不是所有的城市公共空间都适合于居民活动，但居民公共活动空间构成了城市公共空间最基本的品格，居民公共活动空间的充裕度、平等性和品质的高低是城市政治、经济和文化实力、竞争力、创造力和吸引力的综合体现，并且深刻影响着社区治理的特色和效果。

二、完善我国城市居民公共活动空间治理地方立法的若干思考

（一）贯彻以人民为中心的立法理念，科学合理规划城市的公共空间

“法律规范的基本前提是个人利益之间的冲突。这不仅是法律形式的逻辑前提，也是法律上层建筑发展的真实起源。人类行为能被最复杂的规范控制，但是这一规范的法律因素却始于利益差异和对立的地方。”① 正是由于城市公共活动空间中不断发生各种差异化的利益诉求和由此导致的对立，才使法规的制定有了基本的前提。运用法律思维分析和协调不同的利益，首先需要明确的价值指导，具体化到现实中，转化为城市规划和管理立法规范。作为地方性规范，其价值取

① ［苏联］帕舒卡尼斯：《法的一般理论与马克思主义》，杨昂、张玲玉译，中国法制出版社 2008 年版，第 35 页。

向首先需要在满足市民需求还是满足政府形象、利益或少数人的利益之间作出选择。当下，以人民为中心成为法治中国建设和中国梦的起点和归宿，在城市公共活动空间的立法理念上应当充分贯彻，是立法要全面体现关乎人民利益、突出民生保障、解民忧、听民声，坚持人民的利益高于一切，人民至上。正如洛克所说："法律除了为人民谋福利这一最终目的之外，不应再有其他目的。"① 具体落实到城市公共活动空间的治理上，将人民公平共享城市公共空间作为法规调整的首要原则，用空间正义实现城市居民公共活动空间治理的法治化。在不断城镇化和城市现代化的当下，不同群体有不同的生活方式，人们对如何享有城市的空间有各自的利益和诉求。相对于传统的乡村社会，城市生活更加的多元化或异质化，在有限的城市空间中，我们需要正视空间分配中的不正义现象。破解城市空间分配上的问题需要树立适当的空间正义标准。空间正义标准构成了城市治理的价值基础或目标指向。在现代社会中，空间正义需要遵守多样性与平等对待相统一的原则，尊重生活的多样性和利益的多样性，严守法律对于城市公共空间权利、义务和责任的配置规范。多样性的生活方式或利益应该得到平等对待。这种平等对待并不是机械地满足每一种利益诉求，而是通过程序性协商或动态的治理方式来协调各种利益诉求，尽可能地平等对待不同的诉求，既不是一概满足也不是视而不见。②

检验空间正义的标准是人民的利益是否具有至高性，在科学规划和建设城市公共空间的过程中，正确处理旧城区改造与新城区建设的公共空间均衡配置和质量相当问题、政府办公区域与一般企业和居民区的均衡投入与建设。在公共空间的利用上，对商业性利用和公益性利用的区分及其社会公示与监督，对借共享之名行独享之实的经济模式是否能站在人民的立场科学立法、严格执法、公正司法，全方位保护城市公共空间的公共性、服务性和可达性。坚持人民性，就要在立法上将不同群体平等利用公共空间的权利与义务法定化，细化人民群众内部矛盾和纠纷的解决机制，建构公共空间的平等和睦共享，矛盾冲突的自我调解、多

① ［英］洛克：《政府论》（下），叶启芳、瞿菊农译，商务印书馆1982年版，第89页。

② 侯学宾：《城市治理应重视空间正义》，http：//www，jcrb，com/opinion/jrtt_45128/201708/t20170830_1792296，html，最后访问时间：2018年9月28日。

方调解和依法调解的规则。

另外，城市的发展是一代代人奋斗和贡献的结果，年轻人和老年人都是城市发展和公共活动空间的平等重要的主体。城市居民公共活动空间应当在代与代之间实现正义的资源配置。随着我国老龄化社会的加剧，老年人成为城市公共活动空间里活跃的人群，在城市公共活动空间的具体设计上，应当兼顾老年人的健康需求、安全需求、交往和心理需求等特殊要求，使城市公共活动空间具备普遍适老性地属性。这些属性具体包括但不限于便利性、舒适性、标志性以及可识别性。

（二）完善城市公共空间的地方立法

由于中国城市地形地貌和各区域间文化特色的差别十分明显，城市公共活动空间在不同城市其基本类型和需要重点解决的具体问题差别很大，难以在法律的层面作出较为细致和统一的规定，最好的方式是各地结合自身的实际，创造性地制定各具特色的地方性法规。这类地方性法规的制定，包括但不限于以下方面：

1. 明确城市居民公共活动空间的范围

城市居民公共活动空间是城市公共空间中十分重要的部分，与一个城市的民生、幸福感、自然及人文景观、城市社会的文明程度等息息相关。在不断完善产权制度的当代中国，城市居民房屋的私有化推动了个人产权的保护意识，但对于共有财产物化形态的城市公共空间，一般居民对其如何利用和保护尚缺乏清晰的概念，究其原因，首先是立法的缺失（特别是概念和范围的缺失），随着城市的迅猛发展，不同类型和功能的公共活动空间呈现在居民日常生活中，但却缺乏相应的法律法规进行规范，导致不同利益主体对其利用失范或迷茫。

法与时转则治，治与世宜则有功。城市居民社会生活多方面的需要和城市的多种功能，导致形成各种类型和不同规模、等级的城市公共空间。当下的城市居民公共活动空间可以分为共享产权类公共空间和公有产权类公共空间，前者以城市社区公共活动空间最为典型，也包括企业事业单位半封闭使用的公有产权区域；后者主要是指城市开放区域，如广场、公园、绿地、绿道、滨江和山林休闲区等区域。每一类型的公共空间由于产权人不同，在管理上应有差别，属于同一产权类型的，由于文化娱乐的定位不一样，对居民活动的具体要求相应有区别。

如对于一般性群众广场的居民活动与有革命纪念意义广场（或其他形式公共空间）的居民活动，规范设置应当不同，在革命纪念广场，健康严肃的活动形式和内容应该是底线要求；还有一些宗教性广场的居民活动应该不能与该宗教的清规戒律有冲突。因此，对居民公共活动空间进行科学合理界定，有利于立法的精准化。

2. 明确城市居民公共活动空间的立法原则

"只有遵循原则才能维续自由，而奉行权宜之策则会摧毁自由。"① 对于城市公共活动空间的立法，要更好地保障居民的平等自由利用权利，首先明确应遵循的基本原则，依据原则进行规则的构建，既可以将法的理念变成准则，又能对规则体系进行统领，确保从立法理念、价值到规则和实施的整个过程的协调统一。基于前述的城市居民公共活动空间的基本属性，制定此类地方法规的原则包括：一是科学规划、统筹建设的原则。这是对政府规划的总体要求，由于对居民公共活动空间的规划和建设是政府依法对城市公共财产的处分和利用，政府拥有决定权，但这种权力不是任意的，特别是在市场经济条件下，如果不对政府的规划权力加以原则限定，就极易受到利益集团的影响，发生权力服务于商业利益的背离现象；同时，城市的发展，需要政府统筹考虑不同功能区、新旧城区、不同地形地貌和文化特色的区域间的均衡和特色。二是开放共享、权义平等、权责一致原则。公共活动空间是城市的公共资源，是公共利益的空间显现，任何个人和群体都没有特权独自占有和任意使用，每个居民都有平等的权利自由进出，开展活动；同时，任何个人和群体都有义务遵守公共活动空间的管理规范，尊重在该空间活动的其他人，自觉维护公共活动空间的秩序和环境卫生，尊重社会公德，并负有不影响周边居民和生产单位正常生活和生产的义务。城市公共活动空间的管理者和执法者应当落实有权必要责、用权受监督、违法必追究的权力法治原则。三是合理利用、安全至上原则。城市公共活动空间的公共性，在满足居民自由无偿使用的同时，尽管也因为居民活动所需产生一些商业性的需要，可以允许少量商业行为在规定区域从事有限商业服务，但不能构成对公共活动空间挤占和造成

① ［英］弗里德利希·冯·哈耶克：《法律、立法与自由》第一卷，中国大百科全书出版社2000年版，第88页。

居民活动障碍、环境污染等有损空间正常利用的行为，也不容许任何个人和群体破坏公共活动空间的花木、草地、景观等，更不容许一些群体借用此空间进行营利性或干扰他人的活动、有悖公共空间价值的培训、进行非法集会、商业性宣传或传播法律法规禁止的言论和思想等。由于公共场所人流密集，各种不同需要和目的的行为往往造成公共空间的无序，常常存在安全隐患，极易诱发安全事件或事故，所以公共活动空间的立法规制，要始终恪守安全的底线，对于有可能导致安全事故或事件的行为，在相关条款的拟定中应充分考虑，对任何可能产生安全风险的行为和主体，设置明确细致的防范和处理规则，从规范上做好应对措施。“人民的安全乃是至高无上的法律”①，公共活动空间的安全必须从管理者、执法者、志愿者、参与者和关联者等多个主体的行为和职责上按安全原则充分细化，以严格的责任规范倒逼安全意识的提高。四是方便可达、照顾弱小原则。居民公共活动空间无论是规划、建设还是投入运营，都必须考虑其受益的群体，既要方便一般群众，更要照顾老弱病残群体的共享权和可达性。该原则要求公共活动空间的立法的便民性必须通过考虑不同对象的身体、特殊需求等情况，设置具体规范和技术标准进行强制性保障。当然，除了这些原则外，公共活动空间的地方立法还需贯彻与此相关的上位法及宪法相关条款和精神的要求。

3. 立法明晰冲突或侵权的基本类型

城市居民公共活动空间的治理最核心的是对冲突的治理，立法首先从定分止争的制度设计入手，对冲突的类型有明确的认识和规则调整。

城市居民公共活动空间中的冲突尽管形态各异，但从产生的机理和影响辐射面看，不外乎是公共活动空间的内部冲突与外部冲突两类。其中，内部冲突主要指同一活动场地内部，由于活动形式的差异而造成的各类冲突；外部冲突则指活动区域作为一个整体时与其周边社区、环境之间的各类摩擦和冲突。冲突主要表现为时间、空间、声音、氛围四个方面。在单一公共活动空间的内部冲突上，存在不同活动形式间的冲突，其中不同活动形式间的时间冲突突出表现在早晚高峰时间段和节假日；不同活动形式间的空间冲突主要表现在对同一场地的需求；在

① 霍布斯语，转引自［美］E. 博登海默：《法理学：法律哲学与法律方法》，邓正来译，中国政法大学出版社 1999 年版，第 293 页。

不同活动形式间的声音冲突方面，主要体现为诸如广场舞、养生操等音乐需求型活动对跑步、闲坐等安静型活动在声音方面造成单向干扰，以及都需要声音助力和导引的活动之间互相干扰，如两个广场舞团队或广场舞与乐队之间。由前述的不同活动形式间交叉产生活动氛围冲突。单一公共活动空间与周边环境的冲突主要表现为时间上的对外冲突，如公共空间内的休闲活动导致活动者与周围居民生活作息时间的不一致。空间上对外冲突表现为活动者对周边非活动场地的占用，如占据场地周边的居民停车位或居民楼前空地，而最严重的是声音冲突，它是公共空间休闲活动与周围环境间最突出的矛盾。这主要是因为声音相对于其他干扰因素更易传播且更难阻隔。因此，对于活动区周围的居民而言，噪声干扰成为其最不能容忍的问题，严重时甚至直接干扰到居民家中正常的交流和生活。而氛围上的对外冲突则体现为公共空间休闲活动情绪和声音扩散的升级版。

在共享经济不断发展的当下，借助互联网运行的企业，将产品投放到城市公共活动空间的同时，如果不能进行精准的技术控制和责任担当，就会因为产品和服务占用大量的公共活动空间，从而与居民的自由通行、自由活动及安全保障的权利发生冲突，甚至造成侵权。

4. 完善社会组织参与公共活动空间治理的激励和保障规范

城市公共活动空间是自然形成或由政府规划建立，但无论是哪一种方式形成，居民始终是参与和利用的主体，该空间发生的一切冲突都离不开“居民”这一主体，冲突的解决仅仅依靠政府既不可能及时、彻底解决，也难以持久，并且成本巨大，在国家治理能力和治理体系现代化进程不断推进，社会由政府的单向管理向多主体共同参与的治理转变中，社会组织成长于居民之中，目的是更好地实现居民和社会自治。社会组织在整合社会资源、提供公共服务、增强社会自治、促进公众参与等方面发挥了积极作用，可以作为优化城市公共空间管理的重要力量。基于我国城市公共空间治理出现了诸多问题，通过地方立法，赋予社会组织参与城市公共空间治理的权责，鼓励和发挥其化解矛盾的功能，无疑有利于城市公共活动空间治理的法治化。

社会组织具有非营利性、非政府性与社会性等三个基本特性。城市公共活动空间的公共性、服务性与社会组织间有天然的密切联系。首先，城市公共空间的公共性、平等性、普遍性、多样性、社会性和可达性等特性决定了在其治理过程中必然追求决策共识，为了实现公共利益和决策共识，需要多种主体的协同，在协同中形成明确的决策共识，让民众更清楚和更乐于地接受、自觉遵循。同时，整个协同过程也使治理过程变得更开放和包容。因此，城市公共空间治理为社会组织的发展提供了广阔平台和活动载体。其次，社会组织在城市公共空间治理体系中，有着重要的价值和功能。社会组织是组织化、集中化的利益代表，社会组织一方面以组织化的形式更有效地表达公共利益；另一方面调动了民众参与公共事务和服务管理的积极性，社会活力得到广泛激发，从而以更大热情参与到城市公共空间治理中。最后，社会组织居中调解也有自身的优势，平等身份、亲和力、亲近性、平等沟通、反复交换意见等程序和方式更易于让冲突双方达成谅解。

在立法上，可以通过规范设置，鼓励搭建社会组织和城市公共空间管理者间沟通协同平台，畅通形式多样的沟通协同机制，既可建立信息共享平台，也可组织座谈会、交流会、项目对接会等；构建多渠道经费筹措机制，为社会组织参与城市公共空间管理提供支持。一方面，政府要运用政策工具，制定促进社会组织发展政策、法规和制度，扩大社会组织发展空间；另一方面，要加大对在城市公共空间管理中发挥积极作用的社会化组织的资金支持和激励机制。如 2015 年 10 月，浙江省财政厅发布了《浙江省政府向社会力量购买服务指导目录（2016 年度）》涉及公共空间治理和服务的项目多项。

5. 合理界定城市公共活动空间利用主体的权利和义务

城市公共活动空间的公共性、平等性和社会性决定了在这个空间中所有人都有权利按照适当方式利用公共空间，只要没有直接构成对他人同等权利的侵害。但由于公共空间的开放性，使一些权利的行使客观上造成了对他人权利不同程度的侵害。立法所要解决的问题不仅仅是如何认定，还要确定由谁裁判认定、谁来执行、采取什么方式合理消除侵权或冲突。人的流动性和集聚性、自立性和排他性，使公地悲剧在公共空间以权利竞争方式上演，居民更多考虑的不是自己在公共空间的义务，而是公共空间里的权利，因为这种权利是不需要付出成本就可以享用的，不需要别人同意就可以行使的，而造成的后果自己可以不用承担的。

以广场舞为例，分贝过大的广场舞音乐，破坏了场地和周遭原本安宁的居住与休息环境。本是健康的广场舞，因噪声扰民，侵犯了他人的合法权利，引发权利冲突。直观来看，权利冲突双方均有着自身合法与正当的权利，一方是广场舞参与主体的健身权利，另一方是周边社区居民的安宁居住与休息权利。“在广场舞引发的权利之争中，双方对抗与冲突皆存在于权利的行使过程中，练习广场舞的群众越过权利行使的边界，与相邻居民的不动产所有权、安居权等权利行使发生冲突。"① 具体而言，广场舞扰民表现为噪声扰民。根据《中华人民共和国环境噪声污染防治法》《声环境质量标准》要求，城市居民居住区属 1 类声环境功能区，如果昼间超过 55 分贝值，夜间超过 45 分贝值，即可判定为噪声。据媒体对部分城市广场舞音乐分贝值的测试：噪声超过标准 1 倍或多倍的司空见惯。因此，面对此类违法行为及造成的冲突，法规不仅应当明确监管的主体，并且要明确有执法权的主体须及时加以制止的职责，法律和一些地方法规有对噪声超标的行政处罚措施，但由于取证的困难和执法对象的群体性特征，往往劝勉了事，导致执法效果差，冲突频繁发生且不断升级。因此，地方立法应更多从法律和法规可执行性上细化可操作程序。

由于同一公共空间资源有限性，居民利用资源既要按照先来后到的优先性作出制度安排，也要尊崇礼让原则，弘扬中华民族的优秀传统，照顾老弱病残等弱势群体的共享权，也还需要尊重公共活动空间管理者的安排，临时作出调整。任何人在公共活动空间的权利都不是绝对的，是建立在对公共活动空间性质正确认识基础上的自我判断，并时刻照顾到他人对公共活动空间的合理诉求和正当权利的行使，更多时候与人方便就是自己方便。法规的制定更多地是鼓励居民对公共活动空间中行为的自我调节，对严重侵权的及时制止，使公共活动空间尽快回归其公共性、公益性和平等的服务性。

基于共享经济的探索性，在城市公共活动空间资源有限的情况下，对一切占用公共活动空间的经济行为应当进行严格的事前审批，在不影响公共活动空间正常使用功能的前提下，为确保规则的公平性和公共空间的价值，应当实行公开招标、结果公示、有偿使用、违规退出、损害赔偿、失信失格、严格标准、全民监督。如，针对共享单车的疯狂投放和管理乱象，在限制投放、清理僵尸单车"坟场"的实践经验基础上，加大对企业不尽管理义务的处罚力度。在城市公共活动空间治理中全面实施宪法，保护公有财产神圣不受侵犯，公共活动空间是国家的公有财产，任何营利性经济行为，未经政府主管部门同意，不得借口共享等概念

① 于秋芬：《社区体育运动开展中权利冲突分析：以广场舞纠纷为视角》，载《体育与科学》2014 年第 2 期。

侵占公共活动空间从事盈利性活动，从源头上保障公共活动空间的公共性。

对于有特定的文化和纪念意义的公共活动空间，法规应当设置明晰的禁止性规范。如在诸如文物、文化遗迹、革命纪念场所等，要按照《中华人民共和国文物保护法》《中华人民共和国英雄烈士保护法》①《宪法》中的社会主义核心价值观等原则和规范，细化到具体场所中，促进城市居民在公共活动空间品味中华文化，在休闲和观赏中继承、传播和发展中华文化。要切实保护好能体现不同发展时期历史风貌的文化符号不因公共活动空间的违法行为遭到涂抹、刻画和毁损，尤其是传承历史文化的标志物，如建筑、道路、桥梁甚至砖石等，应将休闲和欣赏愉悦活动、保护文化和传承文化结合起来，发挥此类公共空间的最大社会效益。对于具有崇高性、革命性等纪念意义的公共活动场所，应当在地方立法中明确利用的方式，并在此类场所的显著位置标明不得进行的行为的禁止性规定。②

① 《中华人民共和国英雄烈士保护法》第十条规定："英雄烈士纪念设施保护单位应当健全服务和管理工作规范，方便瞻仰、悼念英雄烈士，保持英雄烈士纪念设施庄严、肃穆、清净的环境和氛围。任何组织和个人不得在英雄烈士纪念设施保护范围内从事有损纪念英雄烈士环境和氛围的活动，不得侵占英雄烈士纪念设施保护范围内的土地和设施，不得破坏、污损英雄烈士纪念设施。"第二十二条规定："禁止歪曲、丑化、亵渎、否定英雄烈士事迹和精神。英雄烈士的姓名、肖像、名誉、荣誉受法律保护。任何组织和个人不得在公共场所、互联网或者利用广播电视、电影、出版物等，以侮辱、诽谤或者其他方式侵害英雄烈士的姓名、肖像、名誉、荣誉。任何组织和个人不得将英雄烈士的姓名、肖像用于或者变相用于商标、商业广告，损害英雄烈士的名誉、荣誉。"第二十七条规定："在英雄烈士纪念设施保护范围内从事有损纪念英雄烈士环境和氛围的活动的，纪念设施保护单位应当及时劝阻；不听劝阻的，由县级以上地方人民政府负责英雄烈士保护工作的部门、文物主管部门按照职责规定给予批评教育，责令改正；构成违反治安管理行为的，由公安机关依法给予治安管理处罚。亵渎、否定英雄烈士事迹和精神，宣扬、美化侵略战争和侵略行为，寻衅滋事，扰乱公共秩序，构成违反治安管理行为的，由公安机关依法给予治安管理处罚；构成犯罪的，依法追究刑事责任。"上述规定对所有在此类公共活动空间发生的行为具有约束力。

② 2017年8月13日下午，在广西宾阳高铁站，两名青年男子身穿仿侵华日军服装，摆出挥刀砍杀等挑衅动作，被愤怒的群众围堵。两男子因涉嫌扰乱公共场所秩序被行政拘留10天。参见《男子穿侵华日军服装摆拍 军媒怒斥：不能容忍》，http：//mil，qq，com/a/20170816/018695，htm，最后访问时间：2018年10月17日。2017年8月6日晚上，在上海著名的抗战纪念地"四行仓库"，四名年轻人身穿"二战"时期的日军军服，趁着夜色拍摄了一组照片，还大肆在网上发帖炫耀，称此行为是"参加上海事变的日军将校故地重游"。参见《穿二战日本军服拍照和行纳粹敬礼，只是无知、丢人那么简单吗?》，http：//m，sohu，com/a/164389817_161893，最后访问时间：2018年10月17日。诸如此类的行为应当明确在地方立法中加以禁止，对违反规定的经营者和拍照者一律予以相应处罚，严重的依法追究刑事责任。

6. 细化公共活动空间公共安全的协同治理规则

场所安全是实现城市公共活动空间使用功能和目的的前提。城市公共活动空间由于场所的开放性、人员的流动性、安全检查的随机性，加之引起公共突发事件诱因的复杂性，导致该空间成为安全隐患的重要领域。要保障城市公共活动空间的安全性，必须结合城市的具体实际，针对公共活动空间的特点，结合每个城市公共活动空间的具体情况，细化《中华人民共和国突发事件应对法》《中华人民共和国反恐怖主义法》关于公共活动空间的安全保障规则。①

按照城市公共安全协同治理模式的实现是从主体多元到实现协同的循序渐进过程。在当前中国城市中，突发公共安全事件频频发作，种类繁多，而且形式多变，并且多发生在公共活动空间。同时，近年来随着恐怖主义思想和势力的渗透，一些城市也发生恐怖主义的威胁或事件，而公共活动空间正是恐怖主义重点针对的目标。基于总体国家安全观和协同共治的新型治理路径，改变以前仅仅依赖政府单一主体和分散的治理模式，通过地方性法规连接国家安全领域法律规范

① 涉及公共空间安全的直接条款主要有《中华人民共和国突发事件应对法》第二十四条规定："公共交通工具、公共场所和其他人员密集场所的经营单位或者管理单位应当制定具体应急预案，为交通工具和有关场所配备报警装置和必要的应急救援设备、设施，注明其使用方法，并显著标明安全撤离的通道、路线，保证安全通道、出口的畅通。有关单位应当定期检测、维护其报警装置和应急救援设备、设施，使其处于良好状态，确保正常使用。"《中华人民共和国反恐怖主义法》第一条规定："为了防范和惩治恐怖活动，加强反恐怖主义工作，维护国家安全、公共安全和人民生命财产安全，根据宪法，制定本法。"第三条第二款第二项规定："（二）宣扬恐怖主义，煽动实施恐怖活动，或者非法持有宣扬恐怖主义的物品，强制他人在公共场所穿戴宣扬恐怖主义的服饰、标志的；……"第九条规定："任何单位和个人都有协助、配合有关部门开展反恐怖主义工作的义务，发现恐怖活动嫌疑或者恐怖活动嫌疑人员的，应当及时向公安机关或者有关部门报告。"第二十七条规定："地方各级人民政府制定、组织实施城乡规划，应当符合反恐怖主义工作的需要。地方各级人民政府应当根据需要，组织、督促有关建设单位在主要道路、交通枢纽、城市公共区域的重点部位，配备、安装公共安全视频图像信息系统等防范恐怖袭击的技防、物防设备、设施。"第二十八条规定："公安机关和有关部门对宣扬极端主义，利用极端主义危害公共安全、扰乱公共秩序、侵犯人身财产、妨害社会管理的，应当及时予以制止，依法追究法律责任。"第三十四条规定："大型活动承办单位以及重点目标的管理单位应当依照规定，对进入大型活动场所、机场、火车站、码头、城市轨道交通站、公路长途客运站、口岸等重点目标的人员、物品和交通工具进行安全检查。发现违禁品和管制物品，应当予以扣留并立即向公安机关报告；发现涉嫌违法犯罪人员，应当立即向公安机关报告。"

与公共活动空间适宜的各种方式，如基于各种契约、协商、协作所组成的信息和行动反应网络，信息共享平台、资源整合机制，权责分配和激励机制等，形成活动的参与者、场所的管理者、公共安全的执法者“三位一体”的公共活动空间安全保障体系。

7. 依法规范政府规划城市公共空间权力

城市以特定地域土地为载体，以空间的无限发展拓展财富梦想。现代化城市是一个以人为主体，以空间利用为特点，以聚集效益为目的的一个集约人口、集约经济、集约科学文化的时空地域系统，拥有城市就拥有财富和权力，规划城市就是分配财富。在政府拥有城市规划权力的同时，政府就拥有了分配财富的权力，在面对巨大财富的诱惑面前，为了确保政府不成为获利而成为为人民谋利益的一方，就必须对政府的规划权力进行控制，防止政府权力为商人和利益集团服务从而偏离人民为中心的轨道。尽管我国《城乡规划法》对政府的规划行为作了一系列规定，但涉及更具体的权力控制机制仍然是城市公共活动空间立法不可或缺的内容。

迅速发展的城市及城市财富的迅猛增长，加剧了市民（居民）与政府间城市规划的冲突、沟通和协商妥协。公共交通的改善、重大经济决策（如开发区、新区、新城）、环境决策和公共服务项目的规划深刻影响着普通市民生活的便利度、财产的附加值和整体价值的升跌，也影响着城市工商业的发展格局及其速度。基于此，在城市的发展中，市民社会所代表的自下而上力量在与以国家或地方政府为首的自上而下力量的相互制衡中，因为目标追寻及代表立场的有所不同而面临着诸多矛盾，这种城市发展中的困惑与难题，归根结底是权力与财富间博弈，是不同城市生活和建设主体通过怎样的游戏规则实现双赢还是一枝独秀，抑或两败俱伤的过程。就政府而言，城市政府以土地价值巨大释放的潜能驱动城市快速发展的同时，城市空间要素也在发生一系列结构性的变革。城市公共空间相对于其他有直接经济效益的土地而言，短期的亏损考验着政府的人民利益观、治理智慧和整体思维。可商业开发的土地因其所具有的巨大的外部正效应以及城市中心土地资源的巨大潜在价值，成为各种房地产企业角逐的热点领域，狭隘的商业利益驱动下的开发行为常常具有侵犯城市公共空间的倾向，常有城市公共活动空间被压缩或被商业化从而远离了其社会性与公共性的本质。

为了使城市规划更加亲民，应当充分吸纳公民参与与社区环境改善相关的规划。一般来说，在选择居住社区时，人们考虑的因素很多。社区内或附近是否有高质量医疗机构、教学设施、托儿所、养老院、商店、休闲场所，往往成为选择考虑的因素。学校、公园、公共医疗机构、图书馆等基础设施，以政府投入为主；商业、娱乐设施为私人企业涉足场所；托儿所、养老院、残疾人康复中心则是非营利机构有所发展的地方。在公共设施建设中，会引起利益冲突。如在“主街”上建学校、医院、养老机构、精神病康复治疗机构尚能被居民接受，但当这些设施靠近某一民宅或住宅小区，就会引起争议，即所谓“邻避效应”。如何规划公共设施的建设，使之造福于民，是摆在城市规划部门面前的事情。可以借鉴美国的做法，吸纳居民参与设计社区的规划并可以进行听证，并且有法律保障。美国法律明确规定，规划过程中没有公众对规划的反馈是得不到上级主管部门的批准的。美国《联邦高速公路法》（1956）、《国家环境政策法》（1970）、《联邦交通法》（1990）均提到公众对规划的参与知情权，对公众参与的程度、内容和范围作出规定，在法律上确定了公众参与规划的合法性。① 对社区周围的设施、社区内的公共设施改造升级、公共空间构建、高架桥梁的音障设施、小区采光、社区周边绿地建设等，任何居民、社团都可以就社区及周边规划发表意见，最好以团体形式反映居民意见，征询和收集的意见可以来源于与社区相关或熟悉社区的律师、技术人员、人大代表、建筑师、驻社区单位的专业人士等。通过居民参与该区域规划建设，有利于改善社区居民的公共活动空间，提高生活幸福感。

8. 推动社区公共空间功能整合和整体利用效能提升

第一，社区公共空间建设要从项目创新向体制机制改革延伸，社区治理需要打破条块分割、多头管理的困境，明确社区作为基本服务单元、政府条线部门作为职能支撑部门的定位，重构管理和服务流程，构建资源、管理、服务下沉的体制机制，提升社区治理能力和自主性。第二，社区公共空间建设要从阵地建设向社区服务综合体拓展，在空间形态上进一步整合社区服务资源，建设功能叠加的社区服务综合体，可以叠加的功能包括卫生服务站、文化礼堂、养老服务设施、

① 谢芳：《西方社区公民参与——以美国社区听证为例》，中国社会出版社 2009 年版，第 109 页。

体育健身设施等，通过社区服务综合体整合公共服务、便民服务、商业服务、志愿服务，创建更加完备的公共空间和更高质量的公共生活，满足社区居民多样化需求。第三，社区公共空间建设要从政府推动到社区自主治理的可持续发展转变，在社会组织和居民骨干培育的基础上，构建社区基金会、志愿者协会、贡献积分制等自治载体和公益服务机制，培育社区自我造血、自我管理、自我服务的能力，实现社区自主治理和可持续发展。①

因此，在法治中国建设背景下，市场经济的本质不仅仅是法治经济的一个维度，还有道德上城市规划和公共空间的人性化和公平性、宜居性问题。在公共空间设计的委托方多为各级地方政府，削弱了城市规划纯粹的社会色彩，公共空间规划比通常房地产类项目规划更容易为长官意志的偏好所主导，尽管城市公共空间规划依法要求公示，但是因为市民规划专业技术性知识的缺乏、自我利益为主的价值判断及大众审美水平的限制，一些社区凭借所属的政府中心、工业园区或空间资源优势得到较好发展，而一些被工业发展所遗忘、企业搬迁或破产、转型而遗留下的老旧社区的发展渐渐衰落，公共空间的开发和建设严重滞后，诸多显性和隐性的冲突交织在城市公共空间的不同区域，一些公共交通工程如地铁等的线路和站点设置进一步加剧了不同社区在空间上资源的非均衡性分配，直接影响了社区居民房产的价值和青年人流动、聚集的方向，对社区治理也间接造成了微妙却持久的影响，需要通过规划和听证等正当程序对政府及规划管理部门的城市发展影响力、职业道德和公正决策进行控制。

综上所述，公共性、平等性、社会性、普适性、服务性和可达性等基本属性是城市居民公共活动空间的根本价值所在，优良的城市居民公共活动空间这一公共产品在满足居民公共生活的需要、促进个人全面而自由地发展、提高城市文明的基本水准、体现公平正义的人文价值和实现社会的和谐进步等方面有着不可替代的巨大作用，在城市居民从钢筋水泥构筑的框架中走出来后，进入公共活动空间融入自然、舒展身心、畅快交流、随歌起舞，极大地满足了精神和肉体双重愉悦的需要，但由私密独占的空间转向开放自由的场所，不是每个个体都对行为的

① 严国萍、吴结兵：《基于公共空间建设的社区治理：浙江省 H 县睦邻客厅项目的案例研究》，载《中共中央党校（国家行政学院）学报》2020 年第 4 期。

界限十分明了，尤其是法律法规也未给出明确的回答，导致活动者自认为正当的要求和行为可能暗藏或诱发彼此间权利冲突的风险，或者在不知不觉中构成对公共财产的侵犯，尽管一般居民通常认为只是临时占用了“公家”的地方，然而，对于法治中国建设而言，法治城市的文明进程和指标往往以公共活动空间的法治程度为标志。人民生活水平的提高和共享经济等新的经济样态冲入城市公共活动空间时，这一稀缺的城市公共资源会越来越稀缺，面对居民新的诉求、问题和争议，面对迅猛的共享经济新业态和产品对公共活动空间的肆意侵占，我们的法律法规常常猝不及防，被动回应型的地方立法已难以及时、有效解决城市发展过程中面临的各种新问题，在对策上，虽然前文对此从居民、政府、社会组织、企业等视角已有初步探讨，但还有许多需要深入探讨的问题。在城市居民日复一日经历的非此即彼的空间生活场景的转换中完成生命的历程和精神的寄托，如果说宪法和相关法律对公民私有财产权的保护已接近功德圆满的话，那么城市居民公共活动空间这一宝贵资源的依法开放和利用则是方兴未艾，如果缺乏法律法规的精准规制，不仅不能体现这一神圣公有财产造福于居民的巨大价值，相反由于活动空间的无序和冲突可能异化为城市良好秩序和文明进步的羁绊和梦魇。城市之所以为城市，不在于其经济的繁荣和生活的便利，而在于公民的共同利益、共同目标，为公民提供创造美好生活的平等机会并能共享城市文明进步的成果。城市居民公共活动空间恰是体现这一公民的共同利益、共同目标的圣地，所以，为了实现居民的共建共治共享的城市社区治理现代化目标，完善城市公共活动空间治理的国家和地方性法规，以法治的力量，推动城市治理现代化水平和文明程度的提升。

参考文献

（一）著作

1.《马克思恩格斯全集》第1卷，人民出版社2002年版。

2.《马克思恩格斯全集》第21卷，人民出版社2003年版。

3.《列宁全集》第2卷，人民出版社1984年版。

4.《列宁选集》第3卷，人民出版社1995年版。

5.《列宁全集》第39卷，人民出版社1986年版。

6.《毛泽东选集》第4卷，人民出版社1991年版。

7.《中国共产党简史》编写组编著：《中国共产党简史》，人民出版社、中共党史出版社2021年版。

8. 何一民：《中国城市史》，武汉大学出版社2012年版。

9. 张海林：《苏州早期城市现代化》，南京大学出版社1999年版。

10. 刘小枫：《现代性社会理论绪论》，北京三联书店1998年版。

11. 张文显：《二十世纪西方法哲学思潮研究》，法律出版社1996年版。

12. 梁启超：《饮冰室合集》（专集4），中华书局1989年版。

13. 张宏生、谷春德主编：《西方法律思想史》，北京大学出版社1992年版。

14. 费孝通：《乡土中国》，刘豪兴编，上海人民出版社2006年版。

15. 温铁军：《中国农村基本经济制度研究》，中国经济出版社2000年版。

16. 秦晖：《传统十论》，复旦大学出版社2003年版。

17. 包亚明：《现代性与空间的生产》，上海教育出版社2002年版。

18. 范愉：《ADR原理与实务》，厦门大学出版社2002年版。

19. 汪晖、陈燕谷主编：《文化与公共性》，北京三联书店1998年版。

20. 王兴中等：《中国城市社会空间结构研究》，科学出版社 2000 年版。

21. 秦前红主编：《新宪法学》，武汉大学出版社 2005 年版。

22. 吴群刚、孙志祥：《中国式社区治理——基层社会服务管理创新的探索与实践》，中国社会出版社 2011 年版。

23. 李泽厚：《论语今读》，安徽文艺出版社 1998 年版。

24. 汪荣有：《公共伦理学》，武汉大学出版社 2009 年版。

25. 宛素春等编：《城市空间形态解析》，科学出版社 2004 年版。

26. 王鹏：《城市公共空间的系统化建设》，东南大学出版社 2002 年版。

27. 李德华等：《城市规划原理》，中国建筑工业出版社 2001 年版。

28. 谢芳：《西方社区公民参与——以美国社区听证为例》，中国社会出版社 2009 年版。

29. ［法］卢梭：《社会契约论》，何兆武译，商务印书馆 2011 年版。

30. ［英］约翰·密尔：《论自由》，许宝骙译，商务印书馆 2005 年版。

31. ［苏联］帕舒卡尼斯：《法的一般理论与马克思主义》，杨昂、张玲玉译，中国法制出版社 2008 年版。

32. ［英］洛克：《政府论》（下），叶启芳、瞿菊农译，商务印书馆 1982 年版。

33. ［德］齐柏里乌斯：《法学导沦》，金振豹译，中国政法大学出版社 2007 年版。

34. ［美］刘易斯·芒福德：《城市发展史——起源、演变和前景》，宋俊岭、倪文彦译，中国建筑工业出版社 2004 年版。

35. ［美］理查德·C. 博克斯：《公民治理——引领 21 世纪的美国社区》，孙柏瑛译，中国人民大学出版社 2013 年版。

36. ［英］弗里德利希·冯·哈耶克：《法律、立法与自由》（第一卷），中国大百科全书出版社 2000 年版。

37. ［美］E. 博登海默：《法理学：法律哲学与法律方法》，邓正来译，中国政法大学出版社 1999 年版。

38. ［德］黑格尔：《法哲学批判》，范扬、张企泰译，商务印书馆 1961 年版。

39. ［英］哈耶克：《自由秩序原理》，邓正来译，生活·读书·新知三联书店1997年版。

（二）论文

1. 周建军：《“社区”概念辨析》，载《住宅科技》1995年第10期。

2. 姜振华、胡鸿保：《社区概念发展的历程》，载《中国青年政治学院学报》2002年第4期。

3. 蒋冰冰：《中国城市社区的兴起及法治要求》，载《前沿》2008年第9期。

4. 张庆五：《当时为何要实行严格的户籍制?》，载《中国经济周刊》2019年第18期。

5. 梁迎修：《我国城市社区治理法治化探析》，载《郑州大学学报》2014年第2期。

6. 翟宝辉：《新中国70年城市管理的巨变》，载《城市管理与科技》2019年第6期。

7. 葛天任、李强：《我国城市社区治理创新的四种模式》，载《西北师大学报》2016年第6期。

8. 周波：《城市社区治理现代化：内涵、困境与行动策略》，载《中共石家庄市委党校学报》2021年第7期。

9. 李良进：《城市社区治理现代化四维透视：逻辑、内涵、路径及保障》，载《湖北经济学院学报》2019年第2期。

10. 公圆圆：《中国城市社区治理现代化的发展、内涵及趋势》，载《商》2016年第30期。

11. 郑安兴：《中国城市社区治理现代化：逻辑分析与路径选择——以珠海等城市的实验性探索为例》，吉林大学2018年博士学位论文。

12. 陈光：《党内法规在社区治理中的作用研究》，载《中共浙江省委党校学报》2017年第3期。

13. 师林、孔德永：《新时代城市社区治理现代化探究》，载《黑龙江省社会主义学院学报》2020年第2期。

14. 李连江、张静、应星、刘首英：《中国基层治理的脉络与逻辑》，载《中国社会科学评价》2018 年第 3 期。

15. 韦仁忠、张作程：《新时代城市社区治理的现实境遇和实践向度——基于协同共治的视角》，载《领导科学论坛》2022 年第 1 期。

16. 洪晴、倪永贵：《城市社区多元协同治理：困境与对策——以阜阳市为例》，载《长春理工大学学报》2021 年第 5 期。

17. 马姝：《社区治理中的相关法律问题研究》，载《河南社会科学》2005 年第 4 期。

18. 朱景文：《中国特色社会主义法律体系：结构、特色和趋势》，载《中国社会科学》2011 年第 3 期。

19. 郁建兴、任杰：《中国基层社会治理中的自治、法治与德治》，载《学术月刊》2018 年第 12 期。

20. 徐勇：《中国家户制传统与农村发展道路》，载《中国社会科学》2013 年第 8 期。

21. 何海兵：《我国城市基层社会管理体制的变迁：从单位制、街居制到社区制》，载《管理世界》2003 年第 6 期。

22. 叶强：《三治融合关键在融》，载《法制日报》2019 年 12 月 11 日，第 9 版。

23. 张文显：《“三治融合”的桐乡经验具有独立价值》，载《治理研究》2018 年第 6 期。

24. 徐勇：《自治为体，法德两用，创造优质的乡村治理》，载《治理研究》2018 年第 6 期。

25. 周天勇、卢跃东：《构建“德治、法治、自治”的基层社会治理体系》，载《光明日报》2014 年 8 月 31 日，第 7 版。

26. 任政：《正义范式的转换：从社会正义到城市正义》，载《东岳论丛》2013 年第 5 期。

27. 陈晓勤：《空间正义视角下的城市治理》，载《中共福建省委党校学报》2017 年第 10 期。

28. 徐梦醒：《城市正义的法治建构研究》，载《法治城市研究》（第 2 辑）。

29. 蒋立山：《中国城市化与法律问题：从制度到秩序》，载《法学杂志》2011年（增刊）。

30. 李乾：《城市法治：一次空间法理学的探索》，载《云南社会科学》2016年第2期。

31. 马长山：《农业转移人口公民化与城市治理秩序重建》，载《法学研究》2015年第1期。

32. 蒋悟真：《市场监管法治的法哲学省察》，载《法学》2013年第10期。

33. 任政：《当代都市社会语境中的正义转型与重构——一种空间正义构成维度的反思》，载《天津社会科学》2017年第3期。

34. 陈晓勤：《空间正义视角下的城市治理》，载《中共福建省委党校学报》2017年第10期。

35. 严国萍、吴结兵：《基于公共空间建设的社区治理：浙江省H县睦邻客厅项目的案例研究》，载《中共中央党校（国家行政学院）学报》2020年第4期。

36. 郭祎：《我国城市社区民主治理的困境与出路》，载《科学发展》2011年第3期。

37. 俞祖成、黄佳陈：《城市社区治理的困境：居民权利与义务的失衡》，载《社会科学文摘》2021年第10期。

38. 喻蕾涵：《城市社区多元主体协同治理的困境与优化策略》，载《现代交际》2020年第13期。

39. 靳永翥：《论社区和谐与公共道德——基于社会和谐的微观视角》，载《科学社会主义》2007年第5期。

40. 黄伟源：《进一步健全社会组织立法》，载《联谊报》2020年7月9日，第3版。

41. 郑功成：《制定社会组织法刻不容缓》，载《中国党政干部论坛》2018年第5期。

42. 俞晓波：《社会组织参与社区治理的现状、问题及对策》，载《党政论坛》2017年第10期。

43. 赖咸森：《古代调解制度回眸》，载《人民调解》2017年第1期。

44. 李勇：《人民调解协议司法确认制度的困境与突破》，载《四川理工学院学报》2012 年第 5 期。

45. 符丽、蔡放波：《公共卫生危机视角下的社区治理》，载《学习与实践》2007 年第 1 期。

46. 周波：《城市公共空间的历史演变》，四川大学 2005 年博士学位论文。

47. 李德英：《城市公共空间与城市社会生活——以近代城市公园为例》，载 2001 年《经济发展与社会变迁国际学术研讨会论文集》。

48. 赵杨：《我国城市社区民主治理的路径探析》，载《山西青年职业学院学报》2017 年第 2 期。

49. 孟令梅：《基层协商民主的六个原则》，载《理论视野》2018 年第 3 期。

50. 单琳琳：《城市社区治理能力现代化研究》，载《辽宁经济管理干部学院、辽宁经济职业技术学院学报》2022 年第 1 期。

51. 张艳国、刘小钧：《城市社区治理能力现代化研究——以江西南昌为例》，载《江西社会科学》2017 年第 1 期。

52. 章建华、唐正鹏：《政府在发展养老服务中的职能定位研究》，载《科学导报》2020 年第 10 期。

53. 魏英敏：《关于国民公德建构的思考》，载《北京大学学报》1997 年第 2 期。

54. 赵炎才：《20 世纪初资产阶“公德”“私德”思想刍议》，载《贵州社会科学》2002 年第 6 期。

55. 曹望华、任幼兰：《道德整合探究》，载《韶关学院学报》2004 年第 4 期。

56. 高兆明：《“伦理秩序”辨》，载《哲学研究》2006 年第 6 期。

57. 张建英、罗承选、胡耀忠：《公德与私德概念的辨析与厘定》，载《伦理学研究》2010 年第 1 期。

58. 张建英、罗承选、胡耀忠：《论私德建设的困境与出路》，载《江西社会科学》2011 年第 3 期。

59. 王怡：《传统美德与当代社会公德建设》，载《东岳论丛》2000 年第 4 期。

60. 王玉华：《社会公德悖论现象及消解策略》，载《齐齐哈尔师范高等专科学校学报》2010年第3期。

61. 夏坤：《社区公民公共道德研究——以郑州市金水区社区为例》，郑州大学2013年硕士学位论文。

62. 冯建军：《治理公德失范要双管齐下》，载《人民日报（海外版）》2019年8月12日，第5版。

63. 王栋、徐承英：《整合、协调、回馈：社会组织参与社区治理民主机制及其功能探究》，载《天津行政学院学报》2012年第3期。

64. 陈科霖、张演锋：《政社关系的理顺与法治化塑造——社会组织参与社区治理的空间与进路》，载《北京行政学院学报》2020年第1期。

65. 张紧跟：《从行政赋权到法律赋权：参与式治理创新及其调适》，载《四川大学学报》2016年第6期。

66. 李培志：《引导与自觉：城市社区社会组织参与社区治理的路径分析》，载《中州学刊》2019年第6期。

67. 崔超：《论居民公约化解社区纠纷的可实行性与构建路径》，载《贵州警官职业学院学报》2017年第6期。

68. 俞祖成：《尽快构建城乡基层社区公共危机管理机制》，载《中国妇女报》2020年2月12日，第1版。

69. 夏志强：《公共危机治理多元主体的功能耦合机制探析》，载《中国行政管理》2009年第5期。

70. 张康之：《合作社会理论的构想——评罗尔斯的社会合作体系》，载《南京社会科学》2008年第1期。

71. 牛秋业、张桂娥：《公共危机治理中的社会参与主体存在的问题与对策》，载《生产力研究》2010年第8期。

72. 于秋芬：《社区体育运动开展中权利冲突分析：以广场舞纠纷为视角》，载《体育与科学》2014年第2期。

73. 张国敏、郝培轩：《公法与私法的融合性社会治理——以民法典中行政主体义务性规范为视角》，载《河北法学》2021年第6期。

74. 章志远：《行政法治视野中的民法典》，载《行政法学研究》2021年第1期。

75. 张洪武：《多中心秩序与社区治理模式选择》，载《河北学刊》2005年第4期。

76. 信春鹰、张烨：《全球化结社革命与社团立法》，载《法学研究》1998年第3期。

77. 王磊：《公民社会理论视角下的社会组织发展研究》，载《党政干部学刊》2013年第3期。

78. 李秀梅：《我国社会组织立法的完善》，载《温州大学学报》2014年第6期。

79. 卢磊：《新时期城市社区治理困境分析》，http：//www. gongyishibao. com/article. html? aid=17875，最后访问时间：2021年12月10日。

80. 潘付芳：《我国社区居家养老的法律调整困境及对策研究》，https：//shfxyjw. zuel. edu. cn/xsyd/show-22667. html，最后访问时间：2022年6月10日。

81. 侯学宾：《城市治理应重视空间正义》，http：//www，jcrb，com/opinion/jrtt_45128/201708/t20170830_1792296，html，最后访问时间：2018年9月28日。

82. 冯梦成：《正视社会组织孵化器面临的问题》，https：//share. gmw. cn/theory/2016-11/10/content_22920370. htm，最后访问时间：2021年3月12日。

83. 石佳友：《民法典与社会治理体系的完善》，https：//www. chinacourt. org/article/detail/2020/08/id/5428503. shtml，最后访问时间：2021年4月15日。

84. 潘风焕：《社区治理须完善民主协商机制》，https：//m. gmw. cn/baijia/2021-09/22/35180999. html，最后访问时间：2022年2月15日。

85. 高富平：《中国社会转型的困境和问题》，http：//www. privatelaw. com. cn/Web_P/N_Show/? News_CPI=24&PID=7224，最后访问时间：2021年2月10日。

86. 查妍、郑昊霖：《当前城市社区的民主治理困境与解决对策研究》，

https：//www. fx361. com/page/2020/0922/7041382. shtml，最后访问时间：2021年11月20日。

87. 周佑勇：《面对民法典时代行政法变革》，http：//www. legaldaily. com. cn/zt/content/2020-06/17/content_8355934. htm，最后访问时间：2021年11月16日。

88. 沈小雯、余栋：《破解城市社区治理多元困境》，http：//ex. cssn. cn/zx/bwyc/202207/t20220706_5415757. shtml，最后访问时间：2022年7月26日。